ゼロからはじめる
建築の［施工］入門

原口秀昭著

彰国社

装丁=早瀬芳文
装画=内山良治
本文フォーマットデザイン=鈴木陽子

はじめに

工事現場はおもしろい。自分のデザインが徐々にでき上がっていくさまを見るのは、このうえなく楽しい。また自分が安い建物を買って、学生や職人さんと一緒にリフォーム、リノベーション工事に実際に参加してしまうのもまた実におもしろい。こんな筆者の経験と、多くの専門家や著作から教わった工事に関連する事項をまとめて、学生に教えねばならない「施工」という科目のために1冊にしたのが本書です。

学生に読んでもらうために、建築、不動産のブログ（http://plaza.rakuten.co.jp/mikao/）を8年ほど書き続けてきました。筆者の教える学生は、理系というよりも文系、数学や物理は嫌いだけどデザインは大好きという女の子たちです。学生は文字ばかりだとまったく見向きもしてくれないので、全項目、イラストとマンガを付けています。文章は短くやさしく、ちょっと難しい漢字にも振り仮名を付けています。ブログには建築業界や建築オタクの方々、不動産経営者、超がつく資産家の方々までが、訪れてくれるようになりました。

そんな読者の方々が、あそこの記述は違うのではないか、ここはこうではないかとつっこみを入れてくれます。そのたびに調べ直して書き直しをして、最終的に本にしたのがゼロからわかるシリーズ7冊です。木造、RC造、S造の構造種別、設備、法規、インテリアの分野別に本にして、中国語、台湾語、韓国語にも翻訳されました。編集さんから、次は建築士試験の分野として「施工」をというお話になりました。

ブログをはじめたころは落書きのような絵だったのが、何百枚も描いているうちに少しはまともになってきました。キャラクターを立たせるために、男の子は自信なげな草食系、そして女の子は高ピーな肉食系で、ボディコンのナイスバディとしました。まじめな読者の方からあの絵はふざけているとご批判をいただくかもしれませんが、マンガとしてのデフォルメの範囲とご理解いただければ幸いです。

施工のすべての分野を網羅するのは頁数からして無理なので、施工で最も重要と思われる構造く体（躯体）を中心に構成しました。地盤、杭、根切り、山留めなどの土関係と、型枠、鉄筋、コンクリート、鉄骨などの骨格部分です。学生や初学者が読むのが前提なので、建築士試験に取り上げられている項目も、なるべく解説に取り込みました。建築を学ぶ学生、初学者、建築士受験者にお役に立てる内容になったと自負しております。

各項目は、約3分で読み終わるような分量にしています。ボクシングの

1R（ラウンド）で、R001（ラウンド1）などと表記しています。本書を3分間ずつ集中して、1R（ラウンド）ずつ読み進んでいってください。

本書で足りない部分、基礎的な部分は、ゼロからはじめるシリーズ既刊の、木造、RC造、S造、設備、法規、インテリアなどを、あわせてご覧ください。本書で難しいと感じられたときは、RC造、木造あたりから読みはじめてみてください。必ずや参考になると思います。

最後に重い病にもかかわらず本書を企画してくれて、しんどくて根気のいるイラスト描きを続けるようにプレッシャーをかけてくれた彰国社編集部の中神和彦さん、イラストへの文字入れ、文章の校正をしてくれた同編集部の尾関恵さん、また多くのことをお教えいただいた専門家の方々、職人の皆様、ブログの読者の方々に、この場をお借りしてお礼申し上げます。本当にありがとうございました。

2013年2月　　　　　　　　　　　　　　　　　　　　　　　原口秀昭

も　く　じ　　　　　　　　　　　　　CONTENTS
はじめに…3

1　建築施工の概略
建築工事の進め方…8

2　契約と管理
契約書類…10　　標識…13　　工事管理…14

3　工程表
工程表の種類…17　　バーチャート工程表…18　　ネットワーク工程表…19

4　測量
三角測量…27　　トラバース測量…28　　平板測量…30　　測量器具…31
面積の測量…34　　高さの測量…35

5　水盛り、遣り方、墨出し
ベンチマーク…36　　縄張り…37　　水杭…38　　水貫…39　　水糸…40
墨出し…41　　垂直のとり方…46

6　地盤調査
土の分類…48　　地層…50　　ボーリング…53　　サウンディング試験…54
標準貫入試験…55　　スウェーデン式貫入試験…60　　ベーン試験…61
オランダ式二重管コーン貫入試験…62
サウンディング試験　まとめ…63　　その他の地盤調査…64

7　杭工事
場所打ちコンクリート杭…67　　孔の保護…68　　掘削法…72
場所打ち杭　まとめ…77　　場所打ち杭のその他の工法…78
スライム…79　　コンクリート打ち…81　　レイタンス…84　　拡底杭…86
孔の埋め戻し…87　　既製杭工法…88　　継ぎ杭…96　　補助杭…97

8　地盤改良
地盤改良の工法…98　　柱状改良…99
バイブロフローテーション工法…100　　サンドコンパクション工法…101
サンドドレーン工法…102　　地盤改良　まとめ…103

9　根切り、山留め
根切り、山留めの概略…104　　土圧…106　　親杭横矢板工法…108
鋼矢板工法…112　　ソイルセメント柱列工法…113
山留め工法　まとめ…114　　掘削機…115　　水平切梁工法…117
アイランド工法…123　　トレンチカット工法…124　　逆打ち工法…125
地盤アンカー工法…126　　山留め支保工　まとめ…127

根切り、山留めの不具合…128　地下水対策…131
アンダーピニング…135　埋め戻し…136
1階床のコンクリート打ち…137

10　地業
地業…138　割栗石…139　捨てコンクリート…140
土間コンクリート…141　防湿…142　杭頭の受け方…143

11　仮設工事
足場…144　壁つなぎ…148　ローリングタワー…149

12　型枠工事
RC造をつくる手順…150　割り付け…151　型枠支保工…152
せき板の種類…156　コラムクランプ…158　パイプサポート…159
組み立て…161　建て入れ直し…169　コンクリート打ち込み…170
取りはずし前後の注意…171　電線・金物・スリーブ…174

13　鉄筋工事
鉄筋コンクリート…178　異形鉄筋…179　鉄筋の加工…180
重ね継手…183　基礎の鉄筋…184　打ち継ぎ部の処理…186
柱の鉄筋…189　壁の鉄筋…195　梁の鉄筋…200　スラブ筋…205
階段の鉄筋…208　配筋検査…210　保管…211

14　コンクリート工事
セメント…212　調合…215　レディミクストコンクリート…221
水セメント比…222　強度…225　水の分量…229　スランプ…231
生コンのその他の試験…233　ブリージング…234　打ち込み…235
コールドジョイント…245　ジャンカ…246　養生…247

15　鉄骨工事
構造体のつくり方…249　工作図と現寸図…251　鋼材の加工…252
溶接…258　さび止め塗装…266　組み立て…267

16　防水工事
アスファルト防水…276　押さえコンクリート…280
立ち上がり末端部…282　脱気装置…283　シート防水…284
塗膜防水…285

17　外装工事
乾式工法…286　湿式工法…287　タイルの張り方…288
役物タイル…292　モルタルの調合…293　カーテンウォール…294
ALC版…296　サッシ・ドアの留め方…298　シーリング工事…301
ガラスの留め方…302

ゼロからはじめる

建築の[施工]入門

R001

Q 建築工事はどのように進む?

A 下図のように、準備工事、山留め工事、杭工事、根切り、山留め支保工、基礎、地下く体、地上く体工事(足場)、防水工事、外装工事、設備工事、内装工事、外構工事と進みます。

根切りをしてから(穴を掘ってから)では、大きな重機を下ろせないので、杭打ちは根切りの前に行います。設備工事は、く体にスリーブ(貫通孔)をあけるので、く体工事から関係が出てきます。く体とは、鉄筋コンクリート、鉄骨でできた柱、梁、壁、床のことを指します。

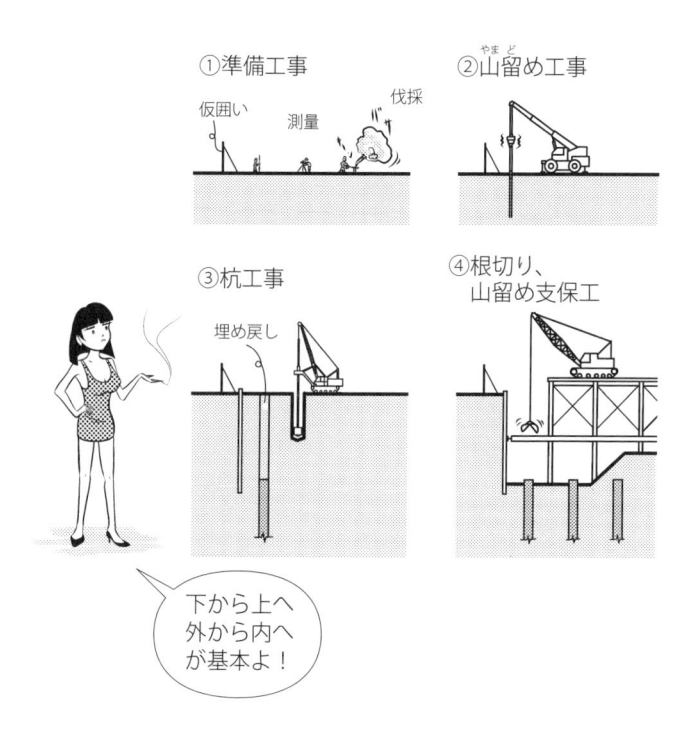

①準備工事
仮囲い 測量 伐採

②山留め工事

③杭工事
埋め戻し

④根切り、山留め支保工

> 下から上へ
> 外から内へ
> が基本よ!

- 中に雨水が入らなくなってから、内装工事をはじめます。基本的には下から上へ、外(防水、外装)から内(設備、内装)へと進みます。本書でも大まかにこの順序で解説を進めます。

建築工事の進め方

⑤基礎、地下く体工事

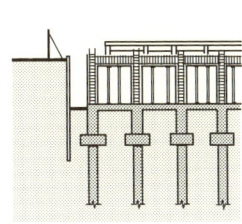

⑥地上く体工事

足場

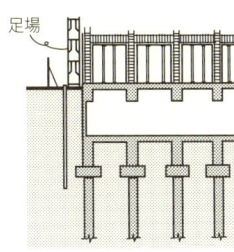

⑦防水工事

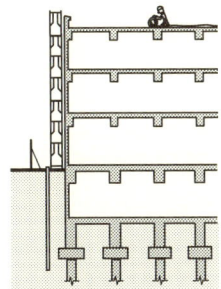

⑧外装工事

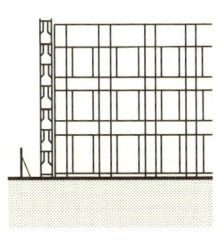

⑨設備工事

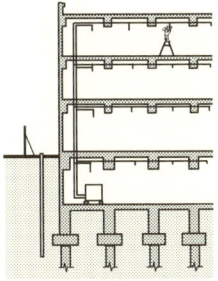

⑩内装工事

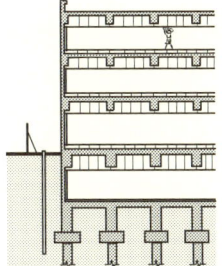

1 建築施工の概略

R002 契約書類 その1

Q 工事請負契約書類には何がある？

A 契約書（見積書含む）、工事請負契約約款（やっかん）、設計図書です。

約款とは契約書を補完するために、発注者（建築主）、請負者（施工者）、監理者それぞれの役割、責任などが書かれた書類です。定型化された条項による書籍として販売されているものもあります。

工事請負契約書類
- 契約書
- 約款（やっかん）
- 設計図書

契約書だけじゃないのか

- 約款には、公共工事標準請負契約約款、民間連合協定工事請負契約約款などがあります。民間連合とは、日本建築家協会、日本建築学会、日本建築士事務所協会、建設業協会の4つの会のことで、以前は四会連合といわれていました。
- 契約書、約款には、工事内容、着手時期、完成時期、引き渡し時期、請負代金、支払時期、支払方法、天候その他不可抗力による損害負担、価格の変動による請負代金に関すること、契約に関する紛争解決方法などを記載します。

契約書類 その2

Q 仕様書とは？

A 設計図で表せない工事の仕様を文書、表などで表したものです。

仕様書には材料の種類、規格、品質、性能、施工順序、方法、仕上げの程度などが書かれます。当該工事固有の仕様を記した**特記仕様書**と、工事一般の仕様の書かれた**標準仕様書**（共通仕様書）があります。特記仕様書はその工事のために特別に記した仕様書ですから、相互に食い違いがある場合は、標準仕様書よりも特記仕様書が優先されます。

図面の前に付けることが多い　文書による仕様の指定

```
09 防水工事
1. 一般事項         ●本工事はすべて責任施工とする
2. アスファルト防水  ●種別・歩行用屋上防水・露出屋上防水・室内防水
                         ・その他（        ）
3. シート防水       ●種別・合成ゴム系シート防水　厚　mm
                         ・合成樹脂系シート防水　厚　mm
                         ・その他（        ）
                         ⋮
```

- 設計図書には、設計図、仕様書、現場説明書、質問回答書があります。
- 現場説明書は、工事現場に関係した、他の設計図書に明記されていない事項についての説明を記した書類です。
- 質問回答書は、請負代金決定以前の、請負者の質疑と発注者の回答を記した書類です。請負者が設計図でわからないところを質問し、設計者がそれに回答した内容などです。

★ R004　　　　　　　　　　　　　契約書類　その3

Q 設計図書どうしに食い違いがある場合、優先順位は？

A 優先順位の高い順に質問回答書＞現場説明書＞特記仕様書＞設計図（図面）＞標準仕様書（共通仕様書）となります。

後に作成されたものほど（新しいものほど）、当該工事固有のものほど優先されます。標準仕様書は、標準的な、各工事共通の仕様を記したものなので、優先順位は一番低くなります。質問回答書は設計図や仕様書などへの質疑への回答なので、優先順位は一番高くなります。

[スーパー記憶術]
カ　セット　図
回答　説明　特記　図面

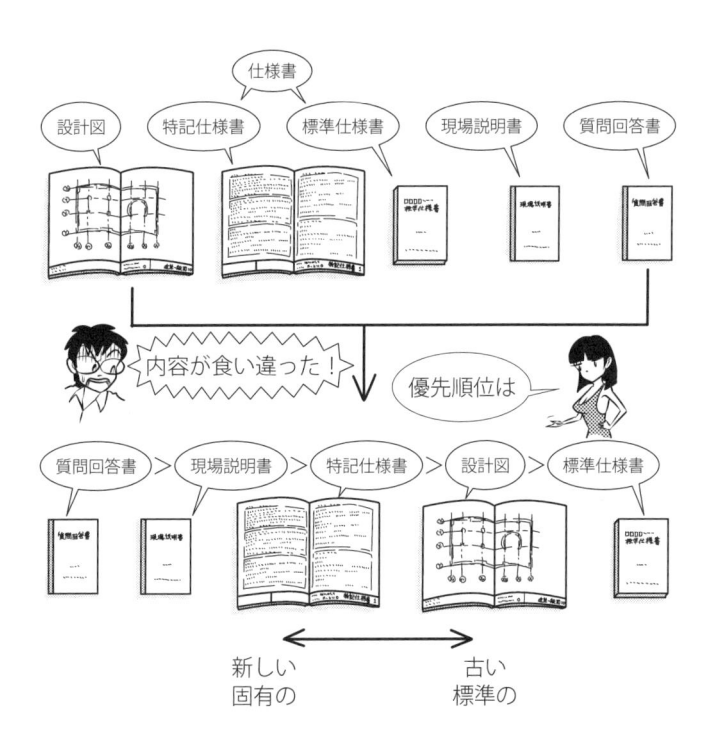

質問回答書 ＞ 現場説明書 ＞ 特記仕様書 ＞ 設計図 ＞ 標準仕様書

新しい　　　　　　　　　　　古い
固有の　　　　　　　　　　　標準の

12

標識

Q 仮囲いに付ける標識には何がある?

A 建築計画のお知らせ、建築基準法による確認済、道路占用使用許可証、建設業の許可票、労災保険関係成立票などです。

近隣へのお知らせ看板をまず張ります。仮囲い前から張って写真を撮る、近隣説明をした際に承諾の印をもらうなどしないと、建築確認が下りないこともあります。近隣どうしのもめごとを予防する対策です。

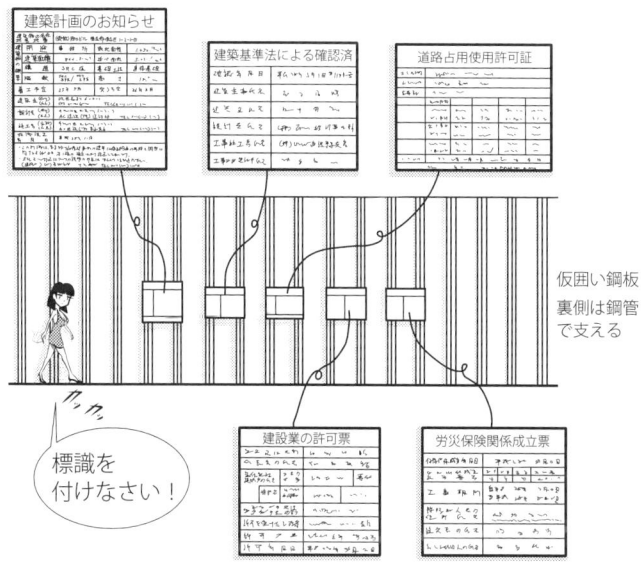

- 建築確認は建築主事、道路占用許可は市区町村などの道路管理者、道路使用許可は警察署長、建設業の許可は事業をはじめる前に国土交通大臣か都道府県知事、労災保険は労働基準監督署が申請の受け付け、許可などを行います。建設業の許可は、各工事ごとではなく、建設業をはじめるときにもらう許可です。工事の際の占用と使用はほぼ同義で扱われ、警察署で「使用」許可をとった書類を市区町村の役所に持っていって「占用」許可をとるなどし、占用料を支払う場合もあります。また、建築物に看板を付けて、竣工後も道路に常に張り出している場合も、占用許可が必要となります。

工事管理 その1

Q 管理者と監理者はどう違う?

A ゼネコンなどの、工事が予定、計画どおりに進むように管理する者が管理者。設計事務所などの、設計図書どおりに工事が実施できているかを確認する者が監理者です。

工事する側が行うのが管理、設計する側が行うのが監理です。監理は皿が付いているので、サラカンとも呼ばれます。施工者が管理者、設計者が監理者となるのが普通です。管理者、監理者は、組織ではなくて管理または監理する人を指す場合もあります。

[スーパー記憶術]
<u>皿</u> の <u>デザイン</u>
監理　　設計側

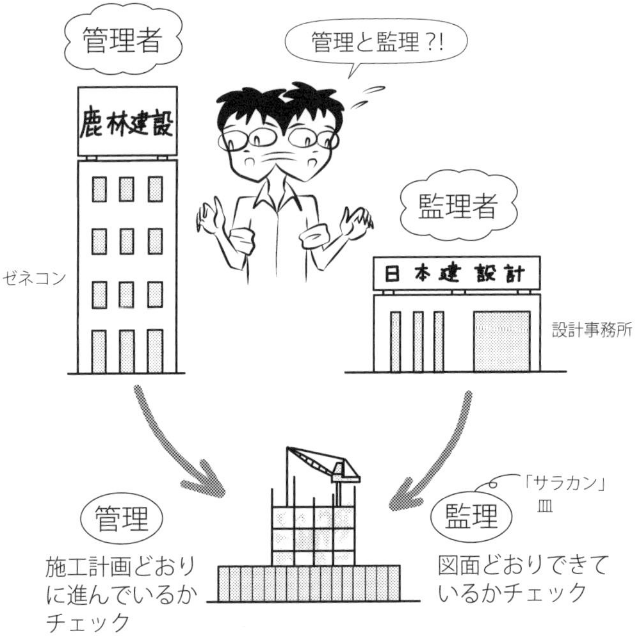

管理者 — ゼネコン（鹿林建設）
管理と監理?!
監理者 — 設計事務所（日本建設計）

管理：施工計画どおりに進んでいるかチェック
監理：図面どおりできているかチェック　「サラカン」皿

- ○○建設などのゼネコン、工務店は、施工計画をして各専門業者を雇って工事を進めます。ゼネコンは General Contractor の略で、全体を請け負う者が原義です。元請負者として各種の工事を一式で発注者から請け負い、各工事は専門業者へ発注します。

工事管理 その2

Q 現場代理人、監理技術者、主任技術者とは？

A 現場代理人は、工事の運営をするゼネコンなど請負者の代理人です。監理技術者、主任技術者は、工事を管理する技術者です。

ゼネコンなど請負者を代理して現場に勤務するのが現場代理人で、必ずしも技術者である必要はありません。監理技術者、主任技術者は、建設業法で指定された技術者の資格です。監理技術者、主任技術者と現場代理人は兼務することもできます。

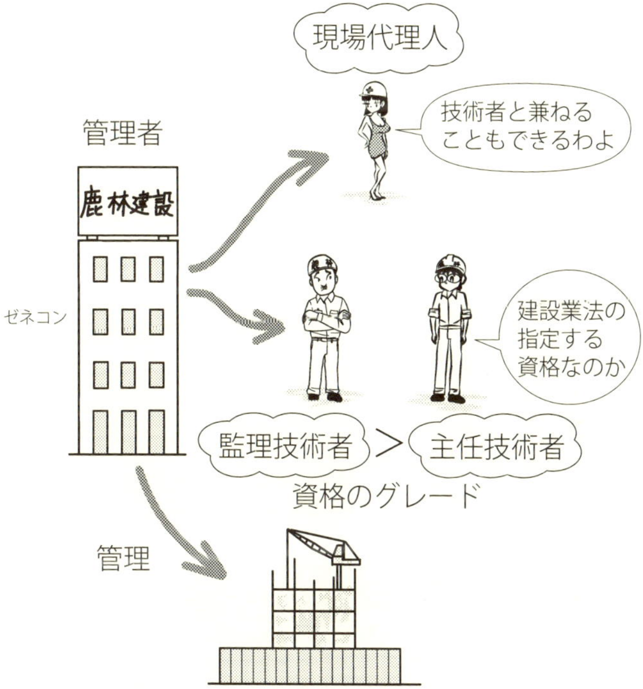

現場代理人 ― 技術者と兼ねることもできるわよ

管理者（ゼネコン 鹿林建設）

監理技術者 ＞ 主任技術者 ― 建設業法の指定する資格なのか

資格のグレード

管理

- 建設業法で、請負総額によって監理技術者が必要な場合、主任技術者が必要な場合、兼任は不可で専任とする場合などが決められています。現場を「管」理する監理技術者は、不思議なことに「監」の字を使います。一般用語としての現場監督も「監」の字です。
- 監理技術者、主任技術者の資格は、実務経験年数、施工管理技士、建築士などの国家資格などが必要要件とされています。資格要件のグレードは、監理技術者＞主任技術者です。

工事管理 その3

Q 作業主任者とは?

A 各作業の労働災害を防止するために労働安全衛生法に定められた資格です。

型枠支保工(かたわくしほうこう)の組み立て等作業主任者は、型枠支保工の組み立て、解体の作業時に事故などで死傷者が出ないように監督する役を担います。さまざまな作業主任者があり、規模によって必要となる場合、規模によらずに必要となる場合があります。

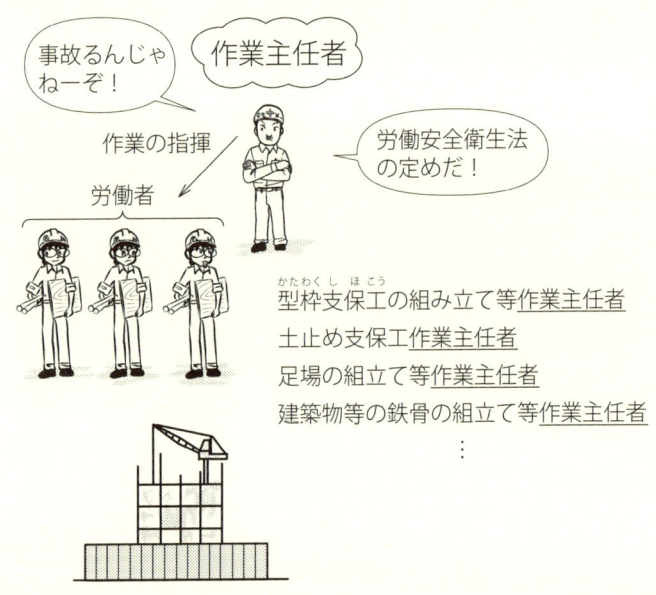

工程表の種類

Q 工程表にはどんなものがある?

A バーチャート工程表、ネットワーク工程表の2つが代表的な工程表です。

バーチャート工程表は作成が容易で、工期が一目でわかります。ネットワーク工程表は作成には経験が必要ですが、工事どうしの関連が明確で工程の調整がしやすい、最長の経路(クリティカルパス)がわかるなどのメリットがあります。両者を併用して工程管理することもあります。

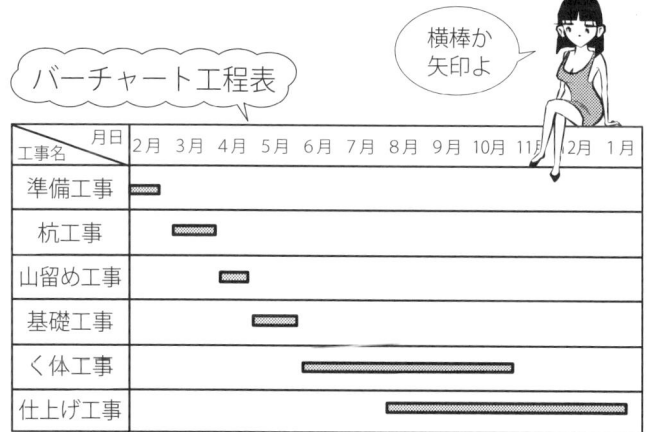

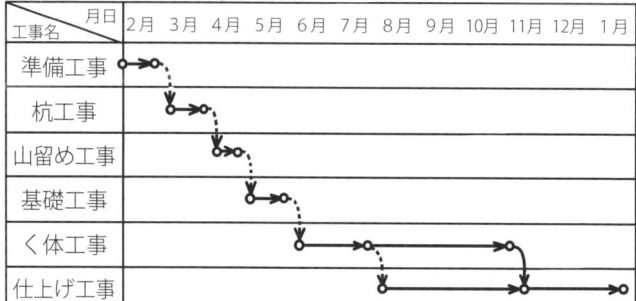

- バーチャートで予定の横棒の下に実績(工事済み)の横棒を付けたのが、ガントチャート工程表といわれるものです。アメリカ人のガントが考案したチャートです。バーチャート工程表の中に工事の進捗を表す曲線を入れることもあります。

 バーチャート工程表

Q RC造地上2階建てのバーチャート工程表はどのようになる？

A 大まかには下図のようになります。

準備工事、仮設工事、杭工事、山留め工事、根切り工事、く体工事、設備工事、防水工事、外装工事、内装工事、外構工事という流れになります。

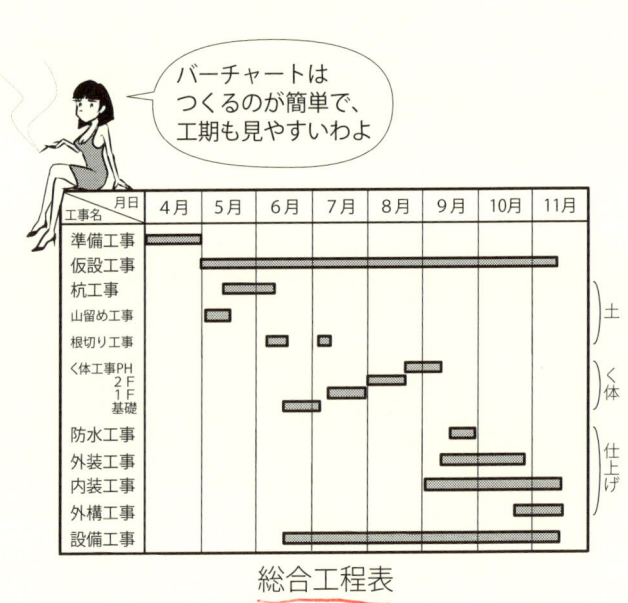

総合工事表

- 工事全体を示す工程表なので、総合工程表といいます。この工程表からさらに、月間工程表、週間工程表などをつくります。
- 準備工事とは、木の伐採、仮囲い、既存建物の撤去、土地の造成、測量、地盤調査、地鎮祭などです。

ネットワーク工程表　その1

Q RC造地上2階建てのネットワーク工程表はどのようになる？

A 大まかには下図のようになります。

1階く体工事→1階内装工事などと、工事間相互の関係がよくわかります。バーチャート工程表で大まかな工程を押さえ、次にネットワーク工程表で相互間の関係や細かい工程を決めていくなどします。

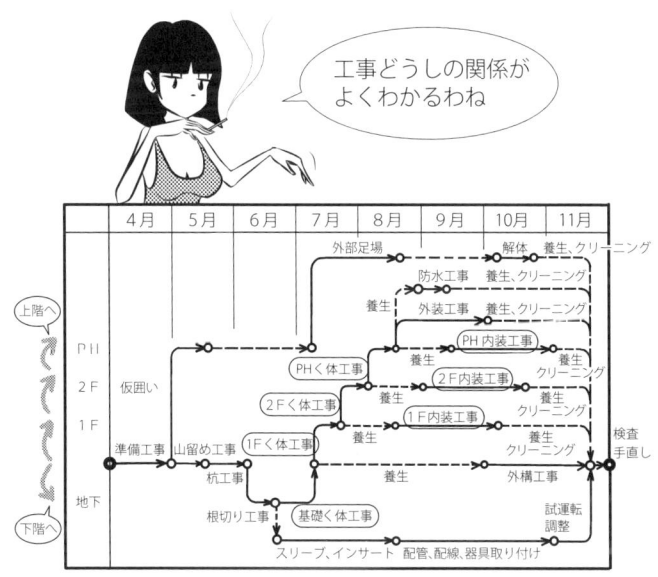

総合工程表

R012 ネットワーク工程表 その2

Q ダミー（dummy）とは？

A 作業や時間は含まない、作業の前後関係だけを表す点線の矢印です。

矢印（アロー）は作業と時間を表しますが、点線の矢印は前後関係だけです。下図で屋根工事が終わった後でなければ屋根塗装はできませんが、その間に別の作業や時間はありません。その場合は点線の矢印を付けます。

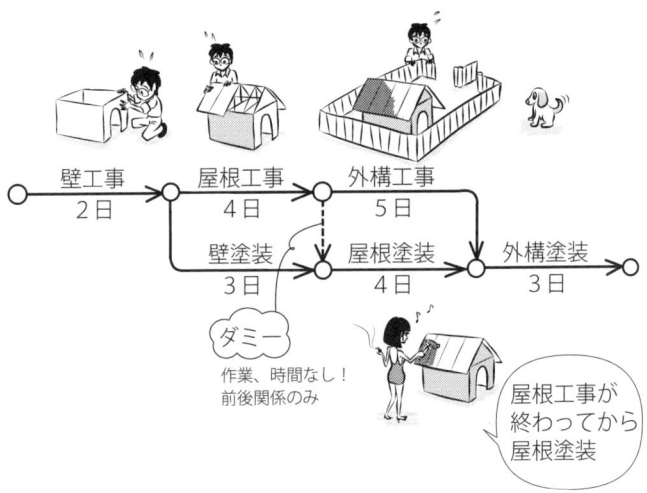

- dummyとは、見かけはあるけれど実体のないもの、模型などが原義です。
- ○印は結合点（イベント）で、作業の開始点、終了点、作業と作業の結合点を表します。

R013　ネットワーク工程表　その3

Q クリティカルパス（critical pass）とは？

A 最長の経路です。

下の工程表では、3つの経路（パス）があります。そのうち A→B→C→E→F の14日間が一番長いので、その経路がクリティカルパスとなります。その経路上の工事の日程は、全体の工程に影響を与えやすい、重要な部分となります。

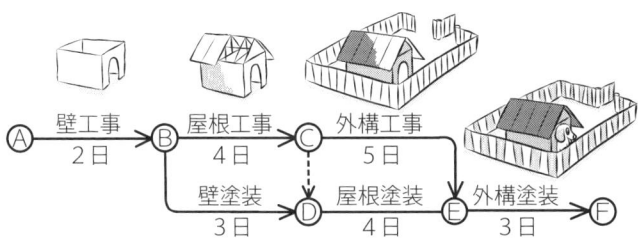

① A→B→C→E→F ＝ 2＋4＋5＋3 ＝ 14日　←最長！
② A→B→C‥→D→E→F ＝ 2＋4＋4＋3 ＝ 13日
③ A→B→D→E→F ＝ 2＋3＋4＋3 ＝ 12日

- critical は重大な、危険なという意味で、pass は通路、経路という意味です。クリティカルパスは CP と略されることもあります。

R014 ネットワーク工程表　その4

Q 最早開始時刻（EST）とは？

A ある結合点から作業を開始しようとする場合、最も早く開始できる時刻のことです。

最も早く（E）スタート（S）できるタイム（T）のことで、Ealiest Start Timeの略です。下図で、ESTを○で囲んで表示することにします。各点までの日数を足し算して、工事日数が複数ある場合は最大の日数をとります。後続する作業は、早くても、その日数の後からはじめなければなりません。

[スーパー記憶術]
日の出は　EAST（東）から
最早開始　EST

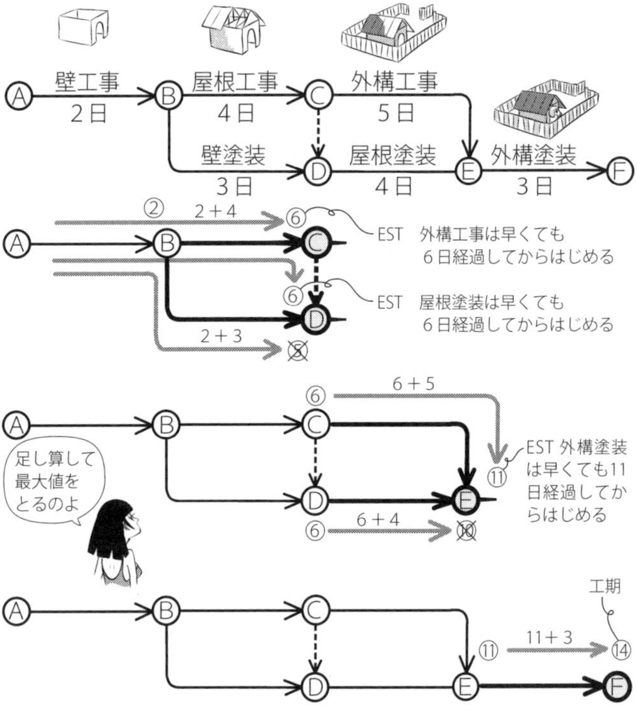

壁工事 2日　屋根工事 4日　外構工事 5日
壁塗装 3日　屋根塗装 4日　外構塗装 3日

② 2+4 ⑥　EST 外構工事は早くても6日経過してからはじめる
⑥　EST 屋根塗装は早くても6日経過してからはじめる
2+3 ✗

⑥ 6+5
足し算して最大値をとるのよ
⑪　EST 外構塗装は早くても11日経過してからはじめる
⑥ 6+4 ✗

工期
⑪ 11+3 ⑭

ネットワーク工程表 その5

Q 最遅開始時刻（LST）とは？

A ある結合点から作業を開始しようとする場合、最も遅く開始できる時刻のことです。

最も遅く（L）スタート（S）できるタイム（T）のことで、Latest Start Timeの略です。下図で、LSTを□で囲んで表示することにします。工事全体の工期から順々に引き算して、各結合点でのLSTを出します。経路が2つ以上ある場合は、最小値をとります。

[スーパー記憶術]
<u>レスト</u>ルームで休んでから<u>開始</u>
　LST　　　　　　　　　　　最遅開始

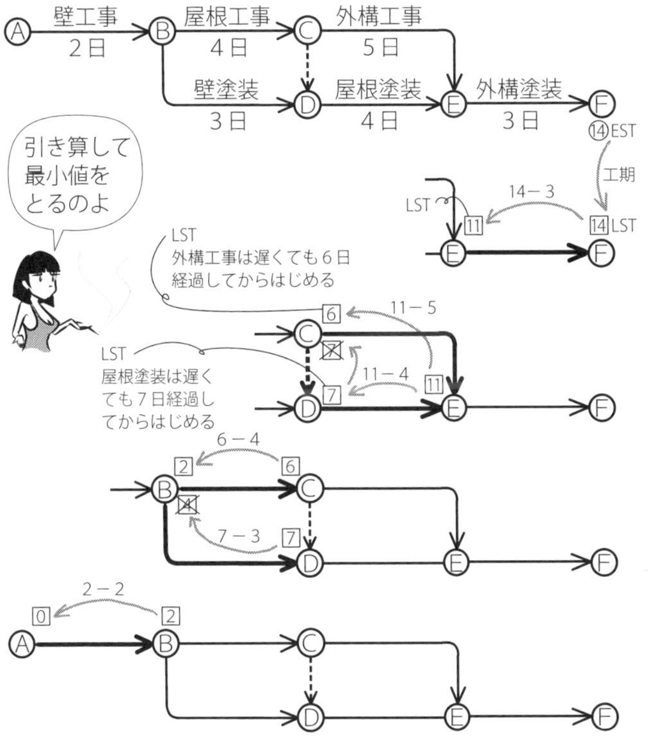

★ R016 ネットワーク工程表 その6

Q 最大余裕時間（トータルフロート：TF）とは？

A 全体の工期に影響しない範囲で、作業がとりうる最大余裕時間です。

floatとは浮く、浮いた時間という意味で、作業を最早開始時刻ではじめて、後続する作業を最遅開始時刻ではじめる場合にできる余裕時間です。下図で[ ]で囲んで表示することにします。ある作業のTF＝後続LST－（その作業のEST＋作業時間）で求められます。クリティカルパス上では余裕時間はありません。

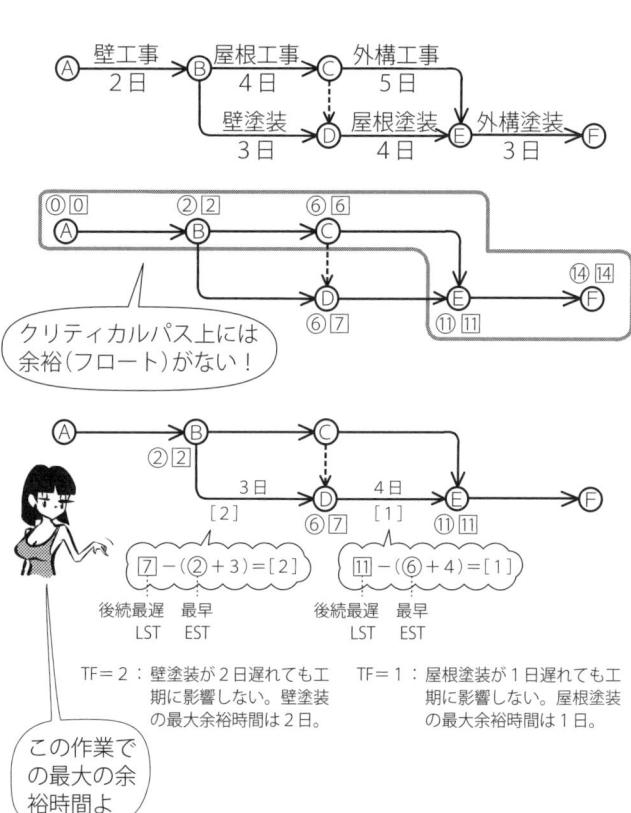

TF＝2：壁塗装が2日遅れても工期に影響しない。壁塗装の最大余裕時間は2日。

TF＝1：屋根塗装が1日遅れても工期に影響しない。屋根塗装の最大余裕時間は1日。

この作業での最大の余裕時間よ

R017 ネットワーク工程表 その7

Q フリーフロート（FF）とは？

A 後続作業に影響しない範囲で、作業がとりうる余裕時間です。

トータルフロートが全体の工期に影響を与えない余裕時間、フリーフロートは後続作業に影響を与えない自由余裕時間です。下図で（ ）で囲んで表示することにします。ある作業のFF＝後続EST－（その作業のEST＋作業時間）で求められます。

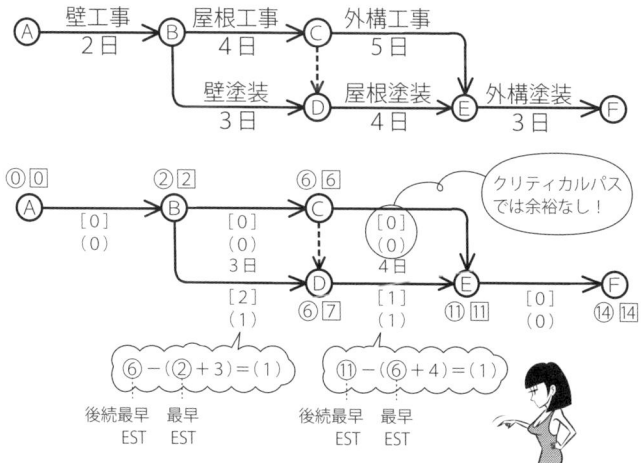

FF＝1：壁塗装が1日遅れても、屋根塗装に影響しない。

FF＝1：屋根塗装が1日遅れても、外構塗装に影響しない。

次の作業に影響しない余裕時間よ

ネットワーク工程表　その8

Q (1) EST、(2) LST、(3) TF、(4) FFとは？

A (1) 最早開始時間、(2) 最遅開始時間、(3) トータルフロート（最大余裕時間）、(4) フリーフロート（自由余裕時間）です。

ここでややこしいネットワーク工程表の用語をまとめておきましょう。

最早開始時刻	EST	最も早く作業が開始できる時刻
最遅開始時刻	LST	工期に影響しない範囲で、最も遅く作業が開始できる時刻
トータルフロート（最大余裕時間）	TF	全体の工期に影響しない範囲で、作業がとりうる最大余裕時間
フリーフロート（自由余裕時間）	FF	後続作業に影響しない範囲で、作業がとりうる余裕時間

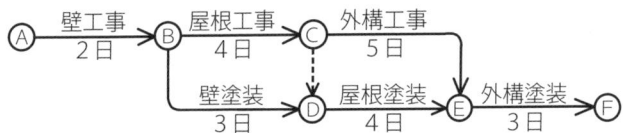

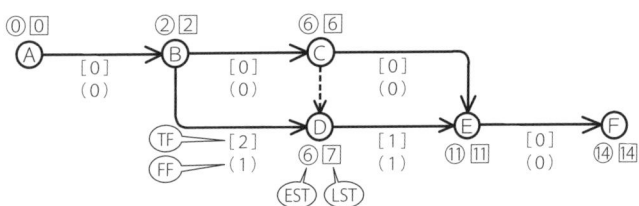

- 各作業の完了時間（FT：Finish Time）で、最早完了時間（EFT）、最遅完了時間（LFT）という用語もあります。ここでは開始時間（ST：Start Time）のみを説明しました。

R019 三角測量

Q 三角測量とは？

A 三角形の辺と角度を利用して長さを求める測量法です。

測量しやすい長さ、角度を測り、測量しにくい長さを求めることができます。巻尺が使えない長い距離、川を挟んだ長さ、山の高さなども、三角形を使って計算できます。三角形は形が三辺の長さでひとつに決まります。四角形は四辺の長さを決めても、角度が動きます。

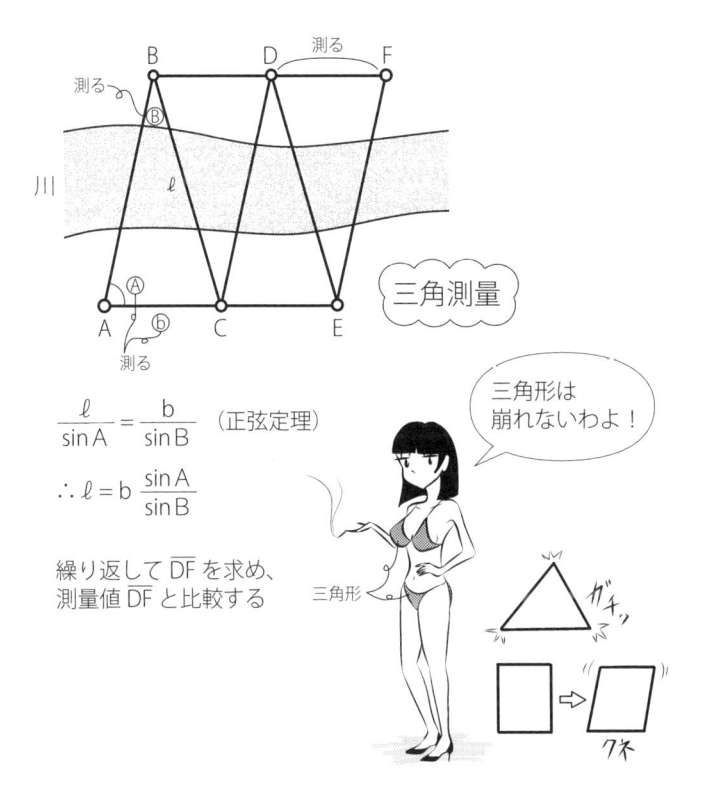

$$\frac{\ell}{\sin A} = \frac{b}{\sin B} \quad (正弦定理)$$

$$\therefore \ell = b \frac{\sin A}{\sin B}$$

繰り返して $\overline{DF}$ を求め、測量値 $\overline{DF}$ と比較する

三角形は崩れないわよ！

- 三角測量は16世紀にオランダで考案され、日本に伝わったのは17世紀中頃です。18世紀末の誤差論によって、精密化されました。三角測量で地図をつくるために、基準となる三角点が山頂などに置かれています。三角点の精度は、GPS測量を定期的に行って維持されています。
- 三角比は直角三角形の比 sin、cos、tan のことで、角度による比を事前に求めて表にしておくことで、便利に使うことができます。

R020 トラバース測量 その1

Q トラバース測量とは？

A 測線で多角形などの骨組みをつくり、それをもとに測量を進める方法です。

多角形（**閉合トラバース**）、ジグザグの線形（**開放トラバース、結合トラバース**）などに測線を組み立て、次に細部の測量をして完成させます。測線で骨組みをつくることから、**骨組み測量**ともいいます。各測点間の距離、角度を測定し、座標値を計算して骨組みを決定します。

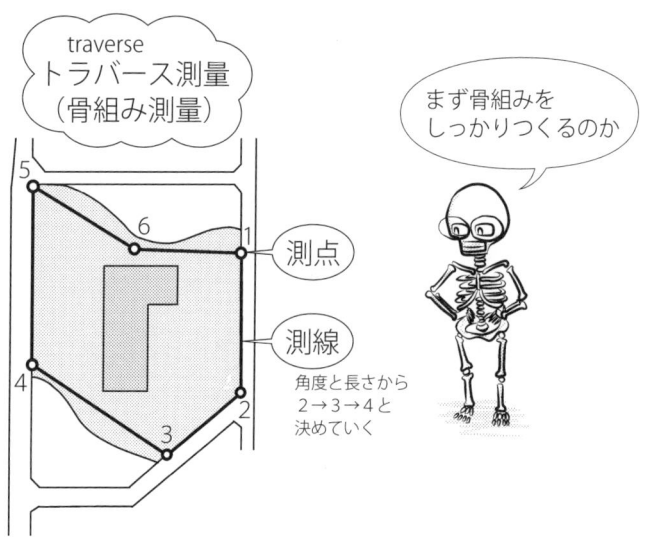

traverse
トラバース測量
（骨組み測量）

測点

測線
角度と長さから
2→3→4と
決めていく

まず骨組みを
しっかりつくるのか

- トラバース（traverse）とは直登を避けて横切って登ることを指す登山用語で、横断する道、ジグザグの道などを意味します。測量では測線、または測線の骨組みのことをトラバースといいます。測線を三角形に閉合させる三角測量も、広義にはトラバース測量の一種です。
- 上図は基準点を順々に求めて多角形を閉じて合わせる、閉合トラバース測量（導線法）です。中央部から各基準点が見える場合は、放射状に距離と角度を測定して基準点の位置を決めることもできます（放射法）。測点の数はなるべく少なくして、トラバースの形を簡単にします。

トラバース測量　その2

Q 閉合比とは？

A 閉合誤差／辺長の合計で、トラバース測量の精度を表します。

Aから順々に側点を決めていくと、最後の測点A'はAと一致するはずですが、誤差が出てずれてしまいます。そのずれの長さの、辺長の合計との比が閉合比です。ずれを修正して閉合するように、ずれを各点での累計長さに比例配分させて、最終的に閉合させます。

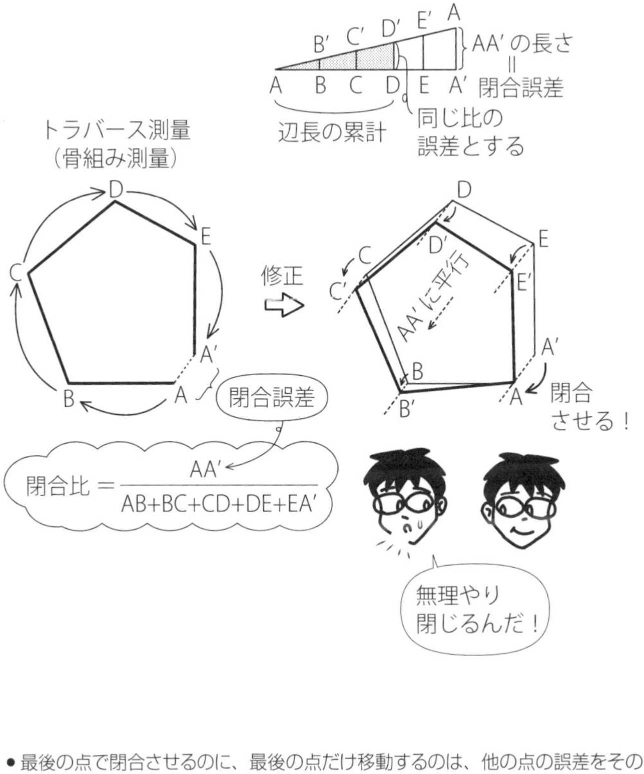

$$閉合比 = \frac{AA'}{AB+BC+CD+DE+EA'}$$

無理やり閉じるんだ！

- 最後の点で閉合させるのに、最後の点だけ移動するのは、他の点の誤差をそのままにしてしまうことになります。そこで、他の点も累計の長さに応じて移動させます。各点を累計長さに比例させて移動させ、最後の点は最初の点と一致させます。
- 閉合比は平坦地では1/1000を許容限度とします。

平板測量

Q 平板測量とは?

A 下図のような三脚の上に載せた平板の上で、現場で測量し、その場で作図する測量法です。

各測点の上で角度と距離を測って、その場で次の測点を書き込みます。測点を1周すると、多角形（トラバース＝骨組み）のでき上がりです。順次、線を導いて書くので**導線法**、また進みながら測るので**進測法**ともいいます。

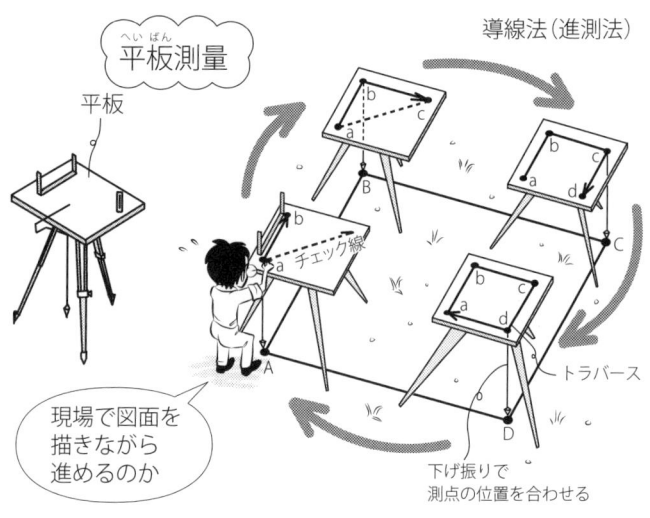

- 平板ではトランシット（R025参照）のような高い精度は期待できません。敷地の中央付近から放射状に測点を測る、放射法もありますが、中央に建物などがある場合は使えません。

R023 測量器具 その1

Q アリダード (alidade) とは？

A 平板上に置いて、目標地点を見て方向を決めるのに使う器具のことです。

孔（視準孔）から糸（視準糸）を見て、図面上の測線の方向と地上の測線の方向を一致させます。アリダードには気泡管が付いていて、平板の水平もとれます。アリダードは**方向視準器**ともいいます。

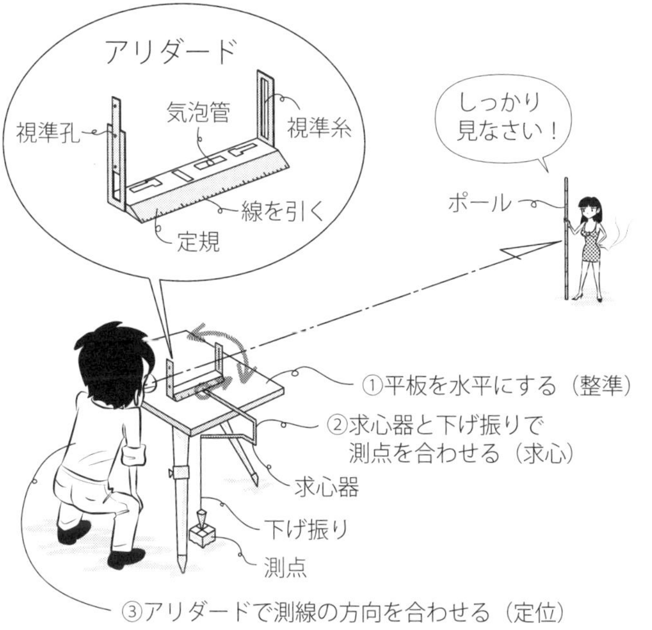

アリダード
- 視準孔
- 気泡管
- 視準糸
- 線を引く
- 定規

しっかり見なさい！
ポール

① 平板を水平にする（整準）
② 求心器と下げ振りで測点を合わせる（求心）
- 求心器
- 下げ振り
- 測点
③ アリダードで測線の方向を合わせる（定位）

- 求心器と下げ振りで、地上の測点と図面上の測点を合わせます。求心器にアリダードを直接当てて方向を定めて線を引くことで、測線を引くことができます。
- 平板を水平にすることを整準（整置）、図面上の測点と地上の測点を一致させることをを求心（致心）、測線の方向を一致させることを定位（指向）といいます。整準→求心→定位の順に作業を進めます。

R024 測量器具 その2

Q 距離を測量するには何を使う？

A 巻尺か光波測距儀を使います。

巻尺には布製、ビニール被覆布製、鋼製がありますが、鋼製を使うのが一般的です。鋼製と布製では精度が違うので、併用はできません。光波測距儀は、反対側の測点に反射プリズムを置いて、光の波長、往復の際の振動数（波の数）、位相差で計算する器具です。

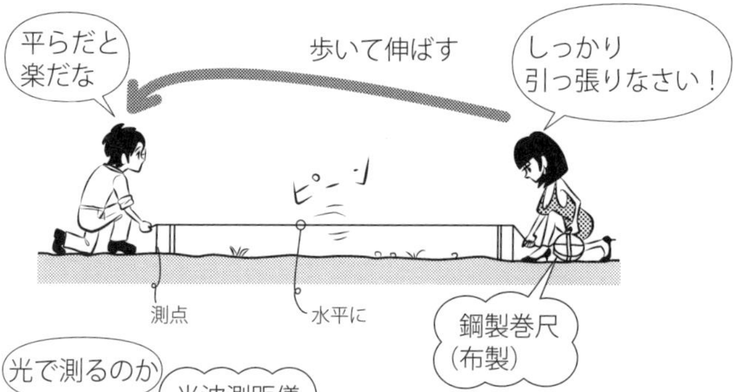

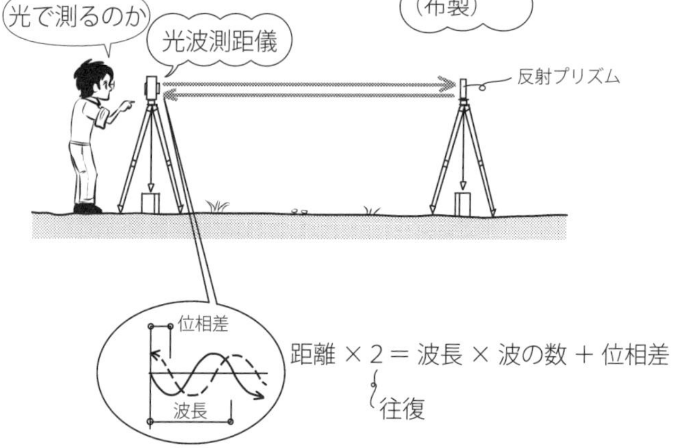

距離 × 2 ＝ 波長 × 波の数 ＋ 位相差
（往復）

- 50mの鋼製巻尺の製品は、10mmの誤差まで出荷が許されています。検定公差とか許容誤差といいます。測量では検定温度20℃を基準として、温度補正が必要となります。その他、張力、たわみ、水平からの傾きなどの誤差があります。
- 光波測距儀では気温、気圧、湿度によって補正します。光波測距儀は、今では電子式トランシット（セオドライト）と一体となったトータルステーションの中に組み込まれています。さらにGPS測量ではGPSアンテナを測点に置くだけで、平面図が即座に作成できるシステムが開発されています。

R025 測量器具 その3

Q 角度を測量するには何を使う?

A トランシット（セオドライト）を使います。

飛行機のトランジットと同じ単語で、トランシット（transit）は通過する、回転させるが元の意味です。セオドライト（theodolite）は天文経緯儀が原義ですが、今では両者ともに水平、垂直の角度を測る器具を指します。角度の目盛を読む形式は、デジタル表示が主流となっています。下げ振りやレンズをのぞいて（光学垂球）、測点の位置を合わせます（求心）。

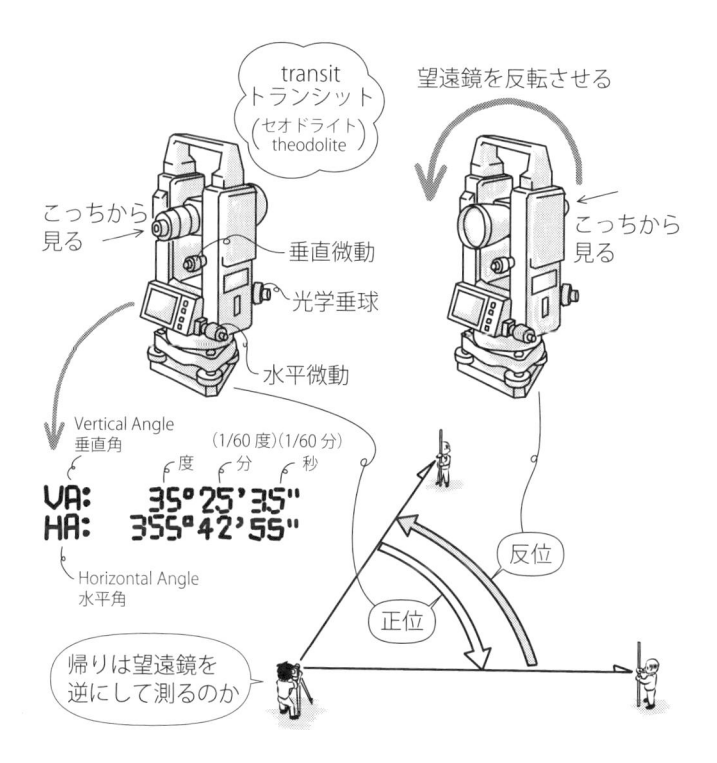

- 角度は時計回り（右回り）を正位、その逆、左回りを反位とします。トランシットの誤差を抑えるために、望遠鏡で正位を測ったら、望遠鏡を縦に半回転して逆向きにして反位を測ります。正位と反位を平均して角度を求めます。
- 北を磁石で測ると、真北とずれています。北からどれくらい傾いているかの方位角には、磁北を基準として右回りに測る磁方位角、真北を基準として右回りに測る真北方位角があります。

面積の測量

Q 敷地などの面積を計算するには？

A 図面上でトラバース（骨組み）を三角形に分割して、高さを出して計算するか、三角比の公式を使って計算する方法などがあります。

図面上で区分された三角形で、底辺と高さを図面上で測って計算する**三斜法**が一般的です。四角に近い形を斜めに切って三角形をつくるから三斜法といわれます。また、トランシットで角度が測れていたら、角度と距離から面積が計算できます。

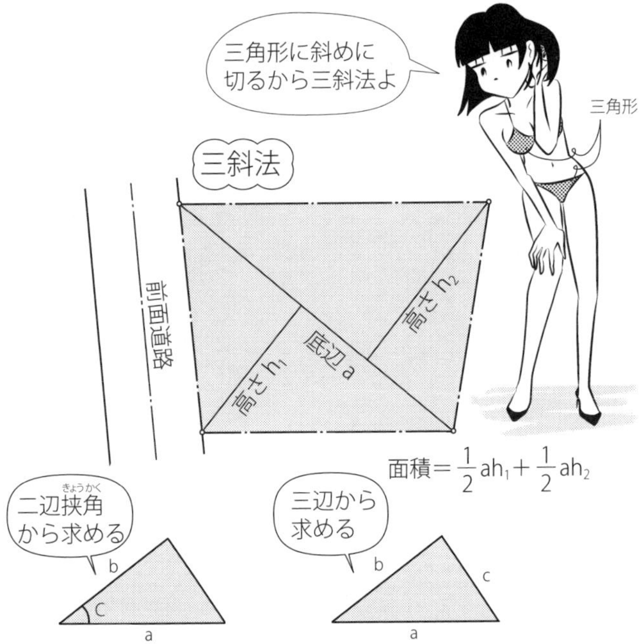

三角形に斜めに切るから三斜法よ

三角形

三斜法

前面道路／底辺 a／高さ h_1／高さ h_2

$$面積 = \frac{1}{2}ah_1 + \frac{1}{2}ah_2$$

二辺挟角（きょうかく）から求める

$$面積 = \frac{1}{2}ab\sin C$$

三辺から求める

$$面積 = \sqrt{s(s-a)(s-b)(s-c)}$$
$$s = \frac{1}{2}(a+b+c) \quad (ヘロンの公式)$$

- 二辺挟角（にへんきょうかく）から面積を計算するには $\frac{1}{2}ab\sin C$ の公式、三辺から面積を計算するには $s = \frac{1}{2}(a+b+c)$ を計算して $\sqrt{s(s-a)(s-b)(s-c)}$ に代入するヘロンの公式が使えます。
- 図面をなぞるだけで面積が求められるプラニメーター（planimeter）という器具もあります。

R027 高さの測量

Q 高さを測量するには何を使う?

A レベル(水準儀)と標尺(スタッフ)を使って測ります。

レベル(level)とは高さを指しますが、器具のレベルは水平を見る器具です。自動的に視準線を水平にできる自動レベルが多く使われます。**標尺**とは大きなものさしです。標尺を前後に立てて、後ろの値(後視)－前の値(前視)で、標高差が出ます。

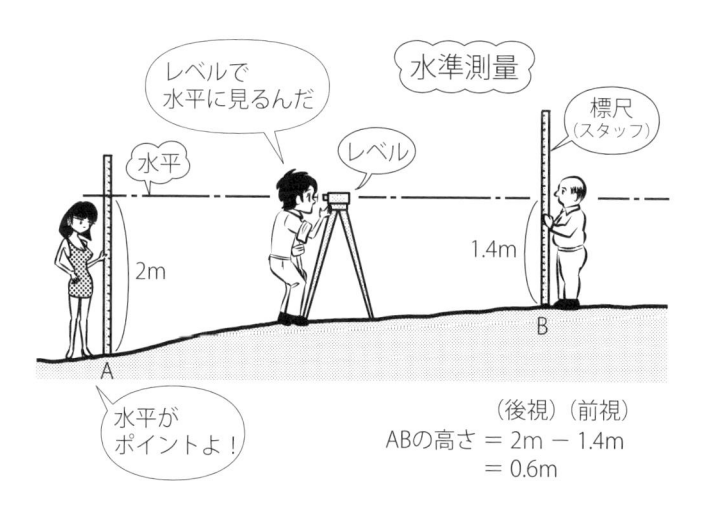

水準測量

レベルで水平に見るんだ

レベル

水平

標尺（スタッフ）

2m

1.4m

A　　　　　　　　　B

水平がポイントよ！

　　　　　　　　　(後視)(前視)
　　　　　　　ABの高さ ＝ 2m － 1.4m
　　　　　　　　　　　　＝ 0.6m

- 1回の測量で間に合わない高さがある場合、区間を複数に分けて後視、前視を繰り返し、後視－前視を総計すると、全体の高さが出ます。高さを測ることを、水準測量といいます。
- 建物の高さなどを測る場合、トランシットで垂直角を測って、距離にその角のtanをかけてトランシットの高さを足すやり方で算出することができます。

★ R028　　　　　　　　　　　　　　　　　　　　　　ベンチマーク

Q ベンチマーク（benchmark）とは？

A 工事をする際に高さの基準となる水準点です。

断面図、矩計図では、高さの基準はGL（地盤面）ですが、実際の地面はデコボコしていて、基準にはなりません。そこで敷地周囲にあるコンクリートの塀、道路の動かない部分などに、許可をとって塗装や鋲などで印を付けさせてもらいます。まわりに何もない場合は、地面に杭を打って上端をベンチマークとし、まわりを柵で囲って、動かないようにしておきます。

「ベンチにマークしてもダメよ！」

動くものは×。

B M
benchmark
ベンチマーク

高さの水準点

- 設計GLはベンチマークからマイナス100mmとかプラス200mmなどとすれば、高さは図面とすべて対応できます。BMと略されることもあります。
- 日本全体の高さの基準点は、国会議事堂前の尾崎記念公園内にある水準標石で、標高は東京湾平均海面（海抜ゼロ）からプラス24.4140mと定められています。
- ベンチは平坦な作業台を意味し、そこに基準となるマークを付けたことからきていると思われます。ベンチマークは測量基準点、水準点が原義ですが、コンピュータシステムの性能や投資効率の評価基準を表す用語としても使われています。

R029 縄張り

Q 縄張りとは？

A 建物位置の確認のために地面に縄を張ることです。

地面に張る縄なので**地縄**（じなわ）ともいいますが、実際はナイロン製の黄色いロープ、黄色い糸などを張ります。建物の形、向き、塀や隣地とのあき具合、エアコンの室外機を置くスペースはあるか、車は入るかなどをチェックします。地縄を見ながら、建物の配置を少しずらすこともあります。

> 紙の上では
> わからないことにも
> 気がつくのよ！

> オレの
> 縄張り！

縄張り（なわばり）

★ R030 水杭

Q 水杭(みずぐい)とは?

A 糸(水糸)を張るための工作物(遣り方:やりかた)をつくる際に、1.8m間隔程度に地面に打ち込む棒のことです。

建物の位置の外側に、杭を1間(1818mm)間隔程度に打ちます。そして中央にレーザー水準器を置いて、水平にレーザーを照射します。杭の上に、一定の高さに水平に出されたレーザーの線が出ますので、そこに黒い線を引きます。これで水杭の上に水平がとれたことになります。

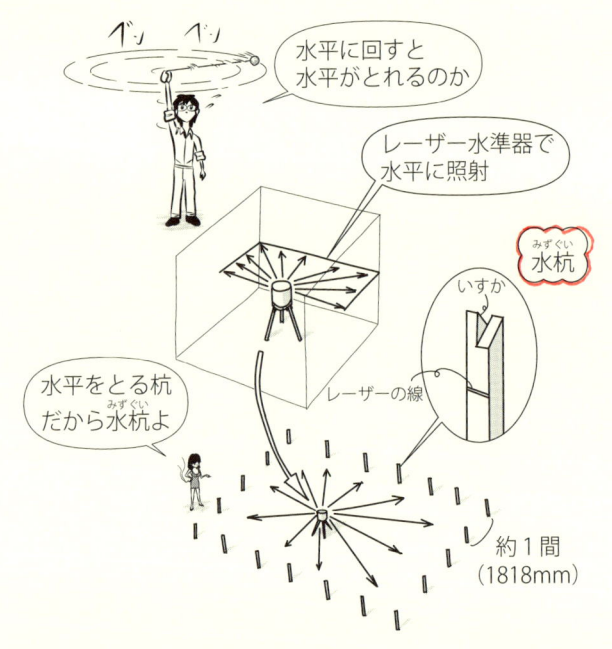

- 水平に回すと水平がとれるのか
- レーザー水準器で水平に照射
- 水杭(みずぐい)
- いすか
- 水平をとる杭だから水杭よ
- レーザーの線
- 約1間(1818mm)

- レーザー水準器は、内装工事に大活躍します。床の不陸(ふりく:平らでない)具合も、レーザー水準器で簡単に測れます。レーザーを壁に水平に照射して、そこから床までの高さを測れば、水平の度合いがわかります。レーザーを垂直に照射して垂直をとることもできます。
- 水杭の上部は図のように三角形が交互に向き合う形、「いすか」に切ります。いたずらや不注意から杭がたたかれると水平が変わるので、それを避けるため、またたたかれたことがすぐにわかるようにするためです。最近ではいたずらも少ないので、いすかに切らないことも多いです。
- レーザー水準器、レベル、水を入れたタンクとチューブなどから水平をとる作業を、水盛り(みずもり)といいます。

★ **R031** 水貫

Q 水貫（みずぬき）とは？
▼
A 下図のように、水杭に水平に打たれた貫（ぬき）です。

貫とは、柱に孔をあけて貫き通した薄くて細長い板状の材を指します。昔の木造では柱のころび止めのために使われました。今は筋かいを入れるので、貫を入れることは少なくなりました。レーザーで照射して水杭に印を付け、それを上端にして貫を打ち付けます。

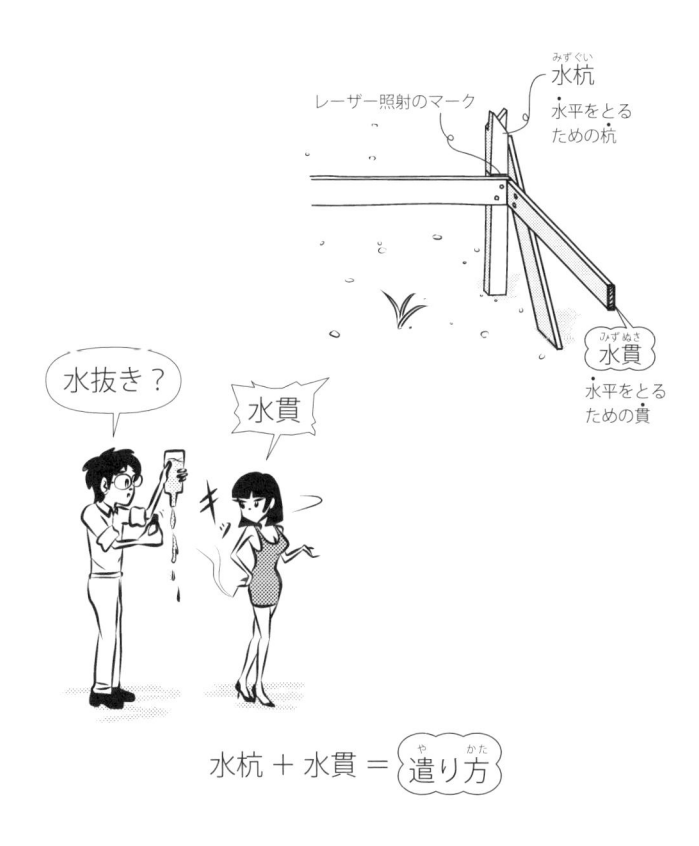

水杭（みずぐい）
・水平をとるための杭

レーザー照射のマーク

水貫（みずぬき）
・水平をとるための貫

水抜き？

水貫

キッ

水杭 ＋ 水貫 ＝ 遣り方（やりかた）

● 水杭と水貫からなる仮設物を指して、遣り方（やりかた）といいます。手段や方法を指す「やり方」という言葉は、この遣り方からきているという説もあります。

★ R032 水糸

Q 水糸（みずいと）とは？

A 水貫の上に張る、壁心、柱心などを示すための糸です。

ナイロン製の黄色い糸などが使われます。水貫はGLから一定の高さに水平に付けられているので、その上に糸を釘で留めれば、糸は水平になります。**大矩**（おおがね）という大きな直角定規や斜辺の長さを使って直角をとります。

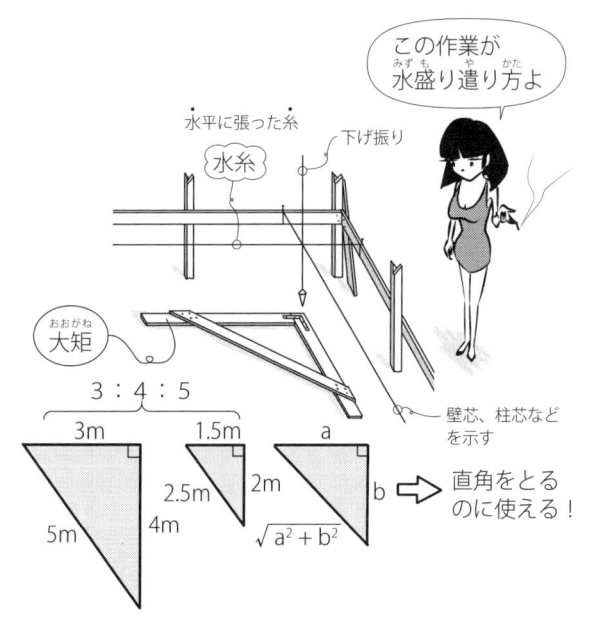

この作業が
水盛り遣り方よ

水平に張った糸
水糸
下げ振り
大矩
壁芯、柱芯などを示す

3 : 4 : 5
3m / 1.5m / a
5m / 2.5m / 2m / b / $\sqrt{a^2 + b^2}$
4m

⇒ 直角をとるのに使える！

- 矩（かね）とは直角のことで、大矩（おおがね）とは大きい直角定規です。矩計（かなばかり）とは直角方向（高さ方向）を測るための図面、曲尺（かなじゃく）とは直角に曲がったL形の定規です。直角三角形の斜辺を測る場合、3:4:5や三平方の定理などを使います。3m、4m、5mやその半分の1.5m、2m、2.5mで直角をとるなどします。トランシットを心の交点に置いて直角をとる方法もあります。
- 水杭を打って、水平を測って水貫を付けて、水糸を張る作業を、「水盛り遣り方」といいます。水盛りは、水を容器などに盛って水平を測ったことからきた言葉で、今でもバケツに水を入れてチューブに水を導いて水平をとることは、小さな工事でよく行われています。水盛り管と呼ばれます。
- 遣り方は水糸を張るまでの準備作業全体を指すこともあれば、水杭、水貫などの仮設物自体を指すこともあります。

R033　墨出し　その1

Q 墨出しとは？

A 壁心などの必要な線を、捨てコンクリート面、床スラブ、壁などに墨で描くことです。

墨つぼに巻かれた糸を伸ばしてコンクリート面にパシッと当てることにより、墨の線を引くことができます。砂利の上に墨の線を引いても、凹凸があるうえに砂利が動いてしまって不正確な線となってしまいます。砂利の上に**捨てコンクリート**を打ってから墨出しを行います。

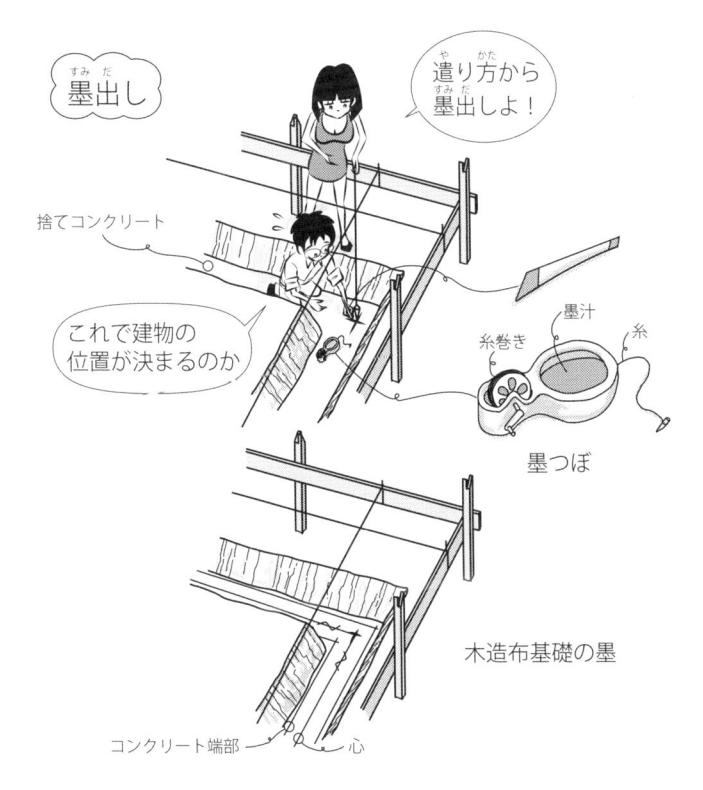

墨出し

遣り方から墨出しよ！

捨てコンクリート

これで建物の位置が決まるのか

糸巻き　墨汁　糸

墨つぼ

木造布基礎の墨

コンクリート端部　心

- 遣り方は壊れやすいので、く体や捨てコンクリート面（R132参照）、塀のコンクリート部分、周囲の道路境界の縁石などに墨を移しておきます。
- 昔のような墨つぼではなく、小さなタンク内に墨が入れられていて縦にしてもこぼれず、電動で糸を巻き取ることもできるハンディな墨つぼも販売されています。

R034 墨出し その2

Q 逃げ墨とは？

A 壁心など直接表示できない場合などに、正規の基準線から一定距離だけ離して（逃がして）付ける墨のことです。

🔲 壁や柱のコンクリートを打ってしまうと、その下の心墨は見えなくなります。そこで500mmとか1000mm離して平行に墨を打ちます。

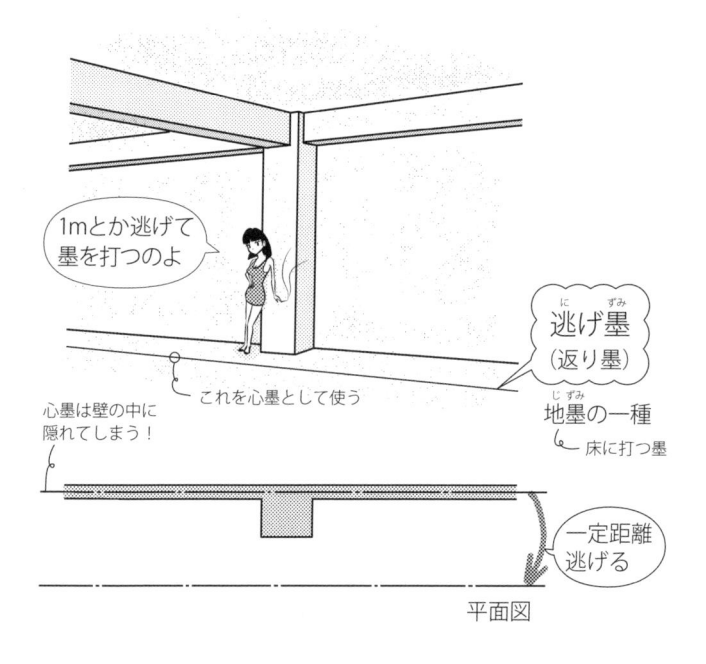

- 1mとか逃げて墨を打つのよ
- これを心墨として使う
- 心墨は壁の中に隠れてしまう！
- 逃げ墨（返り墨）
- 地墨の一種 — 床に打つ墨
- 一定距離逃げる

平面図

- 床面に打つ墨は地墨（じずみ）といいますが、地墨の中でも壁心に平行なものが逃げ墨です。逃げ墨は返り墨ともいいます。

★ R035　　　墨出し　その3

Q 逃げ墨を上の階に上げるには？

A 下図のように床スラブに孔をつくっておいて、下げ振りを使って上階に墨を打ちます。

● RC造では、コンクリートく体は1階ずつ上がっていきます。逃げ墨を上の階に引くには、下の階から垂直に持ち上げる必要があります。そのために事前に小さな孔をつくっておいて、下げ振りを落として逃げ墨の交点の位置を合わせます。墨引き上げ孔などと呼ばれます。

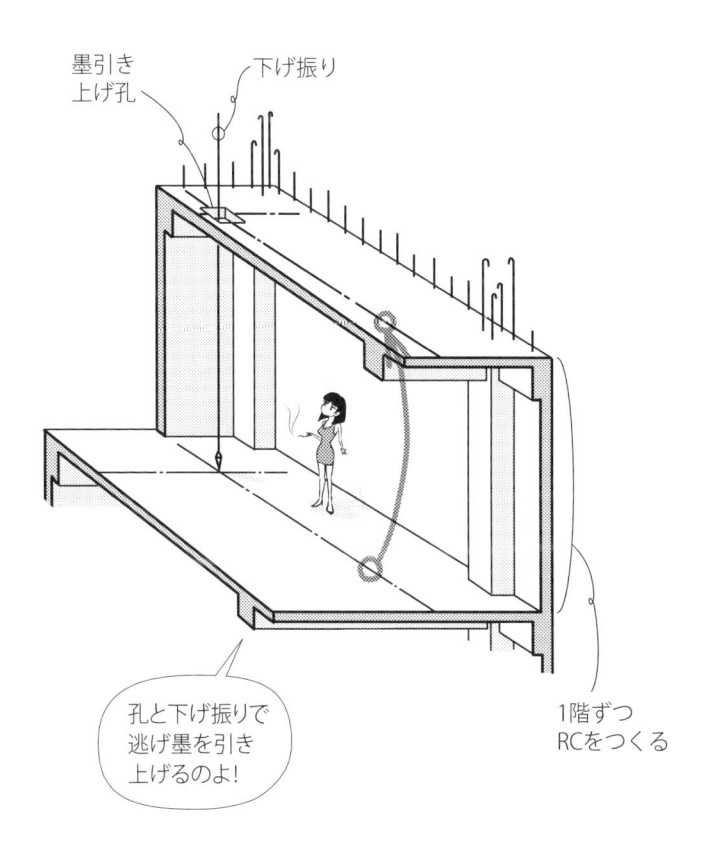

- 墨引き上げ孔
- 下げ振り
- 孔と下げ振りで逃げ墨を引き上げるのよ！
- 1階ずつRCをつくる

R036 墨出し その4

Q 水墨（みずずみ）とは？

A コンクリートの床から一定の距離だけ上がった位置に水平に打つ墨です。

水平な墨だから水墨です。コンクリートの床にモルタルを塗ったり、根太を敷いたりした上に仕上げ材を張ることはよく行われます。その際コンクリートの床が隠れますが、水墨から何mm下と高さの基準をとることができます。

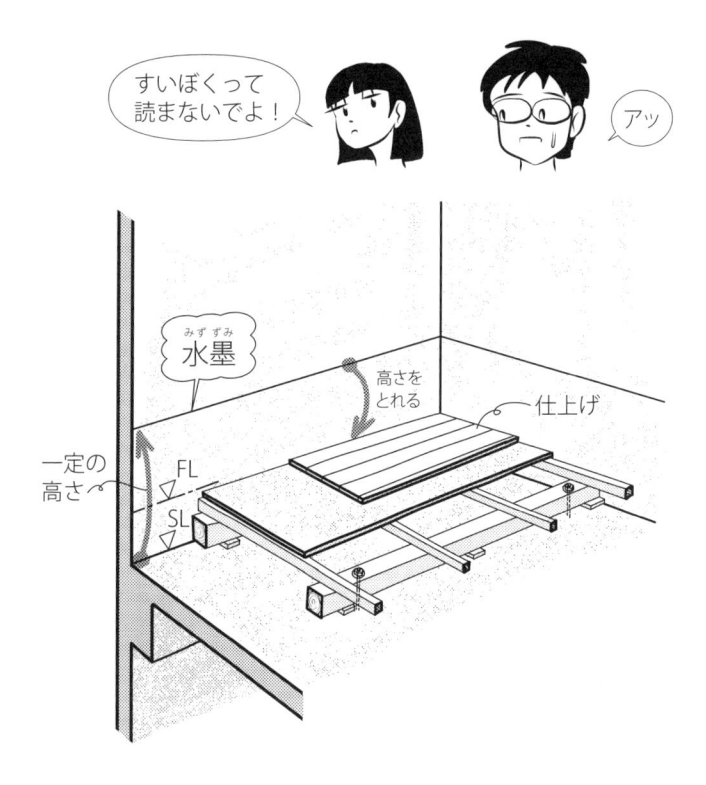

> すいぼくって読まないでよ！

> アッ

（図：水墨、一定の高さ、FL、SL、高さをとれる、仕上げ）

- 水墨はろく墨ともいいます。ろく（陸）は水平という意味です。
- コンクリート床スラブの高さのSLはSlab Levelの略、床の高さFLはFloor Levelの略です。

R037 墨出し その5

Q 縦墨とは？

A 垂直に打った墨のことです。

コンクリートの柱や壁に縦に打ち、水平方向の基準とします。柱心、窓心、扉心など、心に打った縦墨や地墨（じずみ）は、**心墨**ともいいます。

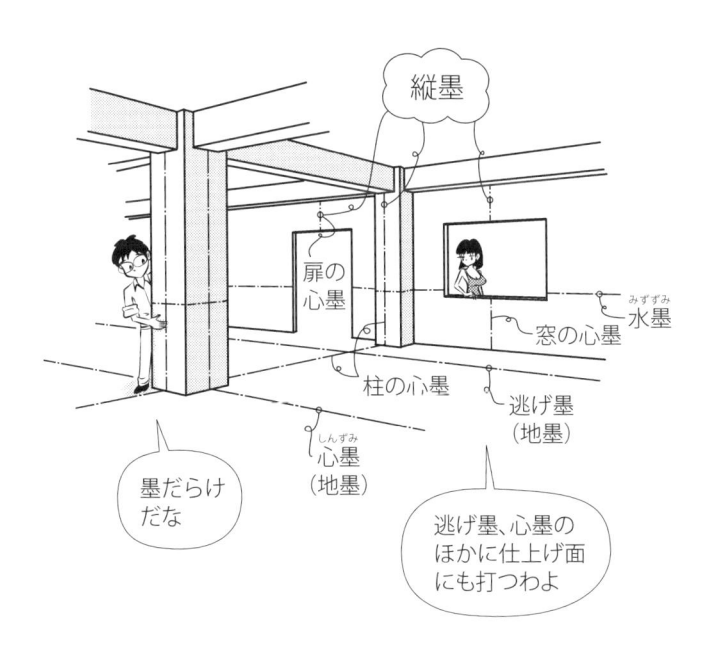

図中のラベル：
- 縦墨
- 扉の心墨
- 窓の心墨
- 水墨（みずずみ）
- 柱の心墨
- 逃げ墨（地墨）
- 心墨（じずみ）（地墨）
- 墨だらけだな
- 逃げ墨、心墨のほかに仕上げ面にも打つわよ

- 水墨、縦墨は逃げ墨を基準として位置を測り、レーザー水準器を使って水平垂直を出し、その上に墨を打つことで入れることができます。

R038　垂直のとり方　その1

Q 鉄骨建て方などで柱の垂直をとるには？

A 下図のように長い下げ振りの上と下の離れを測る、トランシットを縦に使って柱心を視準するなどの方法があります。

下げ振りとの離れを測るために、垂直に長い定規を付けることもあります。正直定規といいます。柱や壁を立ち上げるときには、垂直をとるのが重要となります。

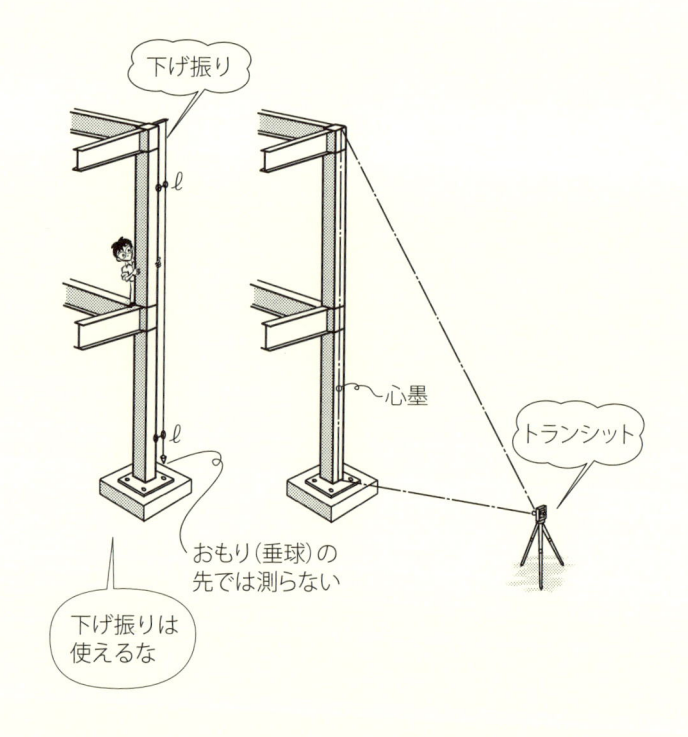

下げ振り

ℓ

ℓ

心墨

トランシット

おもり（垂球）の先では測らない

下げ振りは使えるな

- 建て方とは、鉄骨造、木造で柱、梁などの主要な構造材を組み立てることです。
- 下げ振りのおもりの先端では、重心が心からはずれるなどで、心がずれている可能性があるので、糸の部分で測定します。下げ振りのおもりは、垂球ともいいます。
- 建て方時にはワイヤロープを×状に掛けて、それを引っ張ることによって柱を垂直に直します。建て入れ直しといいます。

★ R039　　垂直のとり方　その2

Q 山留めの変形はどのように測る?

A 下図のように下げ振りと定規を山留めに付けて、定期的に変形を測ります。

🔲 山留めとは土が崩れないようにする壁で、土圧が常にかかっています。土圧による山留めの変形を定期的に測って、事故を未然に防ぐ必要があります。

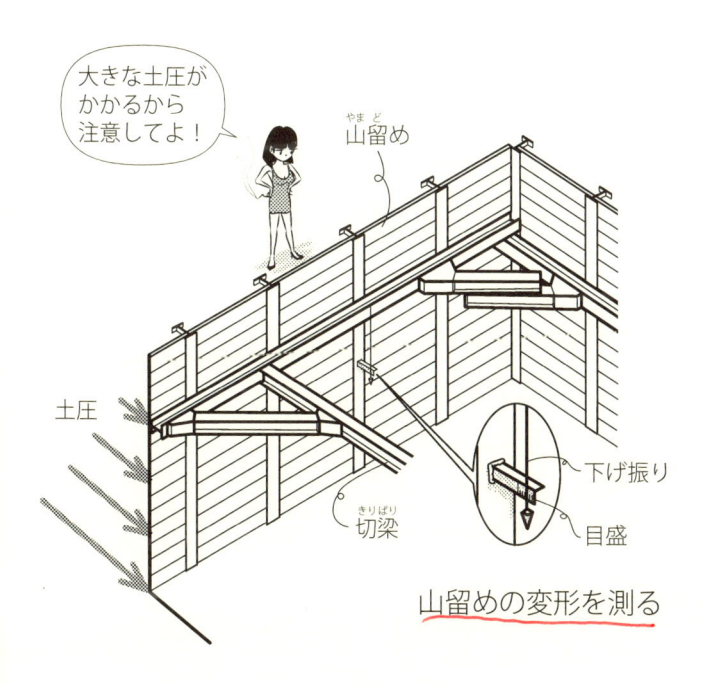

大きな土圧が
かかるから
注意してよ!

山留め
土圧
切梁
下げ振り
目盛

山留めの変形を測る

- 切梁に付ける測定器などでも変形を測れます。山留め、切梁などはR096以降を参照してください。

R040 土の分類 その1

Q 土の種類を粒径で分けると？

A 下図のように、れき、砂、シルト、粘土となります。

地盤の種類は、土粒子の大きさ、粒径で分類されます。

[スーパー記憶術]
<u>歴</u> <u>史</u> を <u>知ると</u> <u>粘</u>り強くなる
れき>砂>　　　シルト　　>粘土

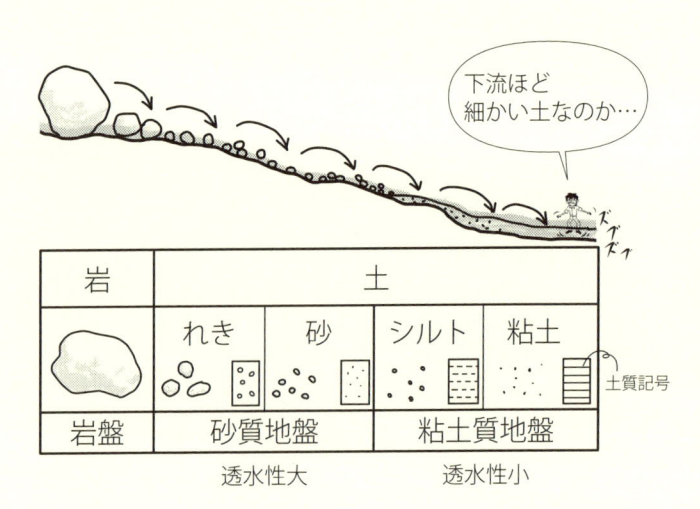

下流ほど細かい土なのか…

岩	土			
	れき	砂	シルト	粘土
岩盤	砂質地盤		粘土質地盤	

土質記号

透水性大　　　　　　　　透水性小

- 粒径が2mm以上がれき、0.074mm以上2mm未満が砂、0.005mm以上0.074mm未満がシルト、0.005mm未満が粘土となります。川は上流では岩やれきが多く、下流に行くほど砂、シルトが多くなり、河口付近では粘土が堆積しています。水に流れにくい大きな粒が上流に取り残されて、小さな粒ほど下へと流されるからです。
- 砂質地盤は粒が大きいために水を透しやすく、粘土質地盤は粒が小さいために水を透しにくいという重要な性質があります。井戸水は砂質層から出て、沼や池の底は粘土質です。
- 土に関しては地学が一般的な学問で、地盤を力学的にとらえる学問として土質力学、土質工学、建築物などの設計、施工に適用する学問として地盤工学など、多くの学問分野があります。

★ R041 土の分類 その2

Q 土の三角座標とは?

A 下図のような、砂れき(されき)、シルト、粘土の割合で土の分類名を特定するためのグラフです。

🟫 土はさまざまな粒径の混合ですから、その混合の具合で土の分類が変わります。その土の分類が三角座標で定義されています。

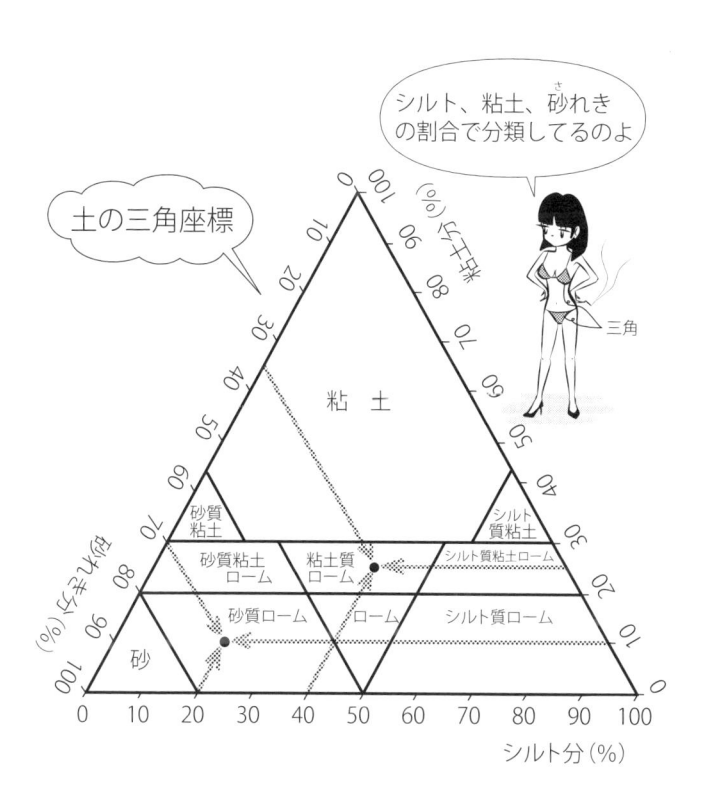

（図：土の三角座標）

シルト、粘土、砂れきの割合で分類してるのよ

土の三角座標

粘土(%)／砂れき分(%)／シルト分(%)

分類領域：砂、砂質ローム、ローム、シルト質ローム、砂質粘土ローム、粘土質ローム、シルト質粘土ローム、砂質粘土、粘土、シルト質粘土

- シルト20%、粘土10%、砂れき70%だと砂質ローム、シルト40%、粘土25%、砂れき35%だと粘土質ロームなどと分類がわかります。
- 変数が3つある座標には、x・y・z、縦・横・高さの三次元座標があります。三次元座標は立体になるので、紙の上の二次元で見せるとわかりにくいという欠点があります。三角座標は三変数の割に見やすいのと、$x+y+z=100$で正三角形に組みやすいので使われています。

★ **R042**　　　地層　その1

Q 地耐力が大きい地盤は？

A 岩盤＞土丹盤（どたんばん）≒密実なれき層、です。

沖積層（ちゅうせきそう）の下の（前の時代の）洪積層（こうせきそう）における締め固められた硬い粘土層や泥岩（でいがん）層を土丹盤といいます。締め固められたれき層も、土丹盤と同様に、地耐力が大きい地盤です。

[スーパー記憶術]
ドタンドタンしてもびくともしない
土丹盤

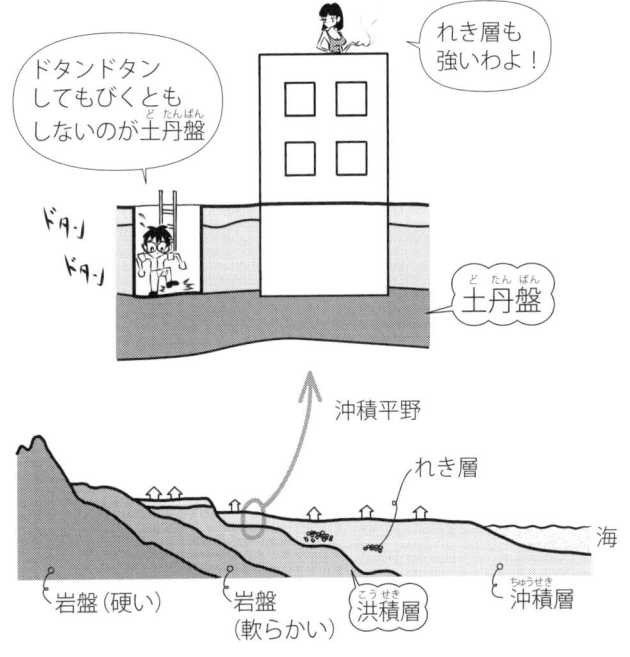

- 厚い岩盤は最も地耐力があり、ニューヨーク・マンハッタンや香港に高層ビルの建設が容易だったのは、岩盤の上だったからです。
- 建築基準法では地盤の長期許容応力度を、岩盤1000kN/m²、土丹盤300kN/m²、密実なれき層300kN/m²とし、短期許容応力度をその2倍とするとされています（施行令93条）。1000kNは約100トン、300kNは約30トンの重さです。1トンは軽自動車1台分くらいの重さです。

R043 地層 その2

Q 地盤の深い所のれき層で建物を支えるには？

A 基礎の下に杭をつくって、それで支えます。

締め固められた厚みのあるれき層は、優れた支持層となります。東京には東京れき層、武蔵野れき層、立川れき層などのれき層があり、杭による支持層として使われます。杭先端はその支持層に1m以上貫入、根入れさせます。

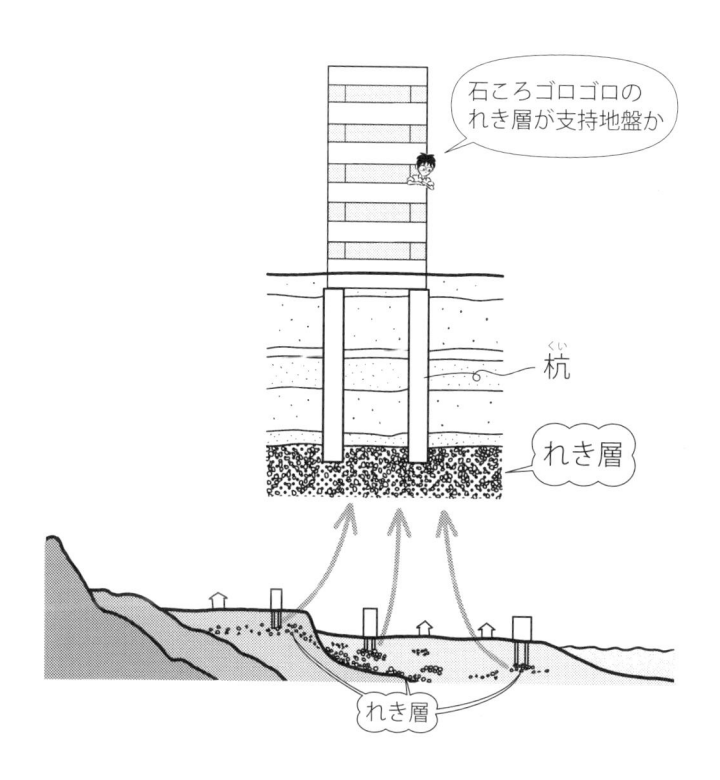

石ころゴロゴロのれき層が支持地盤か

杭

れき層

れき層

- 建築基準法施行令では、長期許容応力度は密実なれき層で$300kN/m^2$、短期許容応力度はその2倍と、土丹盤と同様の扱いとなっています。
- れきは洪積層上部、沖積層下部に厚く堆積していて、大型の建物はそのれき層に杭を打って支えるケースが多いです。軟らかい地盤の中間にれき層が入っていることもあります。

★ R044 地層 その3

Q ローム（loam）層とは？

A 一般に粘土質の割合の多い地盤を指します。関東ローム層は富士山、赤城山、浅間山などの火山灰が固まってできた粘土質地盤です。

木造、鉄骨造の2階建て、3階建て、鉄筋コンクリート造の2階建て程度の軽い建物は、ローム層の上にフーチング基礎、べた基礎程度で建てられるケースが多くあります。

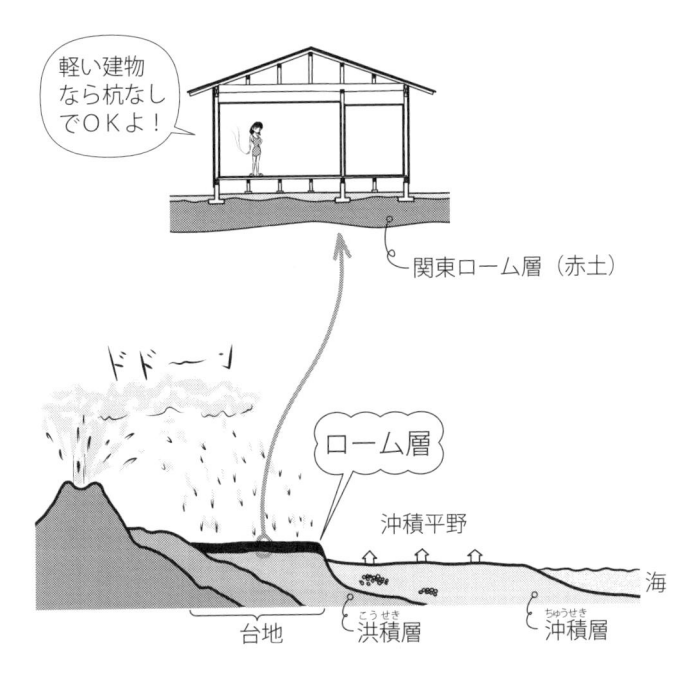

（軽い建物なら杭なしでOKよ！）

関東ローム層（赤土）

ドド～

ローム層

沖積平野

台地　洪積層　沖積層　海

- 台地の上にある関東ローム層では、地盤が良好な所が多いです。杭や地盤改良が不要となると、コストが大幅に節約できます。
- 建築基準法施行令では、長期許容応力度は硬いローム層で$100kN/m^2$、ローム層で$50kN/m^2$、短期許容応力度はその2倍となっています。$100kN$は10トン、$50kN$は5トンとなります。大ざっぱには、鉄筋コンクリート造の床$1m^2$あたり、壁、柱、梁、荷物などいっさい合わせて約1トン、基礎では約1.5トンの重みがあります。2階建てでは床が屋根、耐圧版も含めて4枚で、1.5＋1＋1＋1＝4.5トン。10トン以下なので硬いローム層の上にべた基礎で建てられることになります。もちろん地盤調査、構造計算はしなければなりません。

★ R045　　ボーリング

Q ボーリング（boring）とは？

A 地盤に孔を掘って、地質などを調べることです。

直径10cm程度の孔を掘ります。孔の場所によって地質が変わることがあるので、敷地の何カ所かでボーリングを行います。たとえばれき層が片方では20m、もう片方では25mと傾斜していることもあります。

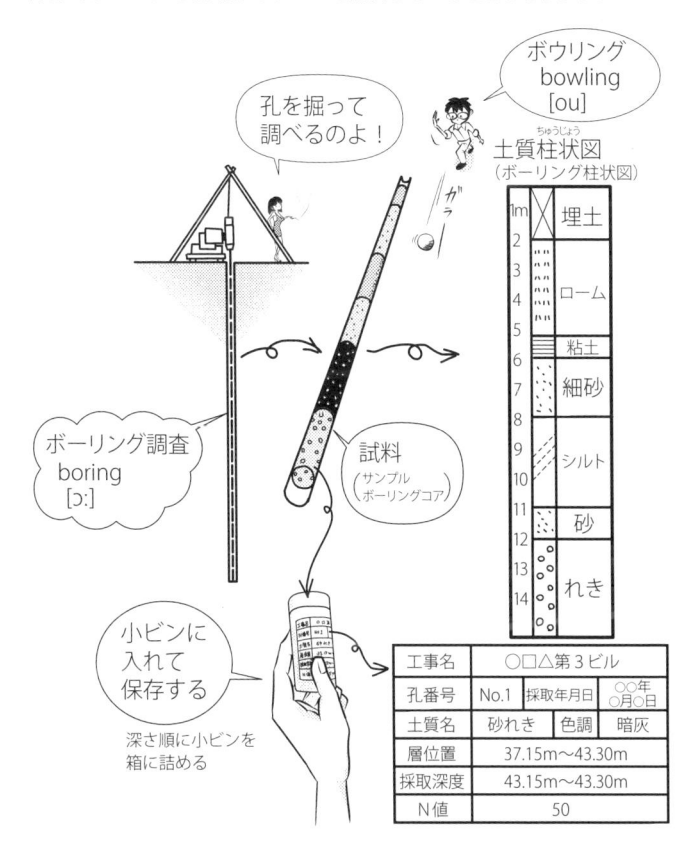

- 孔を掘って調べるのよ！
- ボウリング bowling [ou]
- 土質柱状図（ボーリング柱状図）
- ボーリング調査 boring [ɔ:]
- 試料（サンプル、ボーリングコア）
- 小ビンに入れて保存する
- 深さ順に小ビンを箱に詰める

1m		埋土
2		
3		ローム
4		
5		粘土
6		細砂
7		
8		
9		シルト
10		
11		砂
12		
13		れき
14		

工事名	○□△第3ビル	
孔番号	No.1	採取年月日 ○○年○月○日
土質名	砂れき	色調　暗灰
層位置	37.15m～43.30m	
採取深度	43.15m～43.30m	
N値	50	

- 取り出した土は試料（サンプル、ボーリングコア）として分類し、小さなビンに入れて保存します。試料から土質柱状図（ボーリング図、ボーリング柱状図）をつくります。
- ゆるい砂や砂れき層はボーリングの孔壁が崩れやすいので、ベントナイト液（R061参照）やケーシングチューブ（R060参照）を使うなどします。

R046 サウンディング試験

Q サウンディング（sounding）試験とは？

A 地盤中に抵抗体を入れてたたいたり回転させたりして地盤の強さなどを調べる試験のことです。

サウンド（sound）とは胸などを打診する、聴診することで、直接開いて調べられない場合に反響、抵抗などをもとに内部を予想して探ることです。土の場合もやはり中が見えないので、たたいたり回転させたりして地耐力などを探るわけです。木が硬いか軟らかいかが、釘を打つ、ネジを回すなどでわかるのと同様です。

打診、聴診
sounding
サウンディング試験

たたいたりねじったりして硬さを調べるのか

たたき込む

1cm 入れるのに
3 回たたく
↓
軟らかい

1cm 入れるのに
10 回たたく
↓
硬い

ねじ込む

力がいらない
↓
軟らかい

力がいる
↓
硬い

★ R047　標準貫入試験　その1

Q 標準貫入試験とは？

A 一定の高さから一定の重さのおもりを落として、30cm貫入するまでの回数を調べて地盤の硬さを推定する試験です。

代表的なサウンディング試験です。衝撃を同じにするために、63.5kgの重さを75cmの高さから落とすと決められています。孔の底でおもりを落とすのは大変なうえに不正確なので、孔に入れた棒の上（**ノッキングヘッド**）におもりを落として、棒が30cmめりこむまでの回数を数えます。おもり、落とす高さ、棒の先端（**スプリットサンプラー**）などが規格化、標準化されている貫入試験なので、標準貫入試験といいます。

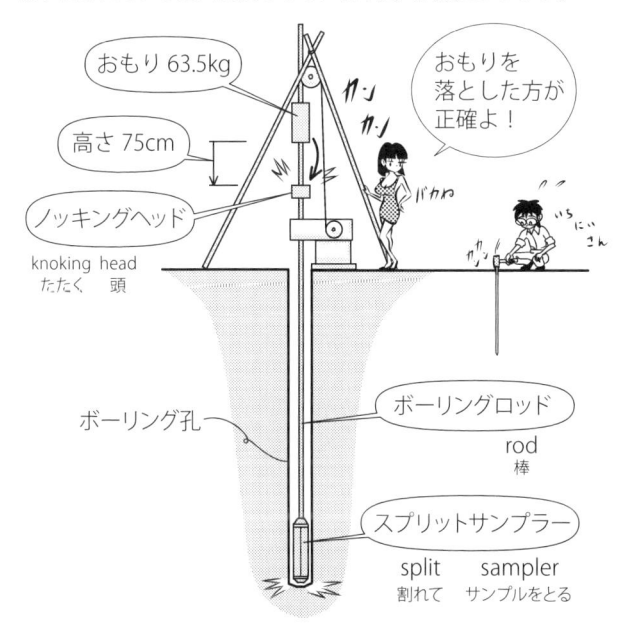

- おもり 63.5kg
- 高さ 75cm
- ノッキングヘッド
  knoking head
  たたく　頭
- ボーリング孔
- ボーリングロッド
  rod
  棒
- スプリットサンプラー
  split　　sampler
  割れて　サンプルをとる

おもりを落とした方が正確よ！

- スプリットサンプラー（split sampler）は、2つに割れて（split）試料（sample）を取り出すことができます。土の中に貫入させた後に引き上げ、チューブを2つに割って、中の試料を取り出します。貫入試験を行った後に引き上げることもできます。
- ノッキングヘッド（knocking head）とはたたく頭という意味で、ボーリングロッド頭部を衝撃から保護するために付けられています。ロッド（rod）とは棒のことです。
- 正確な試験結果を得るため、また回数を数え間違えないために、おもりの落下とカウントを自動で行う機械もあります。

★ **R048** 標準貫入試験 その2

Q N値とは？

A 標準貫入試験で、30cm貫入させるためにおもりを落とした回数で、主に地盤の強さを示す指標です。

ボーリング調査でサンプルをとりながら掘り進めて、1m程度ごとに標準貫入試験を行います。30cm貫入させるのに要する回数がN値です。打撃回数は50回までとして、50回打っても30cm貫入しなかったら50回目の貫入量を測って次に進みます。N値は土質柱状図の横にグラフにして書いて、どこが支持層かわかりやすくします。ボーリング、試料採取と同時にできるので、日本では最も多く使われる試験です。

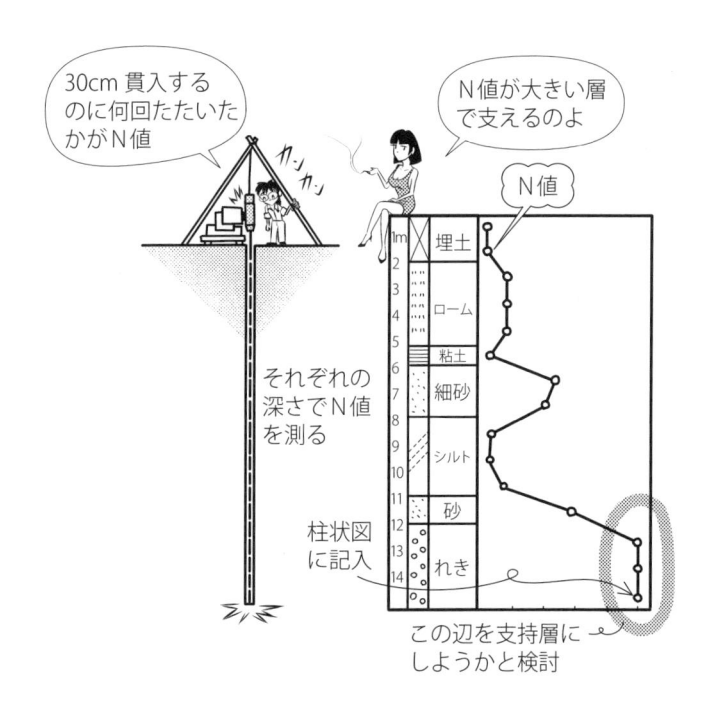

- 30cm貫入するのに何回たたいたかがN値
- それぞれの深さでN値を測る
- N値が大きい層で支えるのよ
- N値
- 柱状図に記入
- この辺を支持層にしようかと検討

（柱状図：埋土／ローム／粘土／細砂／シルト／砂／れき）

- 重いRC造、S造の建物の場合、N値が50以上で、5m以上の砂れき層やれき層を杭の支持地盤にすることが多いです。

R049 標準貫入試験 その3

Q 同じN値でも砂質と粘土質で支持力は変わる？

A 変わります。

同じN値でも、砂質、粘土質で大きく変わります。たとえばN値が5の砂質土は軟らかく、液状化の可能性の大きい不安定な地盤です。一方N値が5の粘土質の地盤はかなり硬く安定した地盤のケースが多いです。地質によってN値の意味が変わるので要注意です。

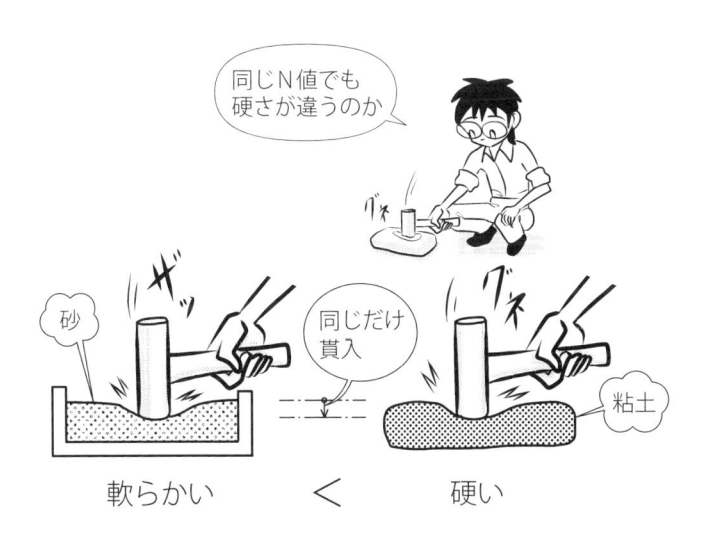

同じN値でも硬さが違うのか

砂　同じだけ貫入　粘土

軟らかい　＜　硬い

- 砂質か粘土質かでN値の意味が違ってくるので、粒度試験などで判断します。粒度試験はふるいによって、どの大きさの粒がどれくらいあるかを測る試験です。
- 一般に標準貫入試験は砂質地盤に適し、軟らかい粘土質地盤にはベーン試験（R053参照）、オランダ式二重管コーン貫入試験（R054参照）が適しています。

R050 標準貫入試験 その4

Q ボーリングが玉石（たまいし）に当たった場合、N値はどうなる？

A 地盤に対して過大に出ます。

たまたま玉石や大きい岩に当たってしまうと、いくらたたいても貫入せずに、N値がそこだけ異常値となってしまいます。孔の位置によってもバラツキが出ますので、見えない地下で測るN値の信頼性には注意が必要です。

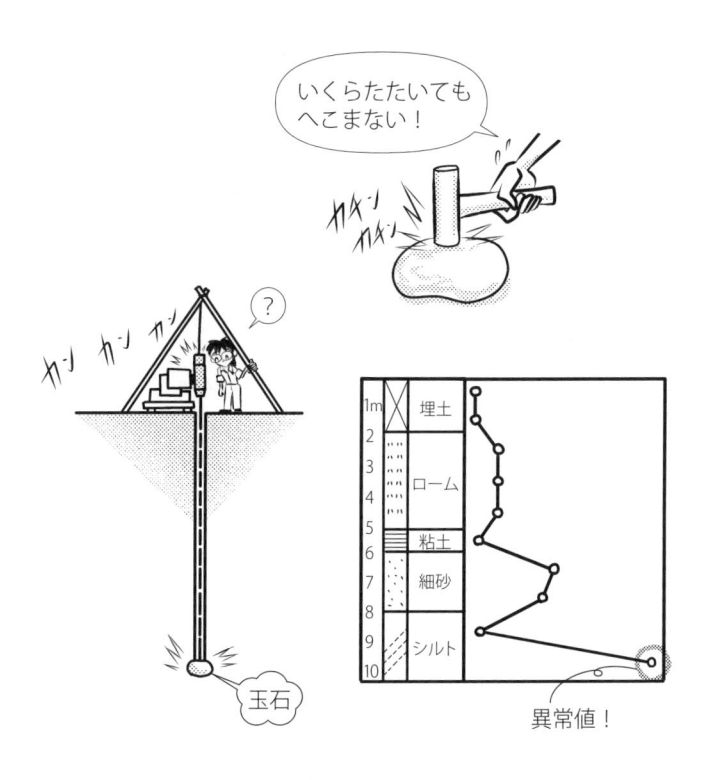

いくらたたいてもへこまない！

異常値！

★ **R051**　　　標準貫入試験　その5

Q ボーリング孔内水位は、地下水位と一致する？
　▼
A 一般に一致しません。

孔壁が崩れないようにするため、ベントナイト液（泥水ともいう。R061参照）を入れます。ベントナイト液を入れると、孔壁の土粒子の間に保護膜ができ、それが水の浸入を妨げます。地下水が入りにくくなるので、孔内水位は地下水位よりも下になります。

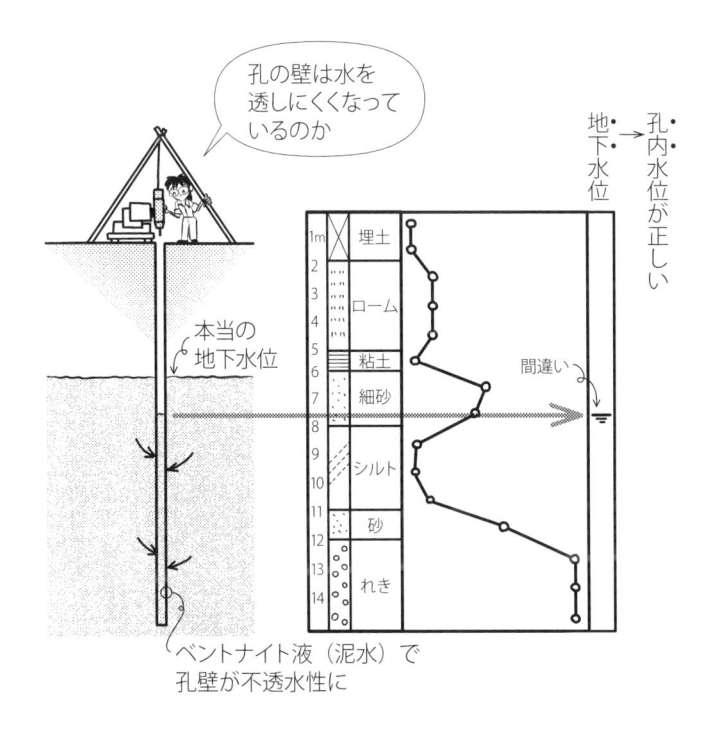

　　　　孔の壁は水を
　　　　透しにくくなって
　　　　いるのか

本当の地下水位

ベントナイト液（泥水）で
孔壁が不透水性に

地下水位・孔内水位が正しい

間違い

- 地下水位をボーリング孔で調べるには、清水（普通の水）で圧力をかける（R062参照）、水を使わずに掘る（無水掘り）などの工夫をして掘ります。

59

★ R052　スウェーデン式貫入試験

Q スウェーデン式貫入試験とは？

A 土の中に**スクリューポイント**をねじ込んで、その抵抗から地盤の強さを推定する試験です。

サウンディング試験の一種で、ねじ込む力で硬さを推定します。同じ力でねじ込むために、100kg程度の同じおもりを付けてねじ込んで、25cm貫入させるのに何回転したかを数えます。10m程度までの浅い地盤調査に使われます。スウェーデン式サウンディング試験ともいいます。

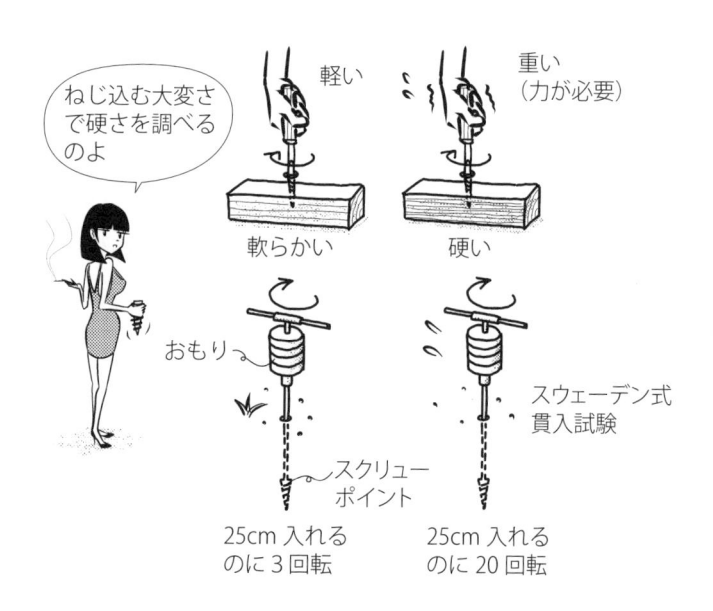

ねじ込む大変さで硬さを調べるのよ

軽い　　　重い（力が必要）

軟らかい　　　硬い

おもり

スクリューポイント

スウェーデン式貫入試験

25cm入れるのに3回転　　　25cm入れるのに20回転

- スウェーデンの国有鉄道が地盤調査に採用したためにつけられた名称です。手動式のほか、機械を用いて自動でねじ込むものもあります。浅い層の調査で、木造住宅の地盤調査によく使われます。

★ R053　　ベーン試験

Q ベーン試験とは？

A 十字形の抵抗翼（ベーン）を回転させて、その抵抗から地盤の強さを推定する試験です。

サウンディング試験の一種で、手で回して抵抗値（モーメント）を測り、翼板の大きさとモーメントから地盤の強さを推定します。軟らかい粘土質地盤の強さを測るのに使います。

- ベーン試験
- 抵抗するモーメントから調べるのか
- 軟らかい粘土質地盤
- ベーン vane 翼板

● vane（ベーン）とはタービン、風見どりなどの翼板、羽根のことです。

R054 オランダ式二重管コーン貫入試験

Q オランダ式二重管コーン貫入試験とは？

A 円錐形の試験体コーンを貫入させて、その抵抗から地盤の強さを推定する試験です。

内管と外管からなり、内管の先端部にコーンがあります。サウンディング試験の一種で、先端部のコーンを地盤に押し込み、その抵抗を測ることによって地盤の強さを推定します。

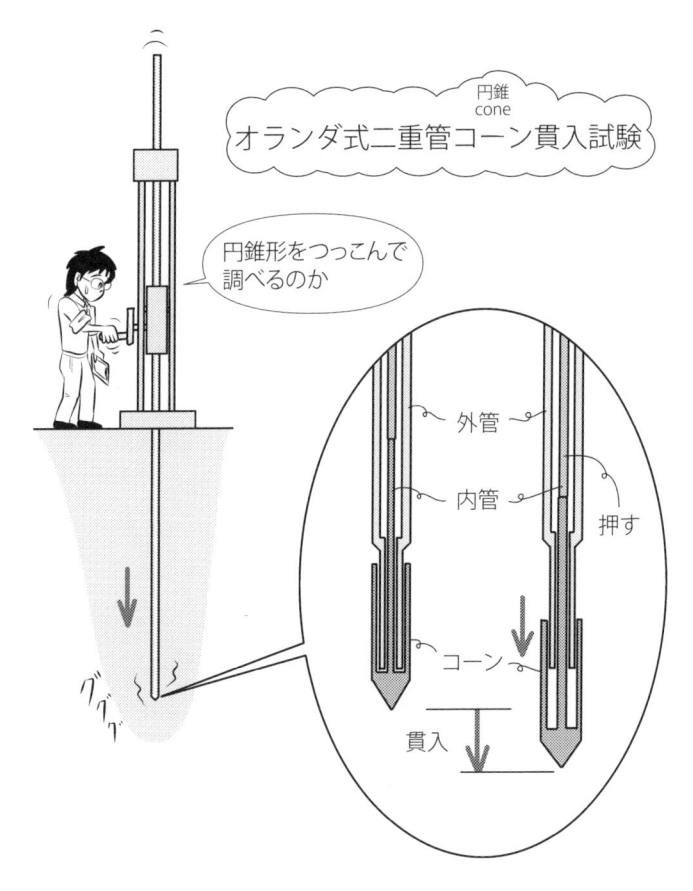

オランダ式二重管コーン貫入試験
円錐 cone

円錐形をつっこんで調べるのか

外管
内管
押す
コーン
貫入

- コーン（cone）とは円錐形のことです。ダッチコーン（Dutch cone）貫入試験、ダッチコーン試験ともいわれます。ダッチとは「オランダの」という意味です。

★ R055 サウンディング試験 まとめ

Q サウンディング試験の中で、浅い表土層の軟らかい粘土質地盤に適している試験は？

A ベーン試験、オランダ式二重管コーン貫入試験などです。

ここで地盤調査をまとめておきましょう。サウンディング試験の中で軟らかい粘土質地盤に適しているのは、ベーン試験とオランダ式二重管コーン貫入試験です。土質資料を採取できるのは、標準貫入試験（ボーリング）だけです。

[スーパー記憶術]
<u>軟らかくてネバネバする</u>　<u>便</u>　を　<u>二重管</u>に入れておく
　軟らかい粘土質　　　　　ベーン　　　二重管コーン

サウンディング試験

試験	図
ボーリング & 標準貫入試験	カンカン
スウェーデン式貫入試験	グルグル
ベーン試験	グルグル（軟らかい粘土質）
オランダ式二重管コーン貫入試験	グッグッ（軟らかい粘土質）

「土をつかみ取れるのはボーリングだけか」

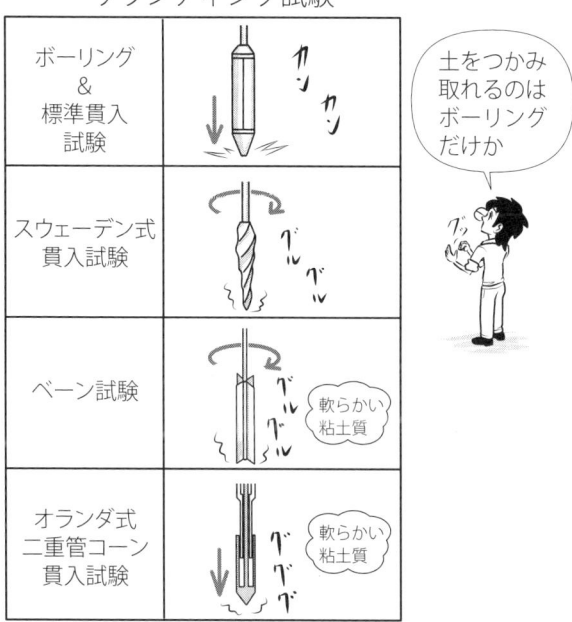

- 粘土質地盤の調査には、室内で行う一軸圧縮試験、三軸圧縮試験、圧密試験なども適しています。一軸圧縮試験は土を拘束しないで圧縮する試験、三軸圧縮試験は円筒内に土を拘束して圧縮する試験です。地中に水が押し出されて時間をかけて沈むのが圧密沈下で、圧密沈下を擬似的に起こさせるのが圧密試験です。

★ R056 その他の地盤調査 その1

Q 揚水試験とは？

A 下図のような、**揚水井**（ようすいい）を中心に**観測井**（かんそくい）を十字状に配置して、地下水位、透水係数を求めます。

揚水井から地下水をくみ上げると、近くの観測井が影響を受けて水位が下がります。下がり方が早いと、透水性が高いことを意味します。

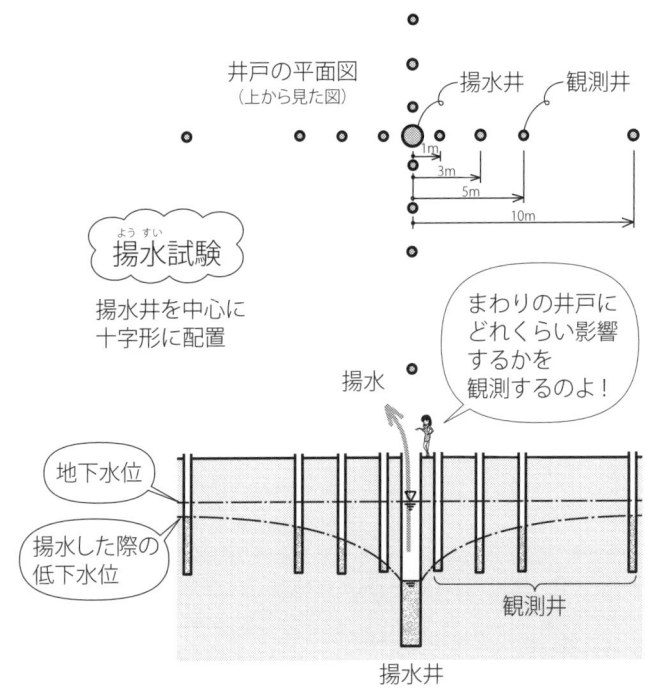

井戸の平面図（上から見た図）
揚水井　観測井
1m
3m
5m
10m

揚水試験

揚水井を中心に十字形に配置

まわりの井戸にどれくらい影響するかを観測するのよ！

揚水
地下水位
揚水した際の低下水位
観測井
揚水井

- 井とは井戸のことです。油井では井は「せい」と読みますが、揚水井では「い」と読むのが一般的です。
- 地下水の流れの式は $v=ki$（ダルシーの法則）、v：浸透流速 $[cm/sec]$、k：透水係数 $[cm/sec]$、i：動水勾配、動水勾配は、$i=h/L$、h：水頭差 $[cm]$、L：距離 $[cm]$ という式で透水係数が求められます。根切り工事、場所打ち杭工事をする場合は、透水係数は特に重要となります。

★ R057 その他の地盤調査 その2

Q 孔内載荷試験（こうないさいかしけん）とは？

A ボーリング孔内で荷重をかけて、地盤の強さや変形特性を調べる試験です。

孔底に荷重をかける垂直載荷と、孔壁に荷重をかける水平載荷があります。垂直特性では上から油圧ジャッキなどで底に荷重をかけて、その反力と変位から、強さ、変形特性などを調べます。水平載荷では試験体を油圧、水圧、気圧などを使って膨らませ、孔壁に荷重をかけます。

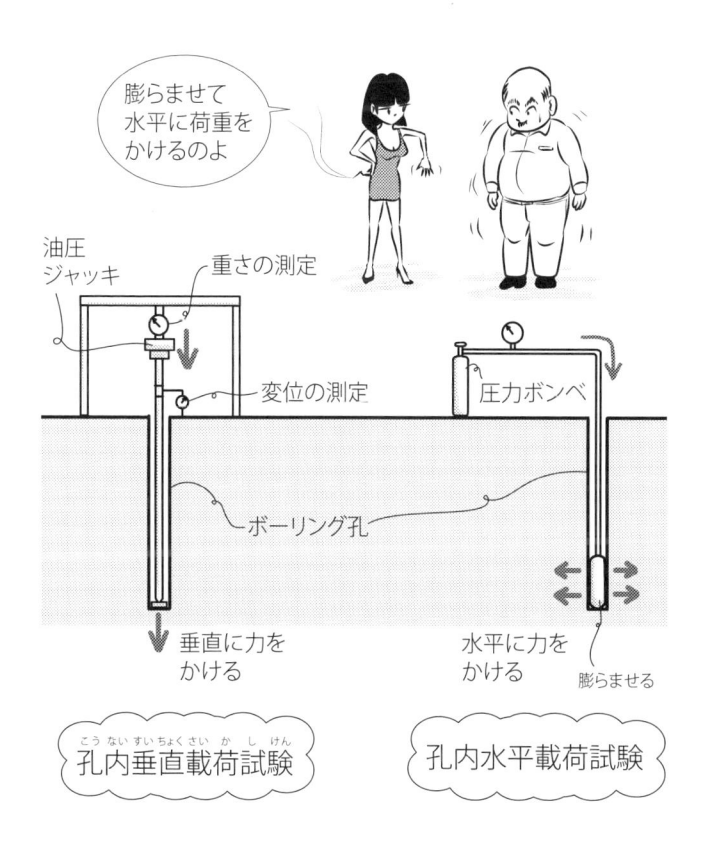

膨らませて水平に荷重をかけるのよ

油圧ジャッキ　重さの測定　変位の測定　圧力ボンベ　ボーリング孔　垂直に力をかける　水平に力をかける　膨らませる

孔内垂直載荷試験（こうないすいちょくさいかしけん）

孔内水平載荷試験

★ **R058** その他の地盤調査 その3

Q 平板載荷試験（へいばんさいかしけん）とは？

A 下図のような円盤状の平板で重さをかけて、地盤の強さや変形特性を調べる試験です。

平板（載荷板）は直径30cm、厚さ25mmの円形の鋼板です。板幅の1.5～2倍の深さの地盤まで調査できます。直接土に荷重をかけるので信頼性は高いですが、根切り底などの浅い層に限られます。

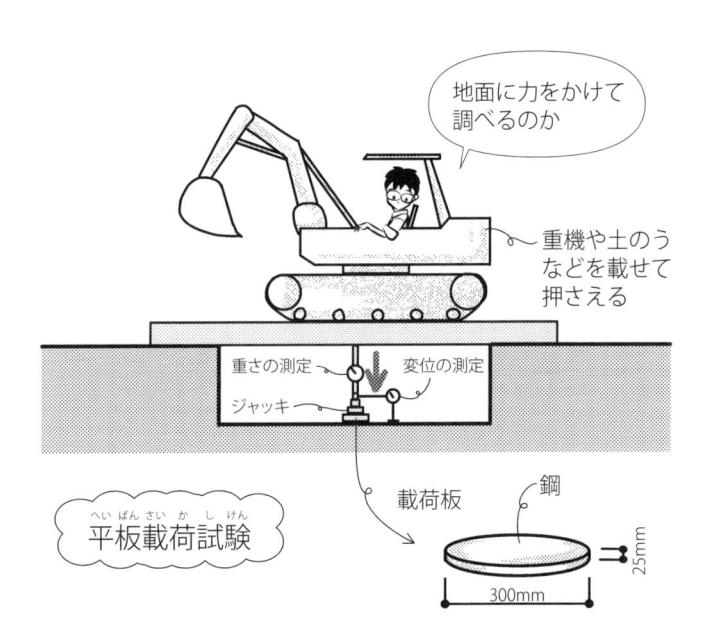

地面に力をかけて調べるのか

重機や土のうなどを載せて押さえる

重さの測定　変位の測定
ジャッキ

平板載荷試験（へいばんさいかしけん）

載荷板
鋼
300mm
25mm

★ R059　場所打ちコンクリート杭

Q 場所打ちコンクリート杭とは？

A 孔を掘削してコンクリートを打ってつくる杭のことです。

工場でつくった既製のコンクリート杭を埋め込む、**既製コンクリート杭**に対する用語です。その場で孔を掘って、鉄筋を入れて、コンクリートを打ってつくる杭のことです。掘った孔をどうやって崩れないように保護するか、孔壁を保護しながらどうやって掘り進むかで、いろいろな杭打ちの方法があります。

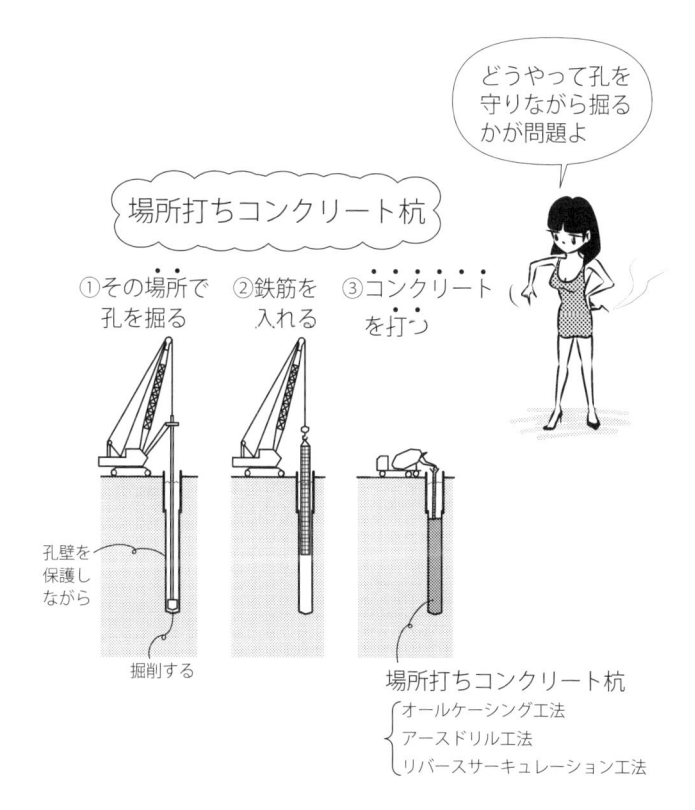

どうやって孔を守りながら掘るかが問題よ

場所打ちコンクリート杭

①その場所で孔を掘る
②鉄筋を入れる
③コンクリートを打つ

孔壁を保護しながら掘削する

場所打ちコンクリート杭
- オールケーシング工法
- アースドリル工法
- リバースサーキュレーション工法

- 「コンクリート」を省略して、「場所打ち杭」ともいいます。代表的な場所打ちコンクリート杭には、オールケーシング工法、アースドリル工法、リバースサーキュレーション工法の3つがあります。

★ R060　　　孔の保護　その1

Q ケーシング（casing）とは？

A 孔壁が崩れないようにする管や枠のことです。

杭をつくるために孔を掘っていくと、土が崩れてきます。それを防ぐために入れる管がケーシングです。たとえて言えば、砂場で筒を入れながら掘っていくようなもので、その筒がケーシングに当たります。ケーシングは鋼管でつくられるのが一般的で、ケーシングチューブともいわれます。

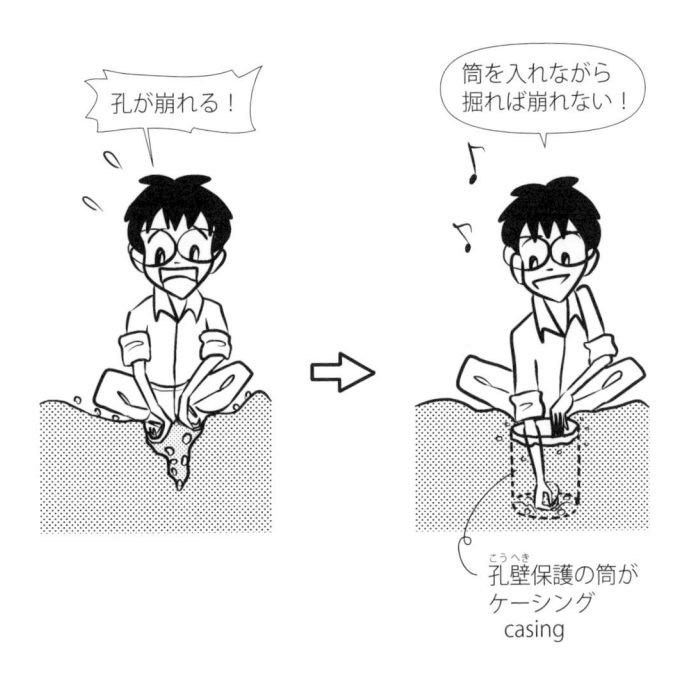

「孔が崩れる！」

「筒を入れながら掘れば崩れない！」

孔壁(こうへき)保護の筒が
ケーシング
casing

- ケーシングは外箱、袋、筒、ソーセージなどの外皮、井戸や油井の孔を守る管などを意味する言葉です。
- 地表に近い土は締め固められていないため、地表に近い所のみにケーシングを使うことがあります。

R061 孔の保護 その2

Q ベントナイト液とは？
▼
A 孔壁の崩壊を防ぐための安定液です。

🔲 ベントナイト液は、砂粒子などの間に入って保護膜をつくります。保護膜ができれば孔壁が崩れにくくなり、地下水の浸入を抑える効果もあります。

[スーパー記憶術]
<u>弁当の夜</u>、精神が<u>安定する</u>
　ベントナイト　　　　安定液

「ベントナイト液を入れるだけで孔が崩れない！」

- 保護膜
- 砂粒子
- ベントナイト液（安定液）
  ドロドロのコーンスープのような泥水

- ベントナイトは、モンモリロナイトという鉱物が主成分の微細な粘土です。ベントナイト液を使うと、重くて大きいケーシングチューブを使わずに孔を掘ることができるので、工事が楽になります。泥水と呼ばれることもあります。

R062 孔の保護 その3

Q 水によって孔壁を保護することはできる？

A ある程度の水圧があればできます。

2mの高さの水の圧力があれば、孔壁は保護できます。

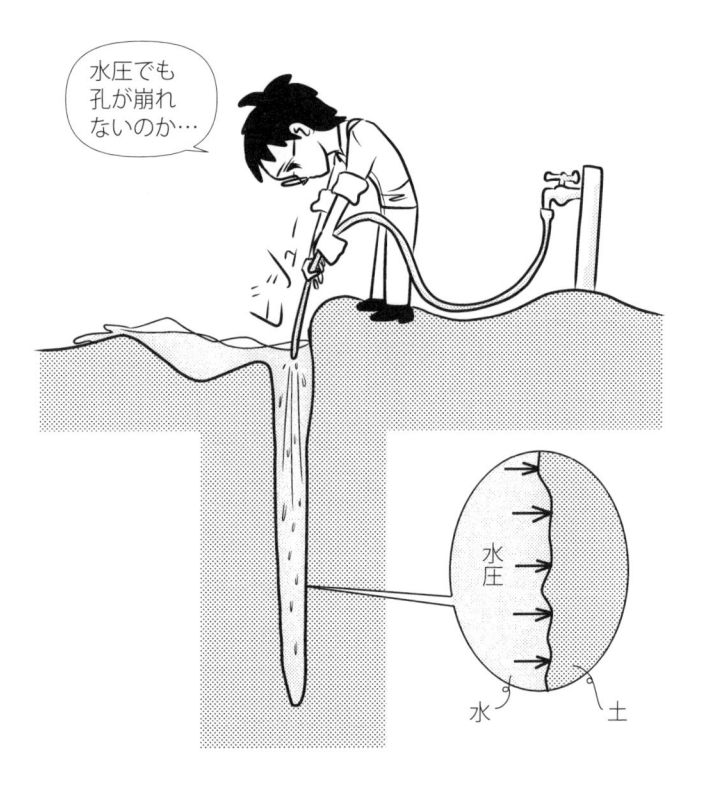

（水圧でも孔が崩れないのか…）

- 水で孔壁を保護する場合は、高さ2m以上、圧力では$200gf/cm^2 ≒ 2N/cm^2$以上をとります。地下水がある場合は、地下水位から2m以上の高さに水を張ります。ベントナイト液（泥水）に対して、清水（せいすい）と呼ばれることがあります。

R063 孔の保護 その4

Q 孔壁保護の種別ごとに杭打ち工法名をあげると?

A
1. ケーシングによる保護 → オールケーシング(ベノト)工法
2. ベントナイト液による保護 → アースドリル工法
3. 水圧による保護 → リバースサーキュレーション工法

孔のあけ方と保護の仕方で、いくつかの工法に分けられます。杭全長でケーシングを使う、すべてケーシングという意味で**オールケーシング工法**、ベントナイト液で孔壁を保護しながら掘削するのが**アースドリル工法**、くみ出した水を逆に(リバース)孔の中へ循環(サーキュレーション)させて孔壁を保護するのが**リバースサーキュレーション工法**です。

[スーパー記憶術]
すべてのケースはベノトン製
 オールケーシング ベノト

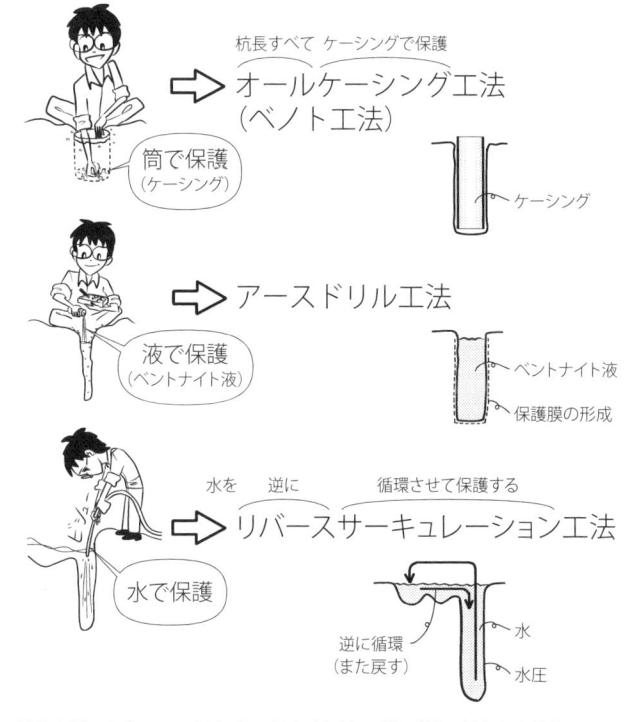

杭長すべて ケーシングで保護
⇒ オールケーシング工法
　(ベノト工法)
筒で保護(ケーシング)
ケーシング

⇒ アースドリル工法
液で保護(ベントナイト液)
ベントナイト液
保護膜の形成

水を 逆に 循環させて保護する
⇒ リバースサーキュレーション工法
水で保護
逆に循環(また戻す)
水
水圧

● 孔をあけてからのコンクリートの打ち方には、さほど違いはありません。

R064 掘削法 その1

Q ケーシングのチューブはどうやって土の中に入れていく?

A 右回り、左回りを繰り返す**揺動（ようどう）式**、全周回転させる**回転式**などで入れます。

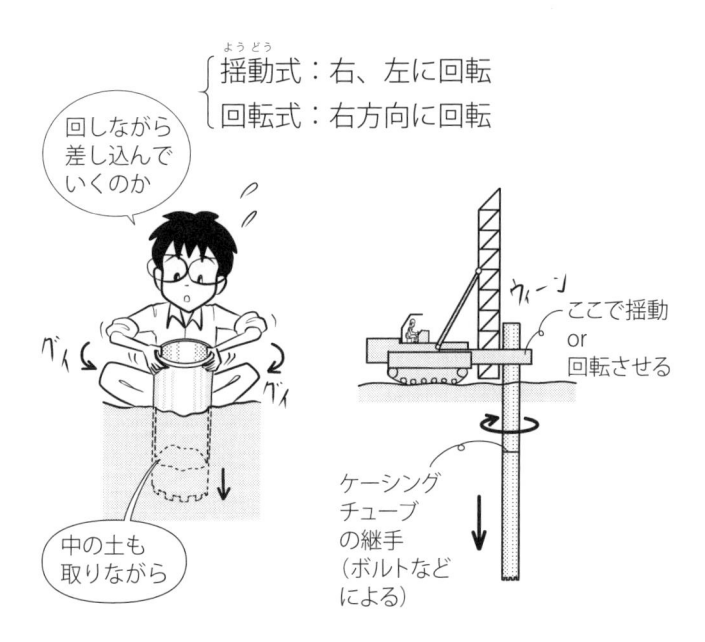

ケーシングの中の土を取り除きながら、ケーシングの筒を土の中へと差し込んでいきますが、垂直に下に押すだけでは入っていきません。そこでケーシング自体をゆっくりと回転させるわけです。

```
揺動式：右、左に回転
回転式：右方向に回転
```

「回しながら差し込んでいくのか」

「中の土も取りながら」

ここで揺動 or 回転させる

ケーシングチューブの継手（ボルトなどによる）

- 普通のケーシングを揺動させるだけだと、石や岩があった場合、中に入っていかなくなります。そこでケーシングの先端に土を切り込みやすいように刃を付けて、回転させながら挿入させる工法が開発されました。別の名称で呼ばれることもありますが、オールケーシング工法のバージョンアップされた方式です。

★ R065 掘削法 その2

Q ハンマーグラブ（hammer glove）とは？

A ケーシング内部の土砂を掘り出す機械です。

グラブとは手袋、グローブのことで、土をつかむ機械です。ハンマーグラブを上からケーシングチューブの中に落として、ハンマーのように衝撃を与えて土砂に食い込ませます。ハンマーグラブが土砂をつかんでから引き上げて、土砂をトラックなどに積み込みます。

- オールケーシング用の機械は、ハンマーグラブを吊る部分とケーシングを揺動する部分が一体となっているものと、ハンマーグラブを別のクレーンで吊るものがあります。

★ R066　掘削法　その3

Q 回転バケット（drilling bucket）とは？

A 回転して土砂をバケットの中に入れる、アースドリル工法の掘削機です。

バケットとはいわゆるバケツのことで、土を入れる容器です。回転バケットとは、ドリル付きの回転するバケツです。容器の下に回転すると土をかき取る刃が付いていて、かき取られた土はバケットの中に収まり、それを持ち上げ、所定の位置でバケットのふたを開けて排土します。

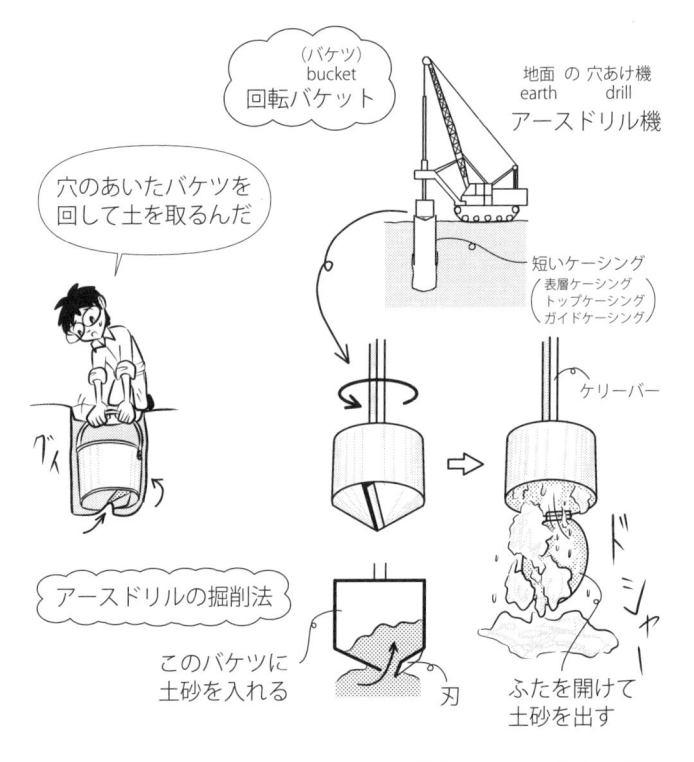

（バケツ）
bucket
回転バケット

地面 の 穴あけ機
earth　drill
アースドリル機

穴のあいたバケツを
回して土を取るんだ

短いケーシング
（表層ケーシング
トップケーシング
ガイドケーシング）

ケリーバー

アースドリルの掘削法

このバケツに
土砂を入れる

刃

ふたを開けて
土砂を出す

- アースドリル工法では、最上部にのみケーシング（表層ケーシング、トップケーシング、ガイドケーシングなどと呼ばれる）を使います。ベントナイト液だけでは、地表に近い軟らかい部分は安定しないからです。地下水がない粘性土の場合は、ケーシングなしで掘削を行うこともあります。
- 回転バケットは、ドリリングバケット、回転ドリリングバケットともいいます。ドリリングバケットを吊して回転させる角形断面のバー（棒）のことを、ケリーバー（kelly bar）といいます。

R067

掘削法 その4

Q 回転ビットとは？

A 中央のパイプから水を吸い上げることができる、リバースサーキュレーション工法に使う掘削機です。

回転ビットが回転することにより、土を掘削していき、水を吸い上げることもできます。吸い上げられた水は、泥を取り除いて再び孔に戻されます。

- スタンドパイプ
- 回しながら吸い込む
- bit 回転ビット
- この下だけ回転できるジョイント（スイベルジョイント）
- 水と一緒に土砂を吸い上げる

リバースサーキュレーションの掘削法

- 回転ビットは、ドリルビット、掘削ビットなどとも呼ばれます。ドリルなどの刃のことをビット（bit）といいます。地表部には大きめのパイプ（スタンドパイプ）を差し込んでから掘削をはじめます。スタンドパイプ施工時には、オールケーシング工法と同様にハンマーグラブとケーシングを揺動（回転）する装置を使います。
- 吸い上げた水を孔に戻す逆循環の話を初めて本で読んだとき、人間はいろいろと考えるものだと感心した覚えがあります。余談ですが、ある女子学生にこの杭の話をしたとき、彼女がちょうど元彼のもとに戻った時期で、「恋のリバースサーキュレーション」と冗談を言って笑っていました。

★ R068 掘削法 その5

Q 回転ビットから吸い上げられた水と土砂はどうする？

A 溜め池や貯水槽に土砂を沈殿させて、水は元の孔に戻します。

回転ビットで掘削された土砂は、水と一緒にドリルパイプを伝わって吸い上げられ、溜め池や貯水槽に排出されます。そこで泥は沈殿させて取り除き、水だけ元に戻します。水を逆に戻して循環させる（逆循環）ので、リバースサーキュレーションと呼ばれます。

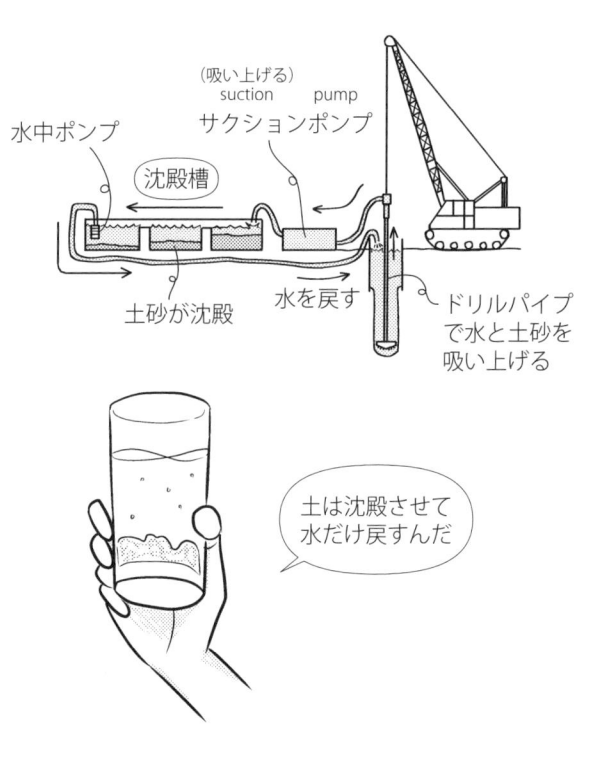

図中ラベル：
- 水中ポンプ
- （吸い上げる）suction pump サクションポンプ
- 沈殿槽
- 土砂が沈殿
- 水を戻す
- ドリルパイプで水と土砂を吸い上げる
- 土は沈殿させて水だけ戻すんだ

- 水を吸い上げるのはサクションポンプ（suction pump）で、サクションとは吸い上げるという意味です。
- 孔内の水に粘土、シルト（砂より小さく粘土より粗い粒）などの微粒子が溶け込み、孔壁に付着して層をつくり（マッドケーキ）、さらに水圧がかかって孔壁が安定します。水圧は地下水位から高さ $2m$ 分（水頭圧 $2m$）かけます。高さ $2m$ 以上の水が頭に載っているのと同じ圧力が、孔壁にかかっているわけです。

R069 場所打ち杭 まとめ

Q 場所打ち杭3工法の孔壁保護の仕方、掘削法は？

A 下図のように、オールケーシング工法はケーシング+ハンマーグラブ、アースドリル工法はベントナイト液+回転バケット、リバースサーキュレーション工法は水圧+回転ビットとなります。

ここで3工法を整理しておきましょう。掘れる深さはケーシングを継ぎ足すオールケーシング工法が一番浅く、水だけでいいリバースサーキュレーション工法が一番深くなります。

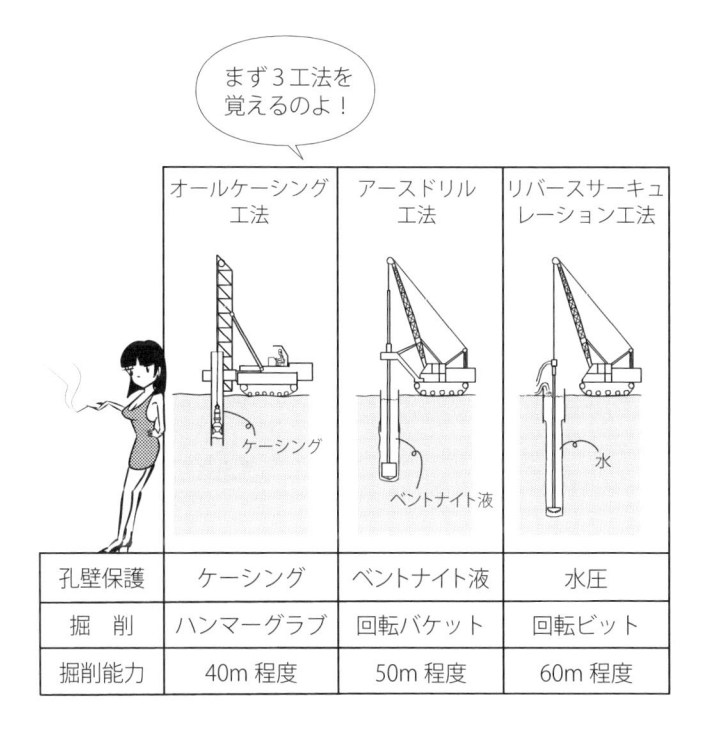

> まず3工法を覚えるのよ！

	オールケーシング工法	アースドリル工法	リバースサーキュレーション工法
孔壁保護	ケーシング	ベントナイト液	水圧
掘削	ハンマーグラブ	回転バケット	回転ビット
掘削能力	40m程度	50m程度	60m程度

★ R070 場所打ち杭のその他の工法

Q オールケーシング、アースドリル、リバースサーキュレーションのほかに場所打ち杭の工法はある？

▼

A BH工法、深礎工法などがあります。

BHとはBoring Holeの略で、強力な動力を持つボーリングマシンを用い、先端のボーリングビットによって掘削する工法です。深礎工法とは、孔底に人が入って、人力で掘削する方式です。

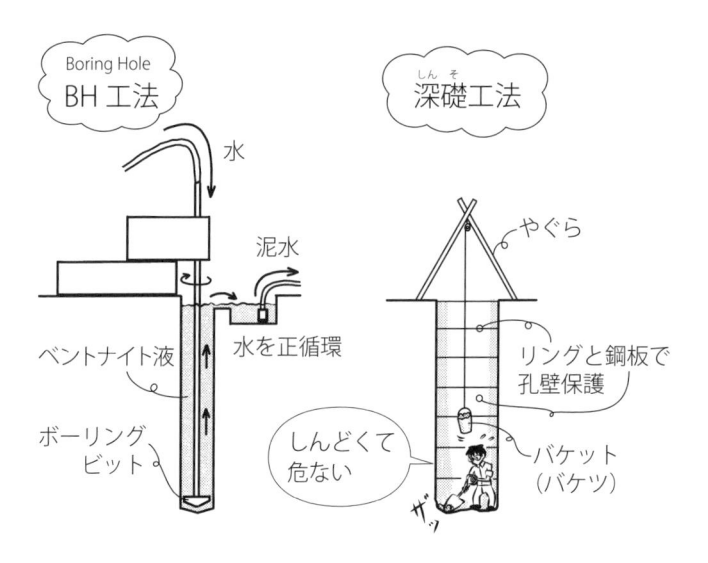

Boring Hole
BH工法

水
泥水
ベントナイト液
水を正循環
ボーリングビット

深礎工法

やぐら
リングと鋼板で孔壁保護
バケット（バケツ）
しんどくて危ない

- BHの場合、水をボーリングロッドの中から孔内へ入れて、土砂を溶かして孔内を上昇させます。水は下から上へ流れて、排出したものは、そのまま捨てるのではなく、泥を取ってからまた孔底へと循環させます。リバースサーキュレーションの逆循環ではなく、正循環させる方式です。リバースサーキュレーションの逆循環に対して正循環といっているだけで、正しいという意味ではありません。リバースサーキュレーションでは孔の上から入れる、BHでは孔の底から入れるの違いです。

★ R071　　　スライム　その1

Q スライムとは？

A 孔底に沈殿した粘性のある土砂です。

崩落した土や泥水中の土砂が底に溜まって、水と一緒になったものです。コンクリートがスライムと混ざって固まると欠陥となり、杭最下部の支持層と当たる部分なので深刻です。孔を掘った後には必ずスライム除去を行います。

[スーパー記憶術]
スラムには泥が溜まる
スライム

ドロドロ
ヌルヌル
グネグネ
したのが
スライム

鼻ほじるな！

slime
スライム

土砂などが沈殿したもの

- ドロドロ、ヌルヌル、グネグネした粘性のある物質を、一般にスライム（slime）と呼びます。

★ R072　　　　　　　　　　　　　　　　スライム　その2

Q 孔底のスライムはどうする？

A ①底ざらいバケット方式、②エアリフト方式、③サクションポンプ方式などによって取り除きます。

①の**底ざらいバケット方式**は、スライムがバケットから落ちないように工夫された底ざらいバケットを使ってスライムをかき取ります。②の**エアリフト方式**は、圧縮空気を底に送り込んでトレミー管に上昇気流をつくり、スライムを巻き上げます。③の**サクションポンプ方式**は、トレミー管の上端や途中にポンプを取り付けて、スライムを水と一緒に吸い上げます。

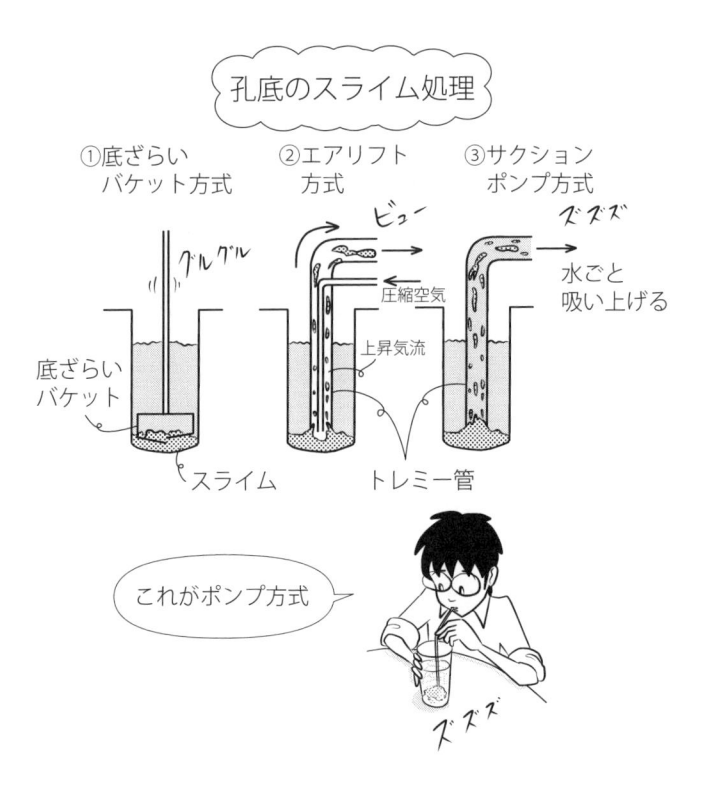

孔底のスライム処理

①底ざらいバケット方式　②エアリフト方式　③サクションポンプ方式

グルグル　ビュー　ズズズ

水ごと吸い上げる

底ざらいバケット　圧縮空気　上昇気流

スライム　　トレミー管

これがポンプ方式

ズズズ

★ R073　コンクリート打ち　その1

Q 鉄筋かごとは？

A 下図のような、杭孔を掘った後に入れるかご状の鉄筋です。

地上で組み立てた鉄筋かごを、クレーンで吊って孔に入れます。鉄筋かごを入れることで、杭は鉄筋コンクリートとなります。鉄筋と土がくっつかないように（コンクリートのかぶり厚がとれるように）、スペーサーも溶接しておきます。

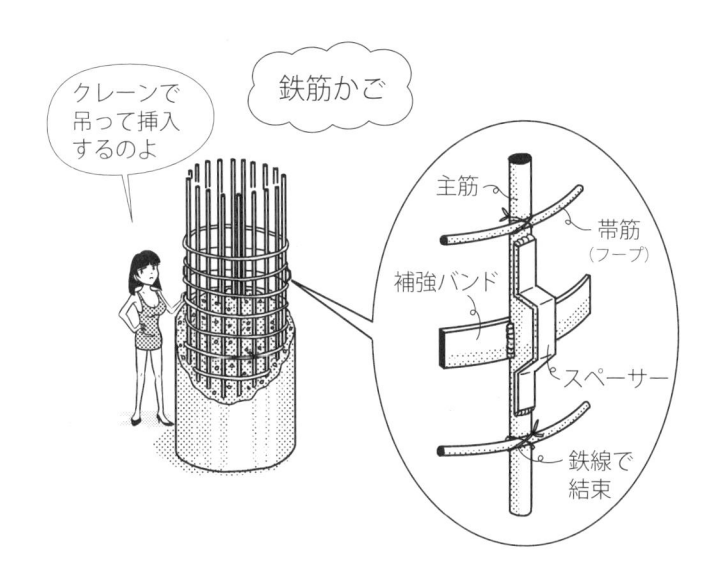

（図：鉄筋かご／クレーンで吊って挿入するのよ／主筋・帯筋（フープ）・補強バンド・スペーサー・鉄線で結束）

- 円環状の補強バンドのまわりに縦の主筋を溶接して、それに巻き付けるように帯筋を鉄線で結束します。スペーサーは、土にぶつかっても壊れないように、一般のスペーサーよりも頑丈に、平鋼か鉄筋でつくります。

R074 コンクリート打ち その2

Q トレミー管とは？

A 水中でコンクリートを打つための管です。

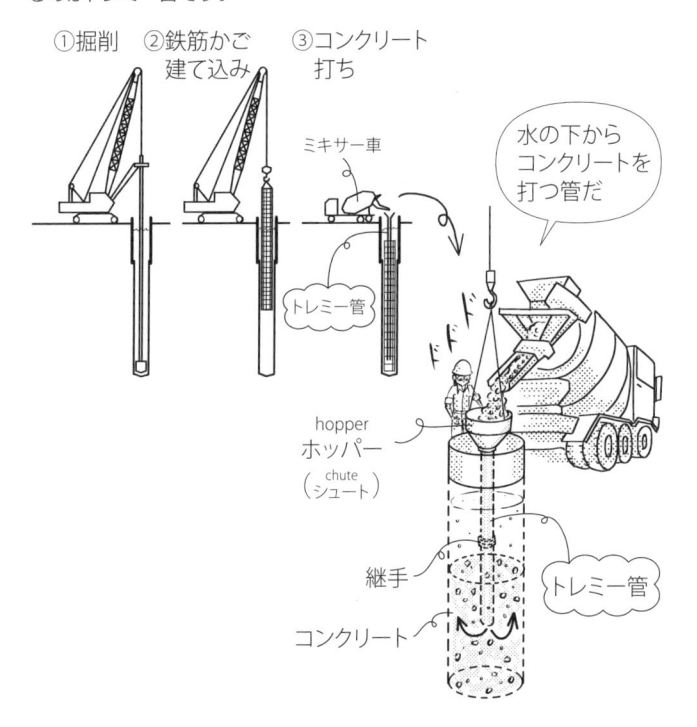

孔を掘った後に鉄筋のかごを入れて、次はいよいよコンクリート打ちです。地下水、ベントナイト液、リバースサーキュレーション工法の水圧をかける水など、場所打ち杭の場合は水中でコンクリートを打つことがほとんどです。それも見えない孔の中での作業となります。そこで活躍するのがトレミー管です。

①掘削　②鉄筋かご建て込み　③コンクリート打ち

ミキサー車

トレミー管

水の下からコンクリートを打つ管だ

hopper ホッパー
（chute シュート）

継手

トレミー管

コンクリート

- トレミー管は内径が200、250、300mmなどがあり、長さも1、2、3mなどがあります。
- トレミー管上部のじょうご形の装置は、ホッパー（hopper）とかシュート（chute）と呼ばれます。シュートはダストシュートのシュートです。
- 鉄筋かご、トレミー管ともに、ジョイントを繰り返しながら長くします。トレミー管を引き上げる際は、1本ずつはずしながらの作業となります。上図では見やすいように鉄筋を省略しています。

★ R075 コンクリート打ち その3

Q コンクリートを打つとき、トレミー管はどうする?

A コンクリート中に2m以上埋まる状態を保持しながら、徐々に引き上げます。

🔲 トレミー管の内部では**プランジャー**(plunger)という板を先頭にして、コンクリートが水と混じるのを防ぎます。プランジャーはトレミー管の最下部で抜けて、下に落ちます。最下部まで落ちたコンクリートは今度は上へ上へと上がっていきます。トレミー管をそのままにしておくと、コンクリートが固まって抜けなくなってしまいます。水が入らないように管を2m以上コンクリートに埋めながら、引き抜いていきます。

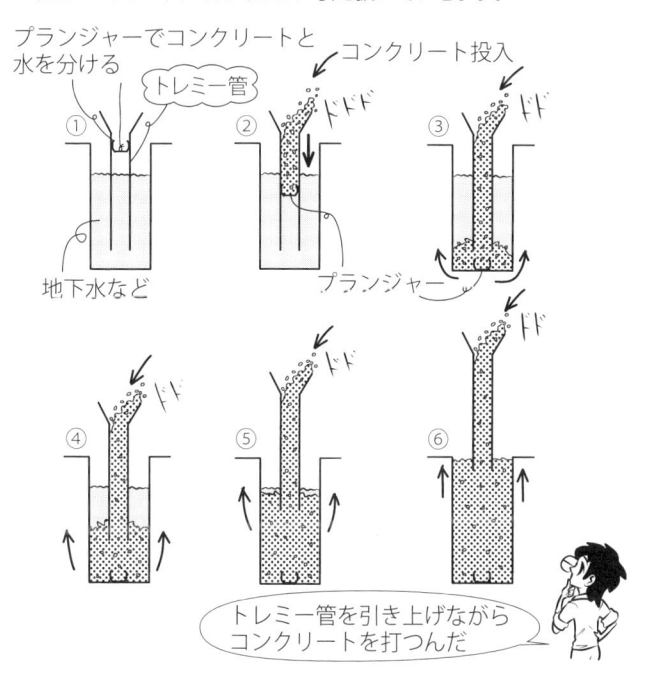

①プランジャーでコンクリートと水を分ける／トレミー管
②コンクリート投入／ドドド
③プランジャー
④
⑤
⑥

(トレミー管を引き上げながらコンクリートを打つんだ)

- コンクリートは比重が2.3と水の2.3倍の重さがあり、水の下へと溜まっていきます。上図ではわかりやすいように、杭径、トレミー管の径を大きく、鉄筋は省略して描いてあります。実際は抜いたトレミー管は順次はずして、徐々に短くしていきます。
- ケーシングを使うオールケーシング工法では、トレミー管の引き抜きと一緒にケーシングも引き抜きます。コンクリートが固まったら、ケーシングも抜けなくなってしまいます。

★ R076 レイタンス その1

Q レイタンス（laitance）とは？

A 生コン表面に浮いてくる微細な物質などによる不純物のことです。

セメント、砂、砂利の中の微粒子が、浮き水と一緒に浮いて溜まった不純物がレイタンスです。鍋料理のアクのようなものです。

[スーパー記憶術]
<u>タンス</u>の上に<u>ちり</u>が積もる
レイタンス

（鍋料理のアクのようなものか）

laitance
レイタンス

コンクリート

- 生コンとは、固まる前の「生の」コンクリートのことで、フレッシュコンクリートとも呼ばれます。
- 固まったコンクリートの上にあるレイタンスは、金ブラシ（ワイヤブラシ）や研磨機などでこすって除去します。レイタンスの上にコンクリートを打ち継ぐと、その部分が欠陥となってしまいます。

★ R077　レイタンス　その2

Q 杭頭を削り取って（=はつって）鉄筋を出す杭頭処理をするのは？

A レイタンスを含んだコンクリートを除去するためです。

コンクリートをあらかじめ多めに打った部分を**余盛り**(よもり)といいます。コンクリート打設後14日ほど経ってから、余盛り部分を**コンクリートブレーカー**（breaker：破壊する機械）などを使ってはつって、鉄筋だけ残します。鉄筋には発泡スチロールを巻いておき、コンクリートと付着しないようにしておきます。

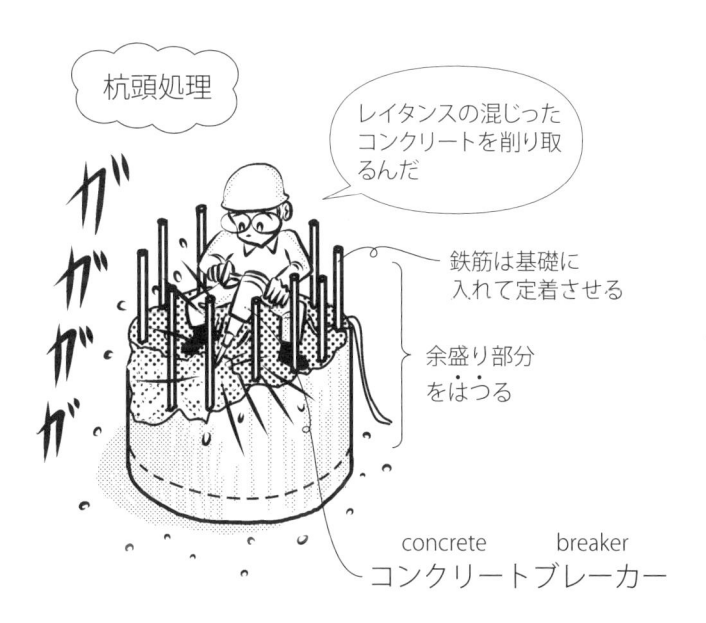

杭頭処理

レイタンスの混じったコンクリートを削り取るんだ

鉄筋は基礎に入れて定着させる

余盛り部分をはつる

concrete　breaker
コンクリートブレーカー

- 泥水やベントナイト液の中でコンクリートを打つ杭の場合、一般のコンクリート打設よりも上部に溜まるレイタンスは多くなります。レイタンスが混じって固まったコンクリートは、はつって取り除く必要があります。
- ガガガガとすごい音のするコンクリートブレーカーの代わりに、コンクリートが固まるときに出る熱で化学的に膨張させてコンクリートを壊す方法もあります。
- 杭頭処理によって、杭の先端を設計どおりにそろえることも可能となります。はつった後に残された鉄筋は、基礎との定着（しっかりとくっつけること）に使われます。

R078 拡底杭

Q 拡底杭（かくていぐい）とは？

A 底部を拡大させて支持力を大きくした杭のことです。

底に到達してから掘削する刃が横に広がる**拡底バケット**、**拡底掘削機**などで孔の底面が広がるように掘ります。拡底杭をつくる工法を、拡底工法といいます。

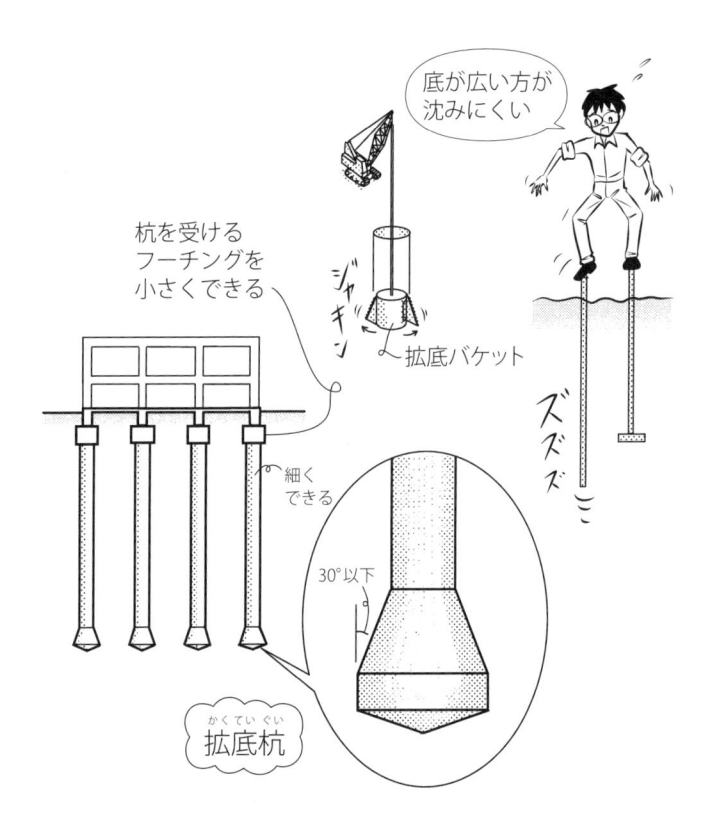

- 同じ杭径でも、底を広げるだけで、支持力を増やすことができます。コンクリートなどを節約でき、上で杭を受けるフーチングも小さくできます。あまり大きく広げると、拡底部が壊れてしまうので、傾斜部の角度は30度以下などの限度が定められています。

★ R079　　　　　　　　　　　　　　　孔の埋め戻し

Q コンクリートを打った後の残った孔はどうする？
▼
A 土で埋め戻します。

杭は基礎の下、または地下階+基礎の下につくるので、杭は土の中に埋まる形になります。地盤面よりもかなり下になるので、杭を打った後、孔が残ります。孔を土で埋めておかないと、人や重機が落ちて危険です。

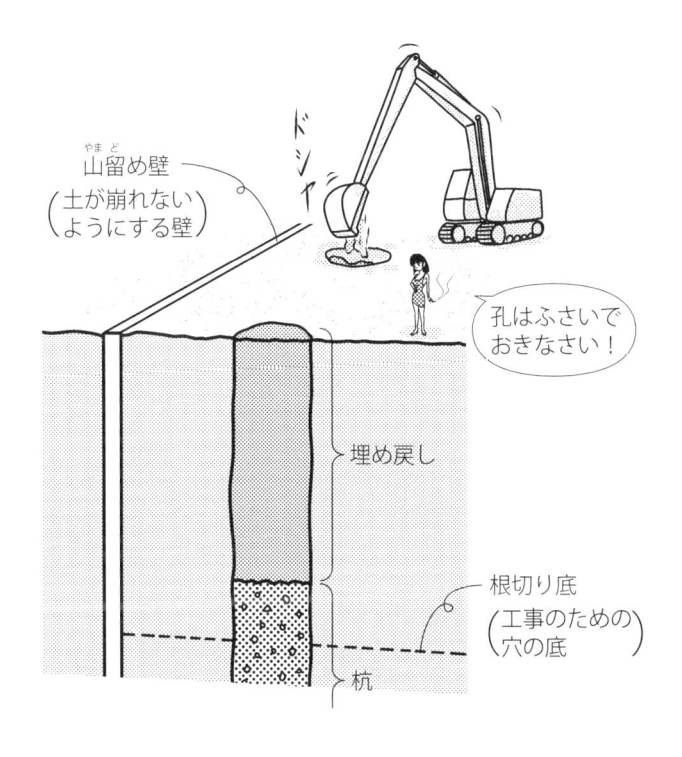

- 山留め壁（やまどめ）
  （土が崩れないようにする壁）
- ドシャ
- 孔はふさいでおきなさい！
- 埋め戻し
- 根切り底（工事のための穴の底）
- 杭

- 次の工程、山留め（やまどめ）、根切りで土を掘削します。そして杭頭が出たところで杭頭処理です。根切りをしてから杭をつくろうとすると、大型の重機を穴の底に降ろさねばならなくなります。

★ R080 既製杭工法　その1

Q 既製杭工法とは？

A 工場でつくられた既製の杭を、土の中へ入れる工法のことです。

杭はコンクリート、鋼管、木などでつくられます。土の中へ入れるのに、打撃を与えて打ち込む、孔を掘っておいて埋め込む、回転させながら押し込むなどの方法があります。

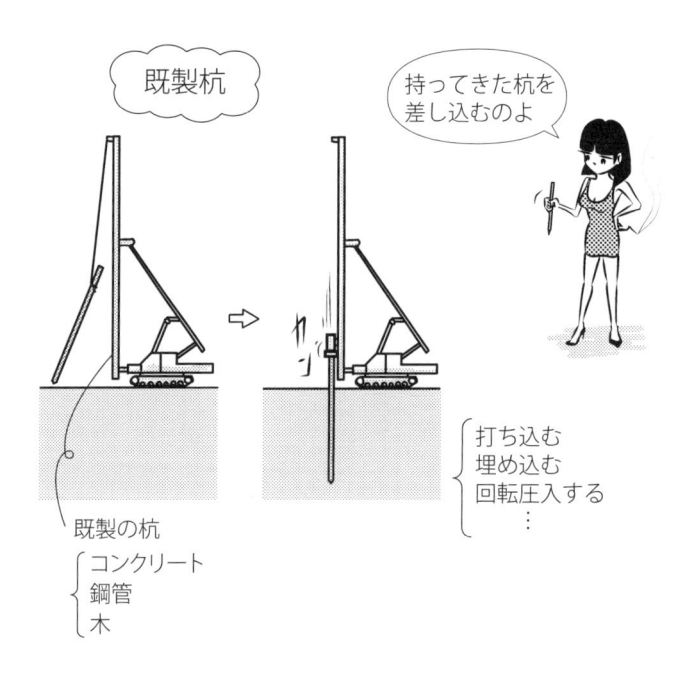

既製杭

持ってきた杭を差し込むのよ

既製の杭
- コンクリート
- 鋼管
- 木

- 打ち込む
- 埋め込む
- 回転圧入する
- ︙

- 場所打ち杭の「打ち」はコンクリートを「打つ」という意味で、打ち込み杭の「打ち」は既製杭を大きなハンマーで「打つ」という意味です。コンクリートを流し込んで固める作業も打つという表現を使うので、ややこしいことになってしまいました。

R081　既製杭工法　その2

Q 遠心力鉄筋コンクリート杭とは？

A 工場で遠心力を使って成形した中空の鉄筋コンクリートの杭です。

■ 型枠を回転させながら、遠心力でコンクリートを周囲にへばりつかせてつくります。

- 鋼管と同じで、断面の外側の部分が構造的に効くので、外側にコンクリートと鉄筋を配置して、中は空洞としています。鉄筋コンクリート製の電信柱、下水管なども、同様なつくり方をします。
- 鉄筋コンクリート杭は、RC（Reinforced Concrete）と略されます。現場でコンクリートを打たずに工場で事前に（pre）打つ（cast）ことをプレキャストといい、事前に打たれたコンクリート杭ということで、プレキャストコンクリート杭と呼ばれることもあります。杭のことはパイル（pile）ともいいます。
- 内部に入れる鋼を引っ張りながらコンクリートを打ち込んだプレストレスト高強度コンクリート杭もあり、PHC（Prestressed High-strength Concrete）杭と略されています。プレストレストとは、事前に（pre）ストレスをかけた、力を入れたという意味です。

R082 既製杭工法 その3

Q 打撃工法とは？

A ハンマーで既製鉄筋コンクリート杭、既製鋼管杭を打ち込む工法です。

打ち込み工法ともいいます。直径50cm程度の杭を、ハンマーで打撃して地面に打ち込む工法です。事前に孔をあける工法と違って、地盤がゆるまないというメリットがあります。しかし騒音、振動が大きく、市街地では使われません。

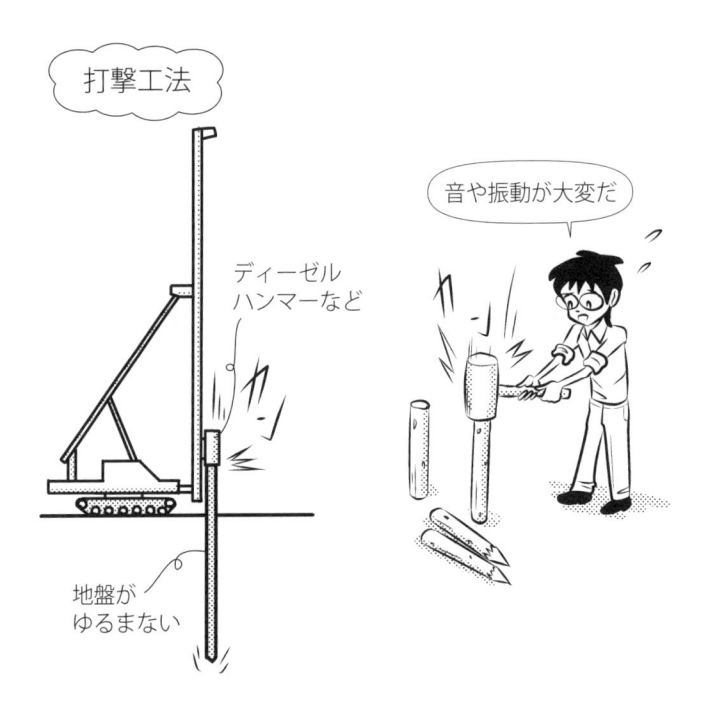

打撃工法

ディーゼルハンマーなど

地盤がゆるまない

音や振動が大変だ

- ハンマーにはディーゼルハンマー、バイブロハンマー、ドロップハンマー、気動ハンマー、油圧ハンマーなどがありますが、ディーゼルハンマーが最も多く使われています。
- 筆者が中学生のとき（高度成長期）、校舎の杭打ちに打撃工法を使っていて、強烈な騒音の中で、体育館で映画を観させられたことを今でも覚えています。あのころは市街地の、静かな環境とすべき学校でも、ディーゼルハンマーを使っていたのです。

★ R083　　既製杭工法　その4

Q アースオーガー（earth auger）とは？

A スクリューを回転させて孔を掘る機械です。

スクリューと、先端の土を掘削する**オーガーヘッド**を回して、ねじ込みます。抜くときは、支持層のゆるみや孔壁の崩れを防ぐために、同じ方向に回転させながらゆっくりと引き上げます。逆回転させると、掘削土が孔の中へ落ちてしまいます。

[スーパー記憶術]
（カメレオンは）<u>尾が</u>　　<u>らせん状</u>
　　　　　　　オーガー

earth　auger
アースオーガー

らせんのスクリューで
孔を掘るのよ

ウィーン

スクリュー

オーガーヘッド

- オーガー（auger）とは錐（きり）などでらせん状の刃のことです。アースドリルと間違える学生が多いので注意してください。アースドリルはバケット（バケツ）を回転させて掘る機械です（**R066**参照）。

★ **R084**　　　　　　　既製杭工法　その5

Q プレボーリング（pre-boring）工法とは？
▼
A 事前に孔を掘って、既製杭を埋め込む工法です。

① 孔壁を安定させるベントナイト液などをアースオーガー先端から注入しながら孔を掘削。② アースオーガーを引き抜きながら、アースオーガー先端からセメントと水による根固め液を注入。③ 既製杭を埋め込んで、**根固め液**が固まるのを待ちます。

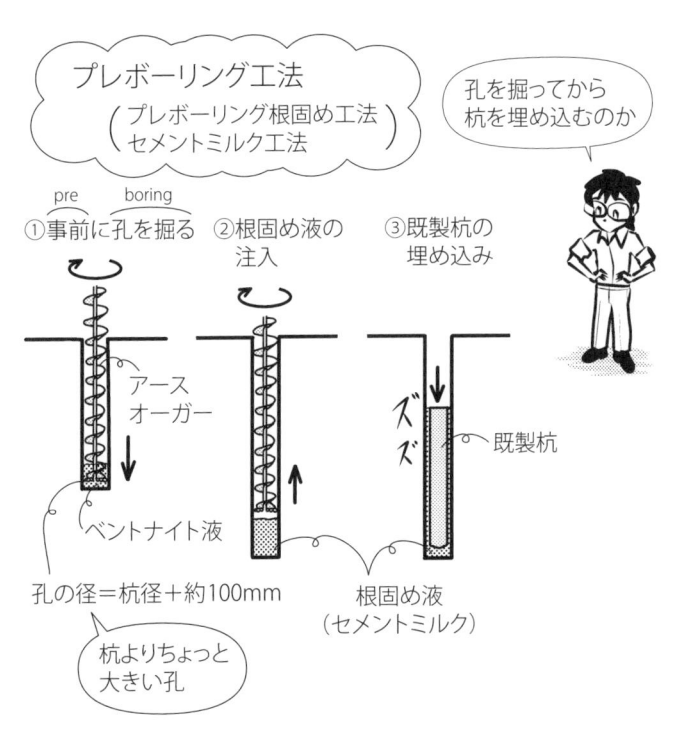

プレボーリング工法
（プレボーリング根固め工法 セメントミルク工法）

孔を掘ってから杭を埋め込むのか

pre　boring
① 事前に孔を掘る　② 根固め液の注入　③ 既製杭の埋め込み

アースオーガー
既製杭
ベントナイト液
根固め液（セメントミルク）

孔の径＝杭径＋約100mm

杭よりちょっと大きい孔

- プレ（pre）とは事前にという意味、ボーリング（boring）とは孔を掘るという意味で、プレボーリングとは、事前に孔を掘ることです。杭をガンガンと打ち込むのではなく、事前に孔を掘って、その孔に杭を埋め込むやり方で、打撃工法のような騒音、振動が発生しません。掘る孔の径は、杭径＋100mm程度です。
- 根固め液はセメント＋水で、セメントミルクとも呼ばれます。根元を動かないように固めるので、根固め液と呼ばれます。セメントミルクを使ったプレボーリング工法を、プレボーリング根固め工法、セメントミルク工法ともいいます。

★ R085　既製杭工法　その6

Q 中掘り（なかぼり）工法とは？

A 既製杭の中空部をアースオーガーで掘削しながら杭を埋め込む工法です。

杭の中空部にアースオーガーを差し込んで、杭先端部を掘削し、土は中空部を通して外へと出します。そして杭をしっかりと留めるために、根固め液（セメントミルク）を使う、打撃するなどします。

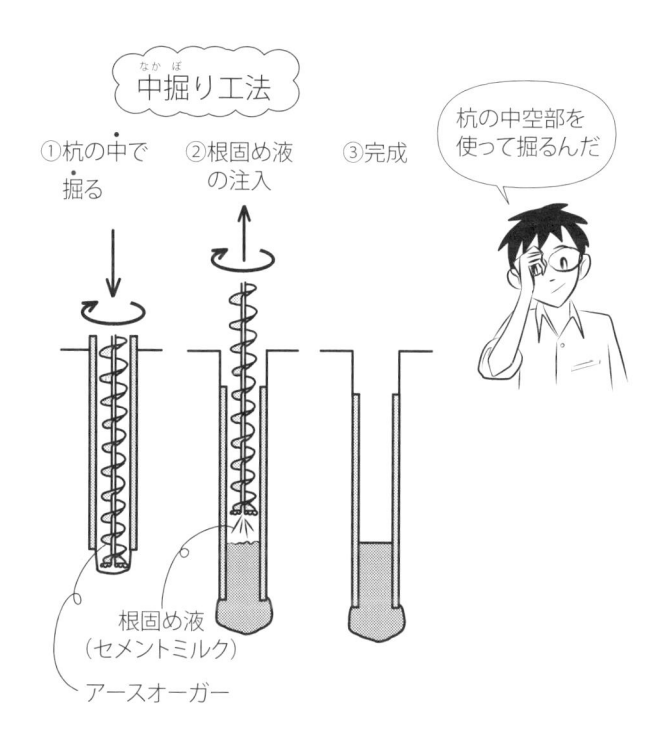

中掘り工法

① 杭の中で掘る
② 根固め液の注入
③ 完成

杭の中空部を使って掘るんだ

根固め液（セメントミルク）
アースオーガー

- 杭の中を掘るので中掘り工法と名づけたと思われます。既製杭が孔壁を保護するので、掘削中に孔が崩れる心配がなく、ベントナイト液も不要となります。

★ R086　既製杭工法　その7

Q プレボーリング併用打撃工法とは？

A アースオーガーで支持地盤近くまで掘削した後に、ハンマーで杭を打ち込む工法です。

杭の全長の孔を掘ってしまうプレボーリング工法と違って、杭と地盤がしっかりと締め固められ、安定します。

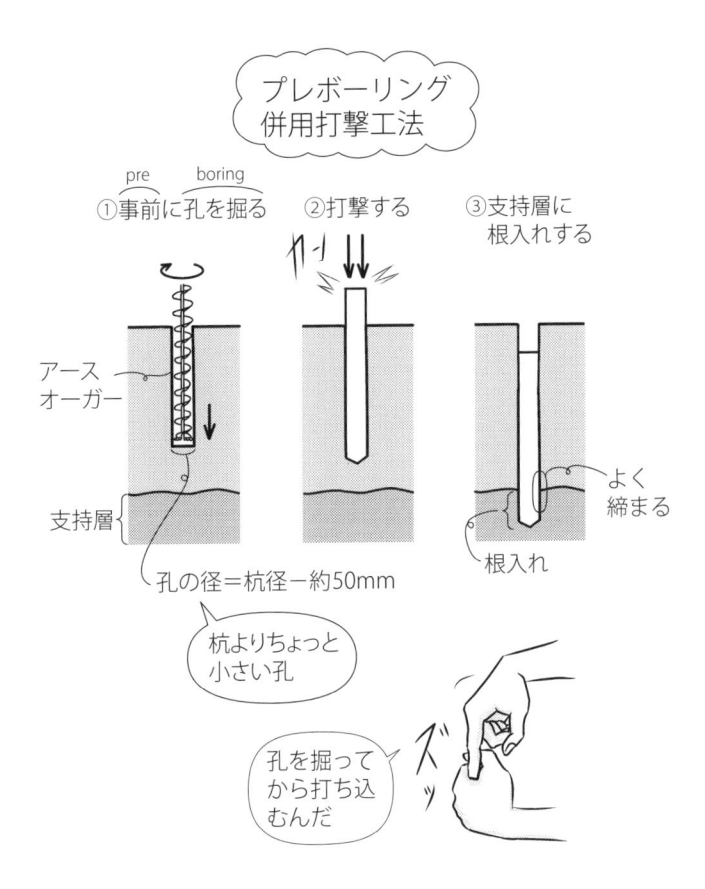

プレボーリング併用打撃工法

①事前に孔を掘る（pre boring）
②打撃する
③支持層に根入れする

- アースオーガー
- 支持層
- 孔の径＝杭径－約50mm
- 杭よりちょっと小さい孔
- よく締まる
- 根入れ
- 孔を掘ってから打ち込むんだ

- 孔は杭径－50mm程度と、杭よりもやや小さめにします。硬い木に木ネジを打ち込む際、事前にドリルで木ネジよりも小さめの孔をあけて、その後にドライバーでねじ込むようなものです。

R087 — 既製杭工法 その8

Q 既製杭の代表的なつくり方4種は？

A 下図のように、打撃工法、プレボーリング工法、中掘り工法、プレボーリング併用打撃工法です。

既製杭のつくり方を、ここでまとめておきましょう。つくり方は打ち込むか、埋め込むか、その併用かで、3種に大別されます。

> 打つか埋めるかよ

既製杭

打ち込む	(単純に)埋め込む		埋めて打ち込む
打撃工法	プレボーリング工法	中掘り工法	プレボーリング併用打撃工法
ハンマーで打ち込む	孔の中に埋め込んでセメントミルクで固める	杭の中で掘ってセメントミルクで固める	途中まで掘ってから打ち込む

- 支持力は、打ち込み杭＞埋め込み杭＞場所打ち杭となります。

★ R088　継ぎ杭

Q 継ぎ杭（つぎぐい）とは？

A 既製杭を継いで長くした杭のことです。

既製杭はトラックで運ぶ関係で、長さは最大で 15m までしかありません。それ以上の長さの杭をつくる場合は、継ぐ必要があります。端部に厚い鋼板による**端板**（はしいた）が付けられており、端板どうしを溶接して継ぎます。

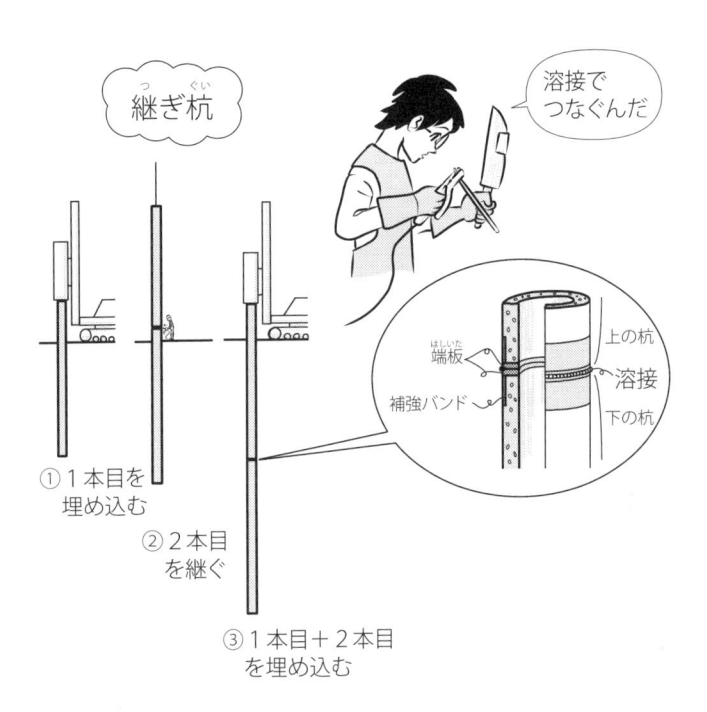

（図）
継ぎ杭
溶接でつなぐんだ
① 1本目を埋め込む
② 2本目を継ぐ
③ 1本目＋2本目を埋め込む
端板／溶接／補強バンド／上の杭／下の杭

- 端板には開先（かいさき）と呼ばれる、斜めにカットされた溝が付けられていて、それに溶着金属を溶かし込んで溶接します。溶接はアーク溶接といって、電気のアーク放電の熱を使って行います。端板の下には補強バンドが付けられています。いずれもコンクリート端部を保護する役目を担います。
- 金物を使って継ぐ無溶接継手もあります。

★ / R089 / 補助杭

Q やっとことは？

A 所定の深さまで杭を打ち込むために使う補助杭、仮杭のことです。

杭は基礎の下で地盤面よりも深く、地下室がある場合はさらに深い位置に杭頭がきます。杭頭を所定の位置までもぐらせるには、押し込むための棒が必要となります。その棒、その仮の杭がやっとこで、雇い子がなまったものといわれています。

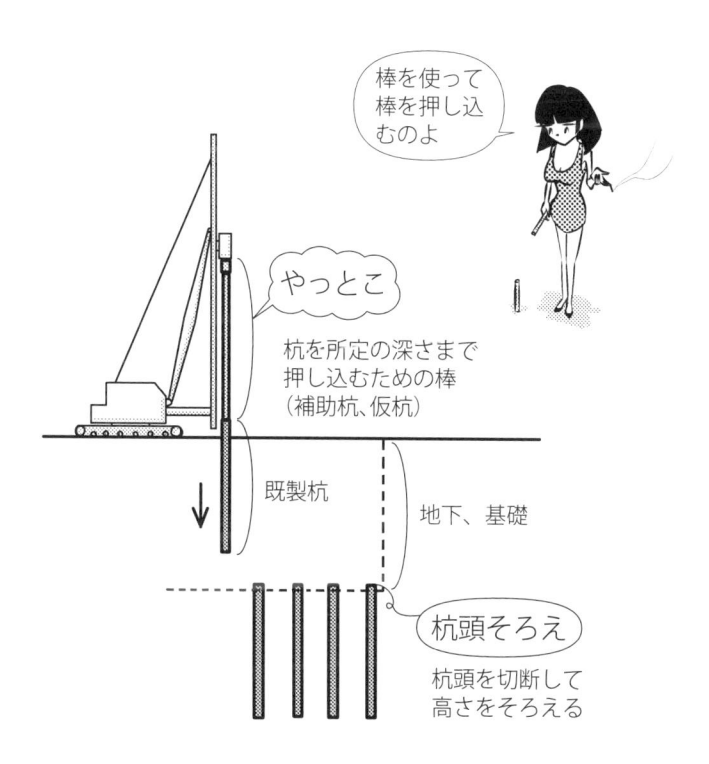

棒を使って棒を押し込むのよ

やっとこ
杭を所定の深さまで押し込むための棒
（補助杭、仮杭）

既製杭

地下、基礎

杭頭そろえ
杭頭を切断して高さをそろえる

- 杭頭の高さをきれいにそろえるために、杭頭を切断します。コンクリートでは専用の切断機、鋼ではガス溶断を使います。この処理を杭頭そろえといいます。杭頭そろえをした後に、基礎のコンクリートが中に入らないように、人が落ちないように杭の中空部にふたをします。

R090 　地盤改良の工法

Q 地盤改良の工法を3つに大別すると？

A ①固化工法、②締め固め工法、③強制圧密工法です。

地盤改良は、地盤の支持力を増大させる、地盤沈下や液状化を防止するなどの目的で行います。セメントなどの固化材と土を混ぜることによって土を固くする**固化工法**（下図の①）、砂や砂利を締め固める**締め固め工法**（下図の②）、砂などで水の道をつくって重力による圧密を促進する**強制圧密工法**（下図の③）に大別されます。

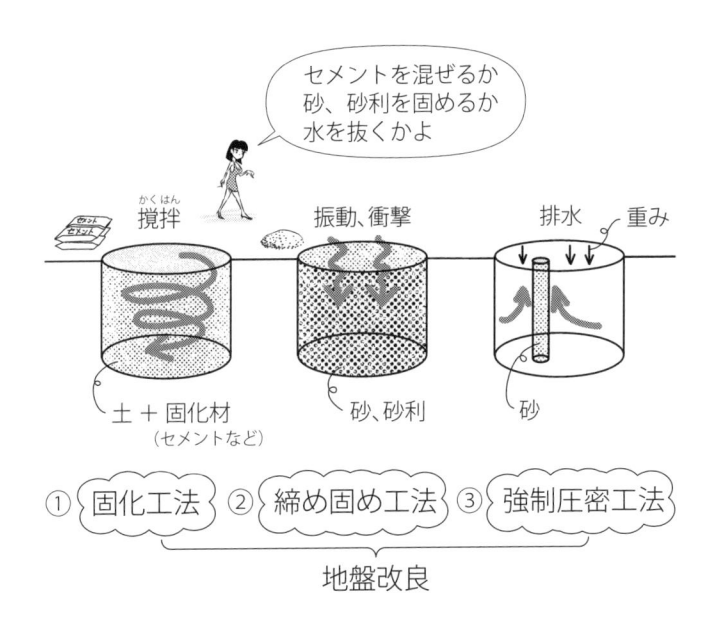

> セメントを混ぜるか
> 砂、砂利を固めるか
> 水を抜くかよ

撹拌 ／ 振動、衝撃 ／ 排水・重み

土＋固化材（セメントなど） ／ 砂、砂利 ／ 砂

① 固化工法　② 締め固め工法　③ 強制圧密工法

地盤改良

★ R091　柱状改良

Q 柱状改良とは？

A 固化材と土と水を混合撹拌して、柱状の固い地盤をつくる地盤改良です。

翼の付いた棒を回して撹拌する**機械撹拌**、先端ノズルから砂や水を噴射しながら回して撹拌する**噴射撹拌**などがあります。地盤の深い層を改良するのは柱状改良または**深層混合処理**と呼ばれています。それに対して浅い層で地盤全体を撹拌する方法は**版状改良**、または**浅層（せんそう）混合処理**と呼ばれます。

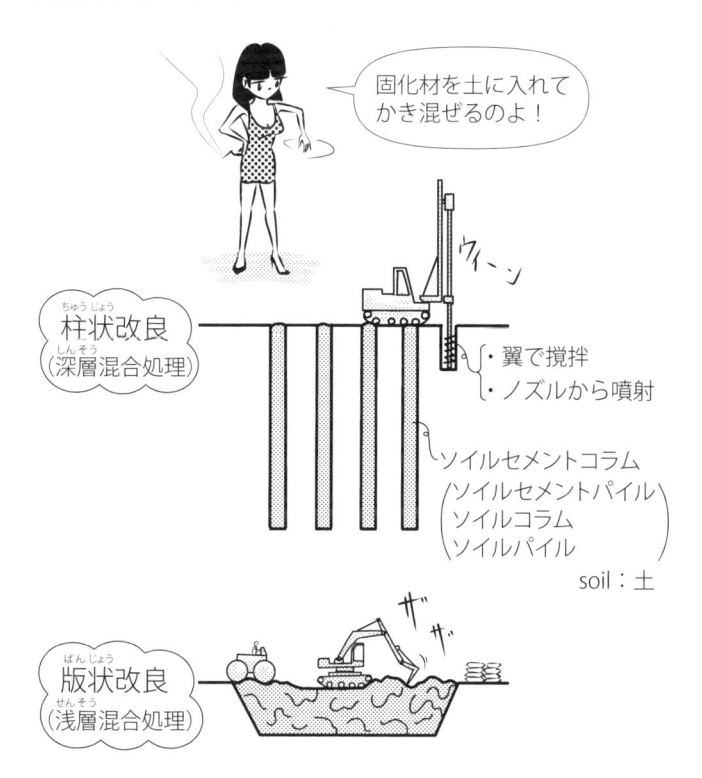

> 固化材を土に入れて
> かき混ぜるのよ！

柱状改良（深層混合処理）
- 翼で撹拌
- ノズルから噴射

ソイルセメントコラム
（ソイルセメントパイル
　ソイルコラム
　ソイルパイル）

soil：土

版状改良（浅層混合処理）

- 固化材はセメント、石灰などが使われます。土とセメントを混合してできたものをソイルセメントコラム（土とセメントの円柱）、ソイルセメントパイル（土とセメントの杭）、ソイルコラム、ソイルパイルなどと呼びます。
- セメントと水を混ぜてスラリーとして土と混ぜます。スラリー（slurry）とはドロドロとした液体と固体粒子とが混合した粥（かゆ）状の物質のことです。

★ R092 バイブロフローテーション工法

Q バイブロフローテーション（vibro-floatation）工法とは？

A ゆるい砂質地盤を棒状の振動機で締め固めて、砂杭をつくる地盤改良です。

砂質地盤にバイブロフロートと呼ばれる棒状の振動機を、水を噴出させながら貫入させ、その周囲に砂や砕石（さいせき）を入れながら振動を加えて振動棒を引き上げて締め固めます。

[スーパー記憶術]
バイブルは砂漠で生まれた
バイブロ　　砂地盤

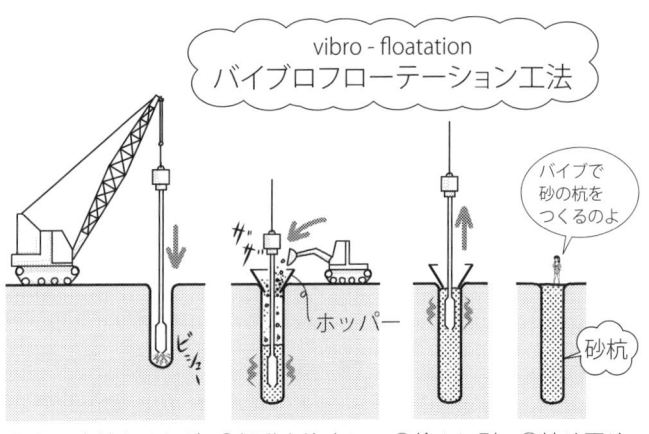

vibro - floatation バイブロフローテーション工法

①水を噴射させながら振動体を貫入

②振動と注水による締め固め。砂と砕石の充填

③徐々に引き上げながら②を繰り返す

④締め固められた砂杭の完成

- バイブロ（vibro）とは振動を意味する接頭語、フロート（float）は浮くという意味です。振動と注水で砂の粒子が動いて、粒子間の間隙（かんげき）がなくなり、締め固められます。粘土ではこのような効果がありません。砂地盤の液状化対策としても有効です。

★ R093 サンドコンパクション工法

Q サンドコンパクション工法とは？

A 振動、衝撃を加えて砂を締め固めて砂の杭をつくる地盤改良です。

砂 (sand) を圧縮して詰めて (compact)、砂の杭 (pile) をつくる工法です。杭を意味するパイルを付けて、**サンドコンパクションパイル工法**ともいいます。地盤中の砂を使うのではなく、ケーシングの中に砂を入れながら締め固めるので、砂質地盤、粘土質地盤の両方で使えます。

[スーパー記憶術]
<u>コンパクト</u>にして<u>締め固める</u>
コンパクション

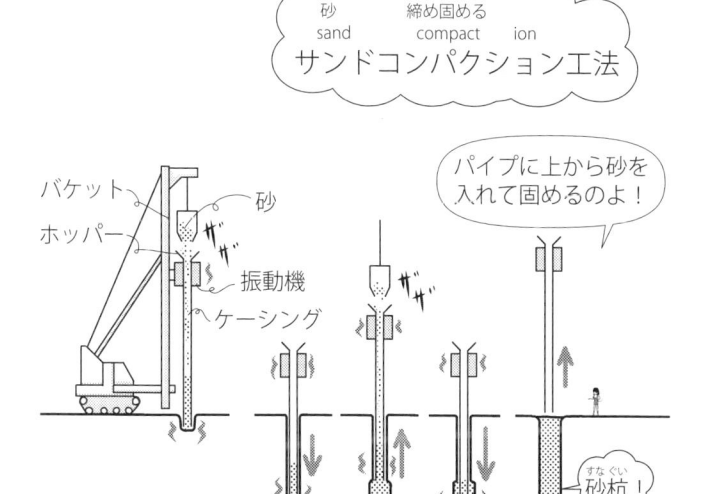

砂 締め固める
sand compact ion
サンドコンパクション工法

パイプに上から砂を入れて固めるのよ！

- バケット
- ホッパー
- 砂
- 振動機
- ケーシング
- 砂杭！

① ケーシングを振動させながら貫入。砂の供給
② 振動で締め固め
③ 砂の供給。引き上げ
④ 振動で締め固め
⑤ 上下させながら③、④を繰り返して徐々に引き上げ

- 棒状の振動体を上下振動させて砂を締め固める、ロッドコンパクション工法（ロッドコンパクションパイル工法）もあります。地盤中の砂を締め固める工法で、サンドコンパクションのように砂を供給しないため、粘土質地盤には使えません。
- 重たい重鎮（じゅうちん）を落下させてたたく重鎮落下締め固め工法もあります。

★ R094 サンドドレーン工法

Q サンドドレーン（sand drain）工法とは？

A 地盤中に排水する柱を砂でつくり、地盤の圧密（あつみつ）を促進させる地盤改良です。

ドレーンとは排水管、排水口のことです。軟弱な粘土質の地盤に、孔を掘削して砂を詰め、大きな排水管をつくります。粘土の中の水を早く出して沈下を早く終わらせ、地盤を固く締まらせます。

[スーパー記憶術]
<u>rain</u>（雨）の水を排出
drain

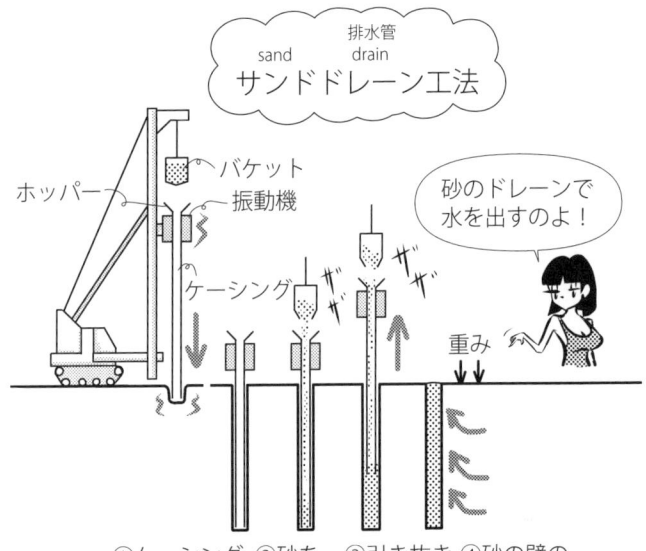

sand（砂） drain（排水管）
サンドドレーン工法

ホッパー／バケット／振動機／ケーシング

砂のドレーンで水を出すのよ！

① ケーシングを振動させながら貫入
② 砂を入れる
③ 引き抜きながら砂を入れる
④ 砂の壁のドレーンの完成。圧密の促進

- 砂のドレーンのほかに、紙製やプラスチック製のドレーンもあります。砂を締め固めて杭にするのではなく、水を抜くための水の道をつくって圧密を促進する方法です。
- 圧密とは、透水性の低い粘土質の土が、その間隙（かんげき）の水を排出しつつ長時間かかって体積が減少して締め固まることです。サンドドレーン工法は、圧密を短期間で終了させる方法です。

R095 地盤改良 まとめ

Q 地盤改良の代表的な工法をあげると？

A 以下のような5種となります。

ここで、地盤改良をまとめておきましょう。セメントなどを混ぜる方法、振動、衝撃を加える方法、水を抜いて強制圧密する方法があります。

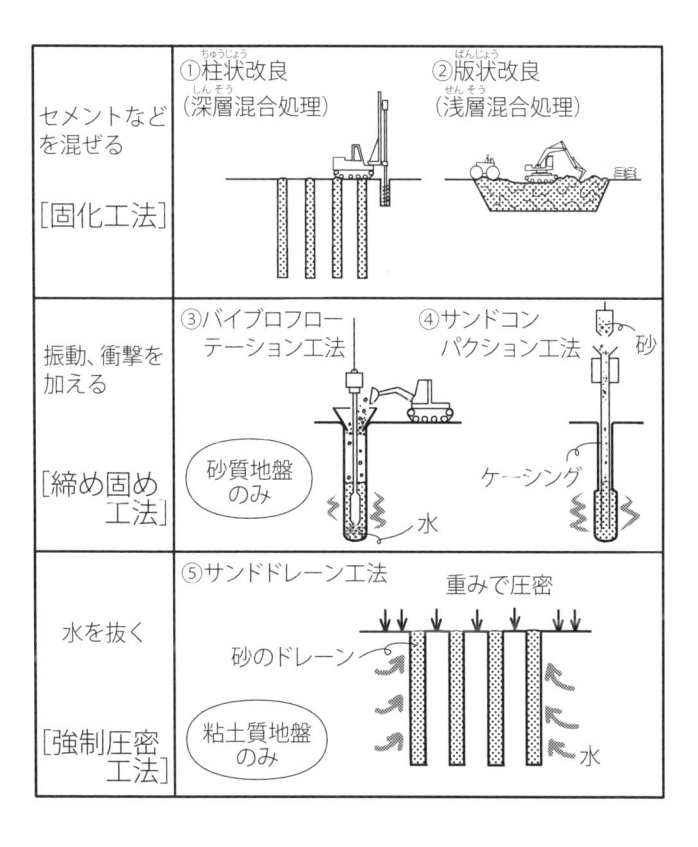

セメントなどを混ぜる [固化工法]	①柱状改良 (深層混合処理)	②版状改良 (浅層混合処理)
振動、衝撃を加える [締め固め工法]	③バイブロフローテーション工法 （砂質地盤のみ）	④サンドコンパクション工法 ケーシング
水を抜く [強制圧密工法]	⑤サンドドレーン工法　重みで圧密 砂のドレーン（粘土質地盤のみ）　水	

R096 根切り、山留めの概略 その1

Q 根切り、山留めとは？

A 根切りは土を掘削すること、山留めはまわりの土が崩れないようにすることです。

根切りは、建物の基礎を掘るのに植物の根を切ったこと、また宅地を切り開くのに山の裾（根元）を切ったことなどが語源といわれています。また山の裾を切った後の崖側の山を留めることから、山留めといわれるようになったと思われます。

（図：山留め／しっかりと山留めしてから根切りしてよ！／根切り）

- 場所打ち杭のための孔を掘ることは、根切りといわずに掘削といいます。根切りは建物の底面となる部分を広い範囲で掘るときに使われます。
- 深さ1.5m以上の根切りでは、山留めをしなければなりません。

★ R097 根切り、山留めの概略 その2

Q 杭工事と根切り+山留め、どちらを先にする?

A 杭工事を先にするのが一般的です。

杭工事には大きな重機が必要です。広く穴を掘ってから大きな重機を降ろすのは大変です。そこで杭を打ってから、残りの孔を埋め戻して平らな地面にします。その後、山留めしてから根切りです。

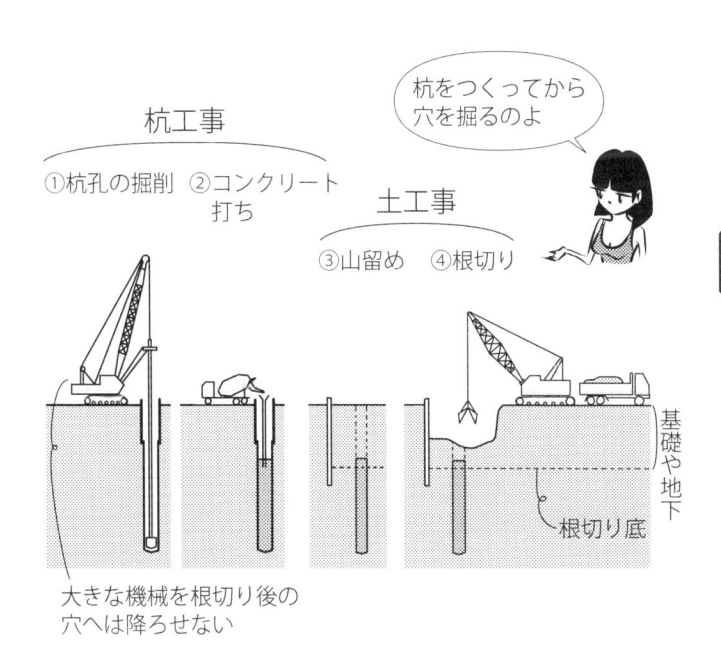

杭工事
①杭孔の掘削 ②コンクリート打ち

土工事
③山留め ④根切り

杭をつくってから穴を掘るのよ

大きな機械を根切り後の穴へは降ろせない

基礎や地下
根切り底

- 敷地が広い場合、1段目の根切りを先にして、そこに杭打ちの重機を降ろす場合もあります。
- 根切り、山留め工事は土工事、杭工事は基礎工事にグルーピングするのが一般的です。杭工事は基礎工事とされるので、施工の教科書では、杭工事は土工事の後に書かれています。しかし実際の工事では上記のように根切りの前に行うのが一般的です。

★ R098　　　土圧　その1

Q 主働土圧、静止土圧、受働土圧とは？

A 主働土圧は土を止める壁が土から離れる変形時の土圧、静止土圧は土が変形しないときの土圧、受働土圧は土を押し戻す変形時の土圧です。

🔲 土の側に立って、主働、受働を考えます。土が壁方向に動こうとするときの土圧が主働土圧、土が壁から押されて動かされようとする土圧が受働土圧です。

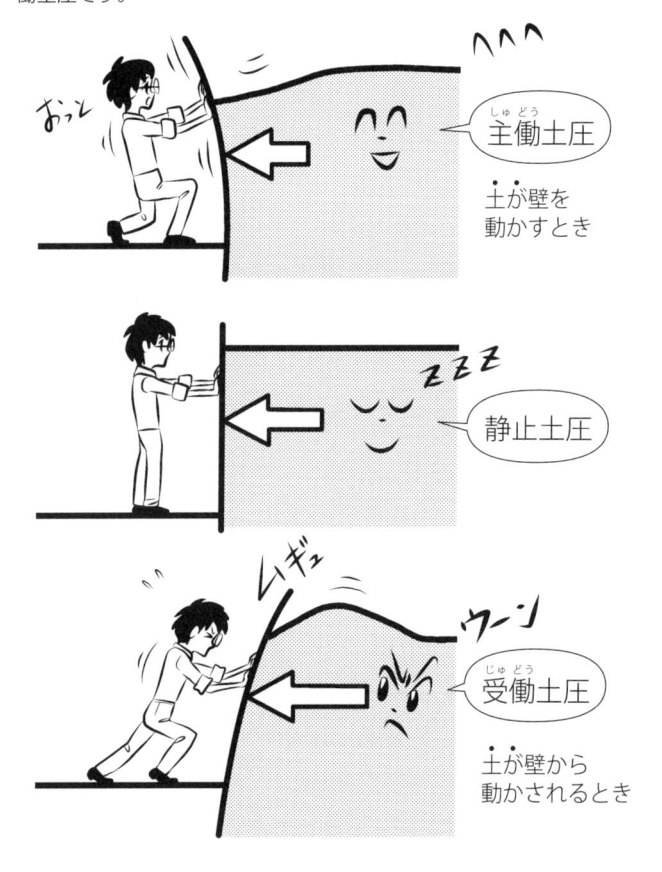

主働土圧
土が壁を動かすとき

静止土圧

受働土圧
土が壁から動かされるとき

- 根切り前の山留めは両側に土があるので、山留めは動かずに静止土圧となります。根切りが進行すると、山留めの片側の土がなくなり、山留めは土のない方へ動こうとします。この際の土圧が主働土圧です。

★ R099 土圧 その2

Q 主働土圧、静止土圧、受働土圧の大小は？

A 受働土圧＞静止土圧＞主働土圧、となります。

壁に押されたときに押し返す受働土圧が一番大きくなります。壁の側から考えてみると、壁が土に向かうときに土から受ける力はカウンターパンチのようなもので、一番強い力となります。主働土圧はスウェイバックしながら土から受けるパンチなので、弱い力となります。

[スーパー記憶術]
<u>受</u>　　<u>精</u>　の<u>主</u>（ぬし）はどいつだ?!
受働 ＞ 静止 ＞ 主働　　　　土圧

カウンターで食うパンチ　　スウェイバックで食うパンチ

受働土圧　＞　静止土圧　＞　主働土圧

- 土圧と壁の押す力はつり合っていて、大きさは同じで向きは反対です。受働土圧、主働土圧は、動く瞬間のつり合いの限界の値で、それを過ぎると土の形は崩れ、壁は本当に動いてしまいます。土は水のような均質な流体ではなく、建物本体のような固まった物体でもなく、砂や粘土の混ざり具合によっても変わる、力を考えるには非常にやっかいな相手です。斜面だけで形が保てる角度の限界を考え、それがすべり面となって、そこから上に土が載った場合の土がすべるときの水平方向の力を考えるなどします。

R100 親杭横矢板工法　その1

Q 親杭横矢板工法とは？

A 下図のように、H形鋼などの親杭を打ち込んで、矢板を横にしてはめて土を止める山留めのことです。

杭を1m程度の間隔に打ち込んで、杭に板を引っ掛けて壁とします。杭は300mm×300mm程度のH形鋼、板は30mm厚程度の材が使われます。

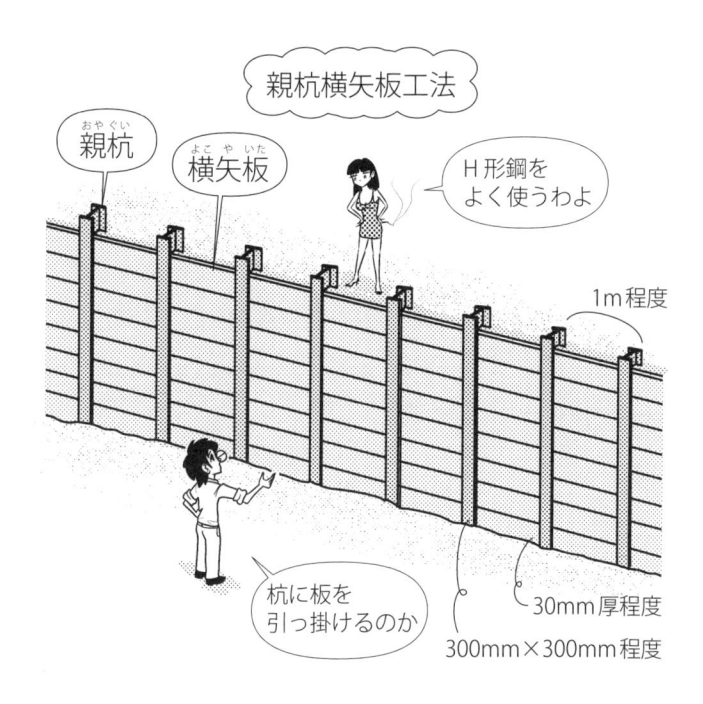

親杭横矢板工法

親杭（おやぐい）
横矢板（よこやいた）
H形鋼をよく使うわよ
1m程度
杭に板を引っ掛けるのか
30mm厚程度
300mm×300mm程度

- 板を矢のようにとがらせて土に差し込んで土留めにしたことから、矢板と呼ばれるようになったといわれています。矢板を縦にする縦矢板もありますが、土を裏側に入れる裏込めがやりにくくなります。

★ R101　親杭横矢板工法　その2

Q 親杭横矢板はどのような順番で組み立てる?

A 親杭を打ち込んで、土を掘削し、横矢板をはめ込んで、裏側に土を入れます。

①まずH形鋼を土に打ち込む作業からはじめます。打ち込むにはバイブロハンマーなどを使って打ち込むほかに、油圧で圧入する方法、アースオーガーで孔を掘削してから挿入する方法もあります。②土を掘削して（根切りして）親杭を露出させます。親杭の裏側の土も少し削っておきます。③矢板を杭に引っ掛けて留め、矢板の裏側に土を入れて、しっかりと固定します。**裏込め**（うらごめ）といいます。

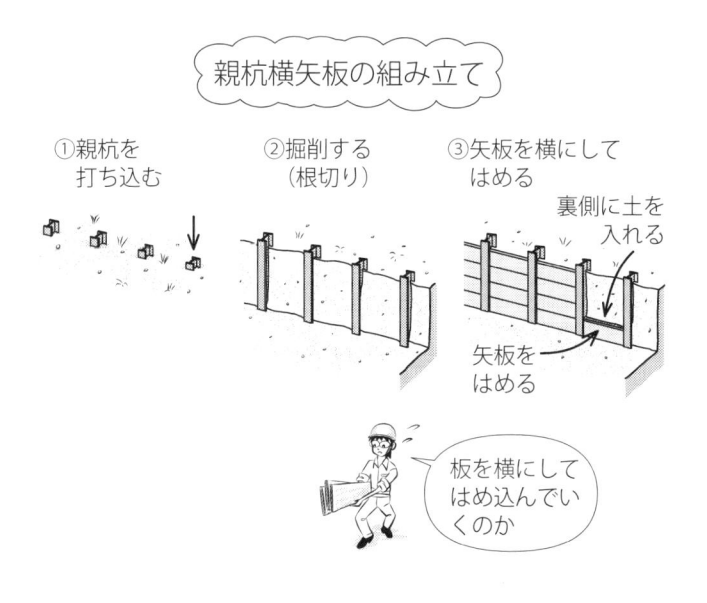

親杭横矢板の組み立て

①親杭を打ち込む

②掘削する（根切り）

③矢板を横にしてはめる
- 裏側に土を入れる
- 矢板をはめる

> 板を横にしてはめ込んでいくのか

- 根切りが深い場合は、1m程度掘って矢板を入れ、さらに1m程度掘って矢板を入れを繰り返します。一度に深く掘ってしまうと、矢板を入れる作業がしにくく、土も崩れやすくなります。

★ R102　親杭横矢板工法　その3

Q 横矢板が親杭からはずれないようにする工夫は？

A 土の裏込めをしっかりする、くさびを親杭と矢板の間に打つ、**桟木（さんぎ）** をくさびの横に縦に打つなどです。

横矢板はH形鋼のフランジに引っ掛けるように留めてあるので、横に動くとはずれてしまいます。裏側に土をしっかりと詰めたうえで、くさびを打つと土に矢板が密着します。さらにくさびに当てるように10mm×25mm程度の棒（桟木）を縦に通して、釘で留めます。桟木を縦に打つことで、くさびが抜けにくくなり、また矢板どうしもずれにくくなります。

- くさび（楔）とは先の細くなった、すき間に打ち込むための小さな材のことです。桟（さん）とは板や瓦などがはずれたり、ずれたりしないように打ち付ける、細長い材のことです。

★ R103 親杭横矢板工法　その4

Q 山留めの入り隅、出隅で親杭はどうする？

A 下図のように、L形断面のアングル（山形鋼）を溶接するか、横に45度傾けて横矢板を受けます。

H形鋼のフランジに横矢板を引っ掛けるように留めるため、入り隅、出隅は工夫が必要です。フランジに当たらない側は、アングルを溶接して横矢板が引っ掛かる出をつくります。

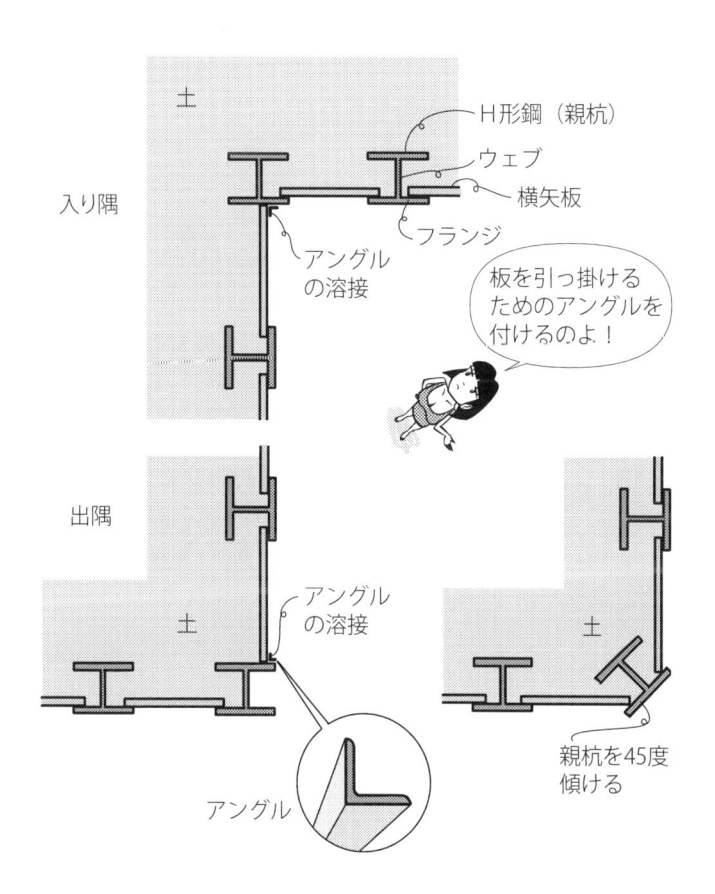

入り隅
- H形鋼（親杭）
- ウェブ
- 横矢板
- フランジ
- アングルの溶接

板を引っ掛けるためのアングルを付けるのよ！

出隅
- アングルの溶接
- アングル
- 親杭を45度傾ける

★ R104　鋼矢板工法

Q 鋼矢板工法とは？

A U形の鋼板（シートパイル）や鋼管などの矢板を打ち込んで山留めにする工法です。

シートパイル（sheet pile）とは、薄い板（sheet）を折り曲げてつくった杭（pile）で、継手でかみ合わせて山留め壁をつくります。親杭横矢板工法と違って、止水性に優れているのが大きな長所となります。

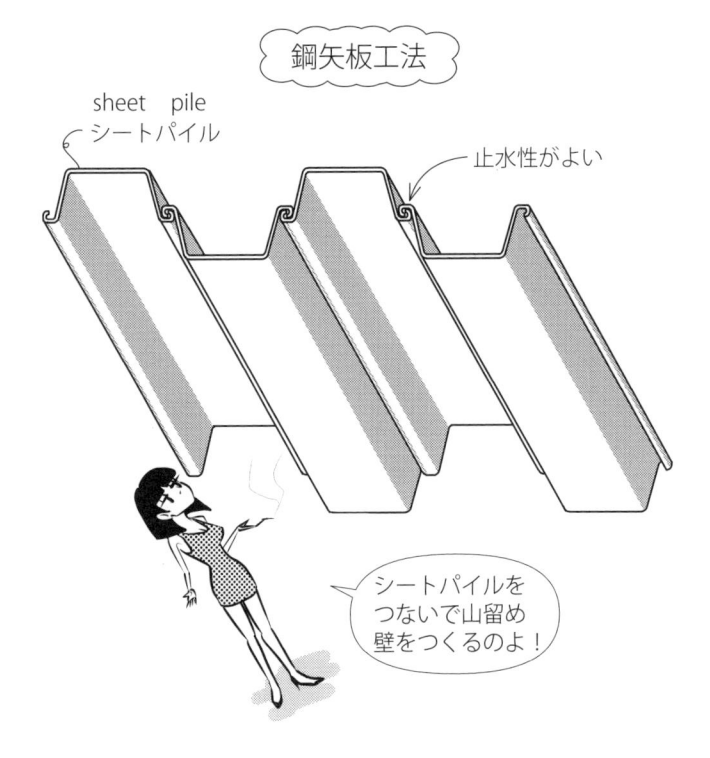

鋼矢板工法

- sheet pile／シートパイル
- 止水性がよい

シートパイルをつないで山留め壁をつくるのよ！

- シートパイルの打ち込みには、ディーゼルハンマーで打撃で打ち込む、バイブロハンマーで振動で打ち込むほかに、騒音の少ない油圧で圧入する方法もあります。
- 筆者が小学生のころ、近所の深い川の護岸工事で、シートパイルが使われていました。川底から地盤面までがシートパイルです。40年経った今でも、護岸はさびたシートパイルのままで、意外ともつものだと感心しています。

★ R105　ソイルセメント柱列工法

Q ソイルセメント柱列工法とは？

A ソイルセメント（soil cement）の柱を並べて山留めにする工法です。

ソイル（soil）とは土のこと。土とセメント、水を混合したものがソイルセメントです。アースオーガーで孔を掘削して、オーガー先端よりセメント、ベントナイトなどが入った注入液を流し込んで円柱とします。その円柱を並べて山留め壁をつくります。ソイルセメントだけでは構造として不安定なので、H形鋼を適当な間隔で入れます。

（土）
soil　cement
ソイルセメント柱列工法

soil　pile
ソイルパイル

土にセメント、ベントナイトを注入してつくる

H形鋼

土を固めた円柱を並べるのか

- モルタルはセメント＋砂、コンクリートはセメント＋砂＋砂利です。ソイルセメントはセメントを混ぜる相手が土になります。その場にある土にセメントを混ぜて固めるわけですから、コンクリートのような強固な構造体にはなりません。鉄筋コンクリートで強固な山留め壁をつくる工法もあります。
- 3本や5本の孔を同時に掘削して、ソイルセメントを注入する専用の機械があります。ソイルセメントでつくった円柱は、ソイルパイル（土の杭）と呼ばれることもあります。ソイルセメント柱列工法は、止水性に優れます。

★ R106　山留め工法　まとめ

Q 代表的な山留め工法3種とは？

A 親杭横矢板工法、鋼矢板工法、ソイルセメント柱列工法です。

ここで、山留め工法3種を復習しておきましょう。親杭横矢板では水が矢板のすき間からしみ出るので、水密性は期待できません。シートパイルやソイルパイルでは隣のパイルと密着しているので、水を封じ込められますが、水の出口がないので、水圧がかかることになります。

> 3種類の山留めは覚えておくのよ！

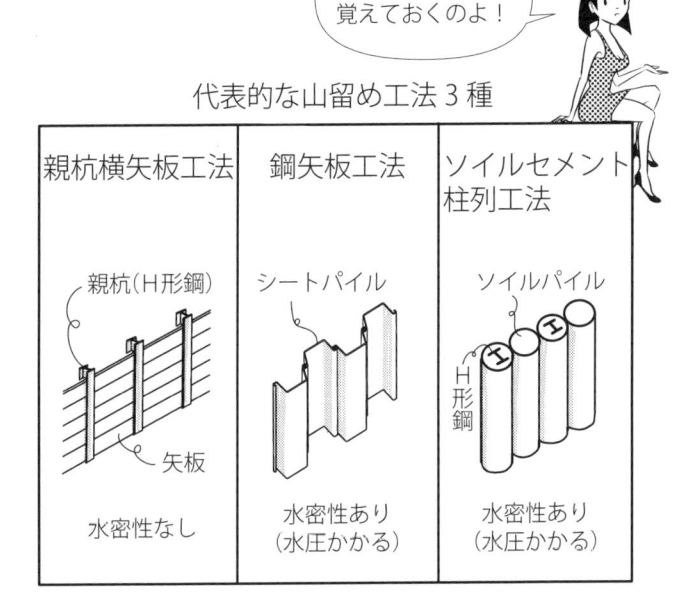

代表的な山留め工法3種

親杭横矢板工法	鋼矢板工法	ソイルセメント柱列工法
親杭（H形鋼）／矢板	シートパイル	ソイルパイル／H形鋼
水密性なし	水密性あり（水圧かかる）	水密性あり（水圧かかる）

- シートパイルは鋼板を曲げてつくったものなので、土圧、水圧によってたわみやすいという欠点があります。

★ R107　掘削機　その1

Q バックホー、パワーショベルとは？

A 下図のような、掘削する機械です。

バックホーは後ろに向かって、パワーショベルは前に向かって先端部を回して掘削します。そのため、バックホーは地盤面よりも下、パワーショベルは地盤面よりも上の土を掘削しやすい構造です。

[スーパー記憶術]
バック（後）に向かって掘るのがバックホー

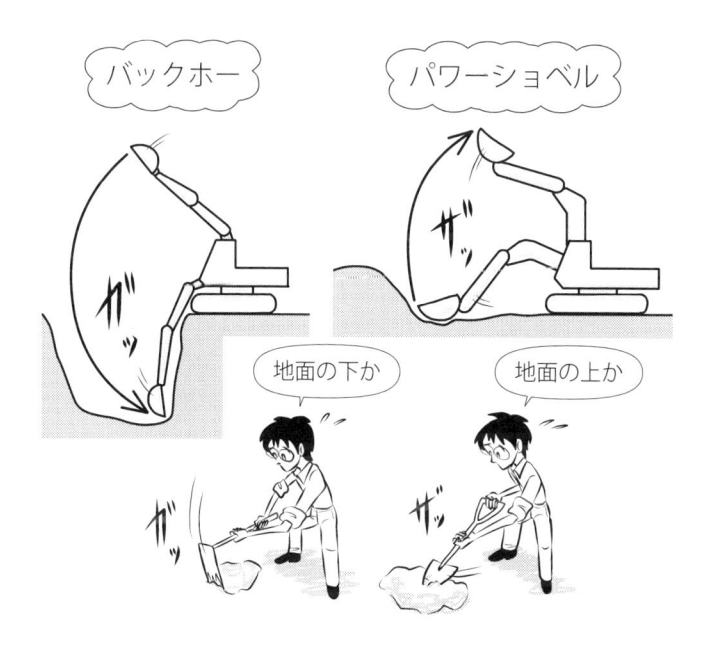

バックホー　　パワーショベル

地面の下か　　地面の上か

- ユンボはフランス重機メーカーの製品名でしたが、今ではバックホー、パワーショベル全般を指す名称として、レンタルのニッケンの登録商標にもなっています。

★ R108　掘削機　その2

Q クラムシェル、ドラグラインとは？

A 下図のような、掘削に使う機械です。

ハマグリ（clam）の殻（shell）のような形で土砂をつかむのがクラムシェル、スクレーパーバケットを引っ張って（drag）土砂をかき取る（scrape）のがドラグラインです。クラムシェルは深い部分の掘削に、ドラグラインは水中や軟らかい土砂の掘削に使われます。

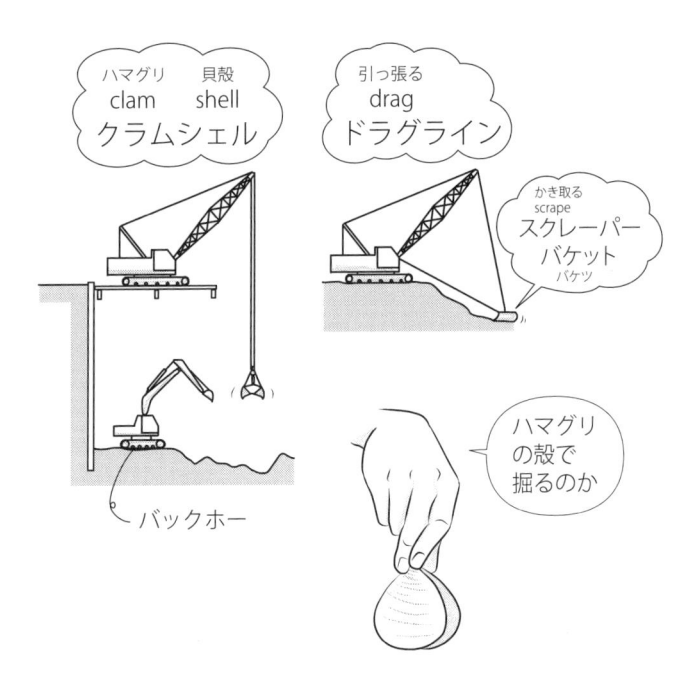

```
ハマグリ  貝殻
clam  shell
クラムシェル
```

```
引っ張る
drag
ドラグライン
```

```
かき取る
scrape
スクレーパー
バケット
バケツ
```

バックホー

ハマグリの殻で掘るのか

- 小型のバックホーは根切り底に下ろして掘削し、地盤面からはクラムシェルで掘削するなどと使い分けます。

★ R109　水平切梁工法　その1

Q 腹起し（はらおこし）、切梁（きりばり）とは？

A 下図のような、山留めが壊れないように支える支保工（しほこう）です。

仮設構造物を「支」えてそのままの状態を「保」つ「工」事が**支保工**です。山留めは深くなると土圧、水圧がかかって壊れやすくなります。そこで山留めに腹起しという横材を付け、反対側の山留めとの間に切梁というつっぱり棒を架け渡します。

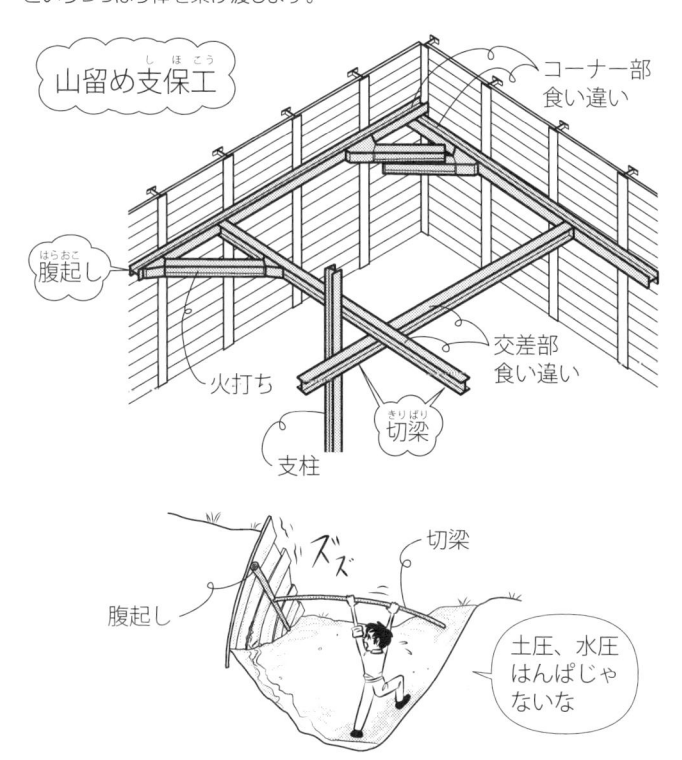

山留め支保工
コーナー部 食い違い
腹起し
交差部 食い違い
火打ち
切梁
支柱

ズズ
切梁
腹起し
土圧、水圧はんぱじゃないな

- 山留め壁の中間、すなわち腹に付けて、壁が倒れないように起こしておくことから腹起しといわれるようになったと思われます。
- 根切りが進むと、土の中から山留めが姿を現してきます。H形鋼などを横にして山留めに架けて腹起しとし、それに切梁を付けて山留めが崩れないようにします。さらに根切りを進めて、次の段の腹起し、切梁を付けてと順次進めていきます。
- 切梁を水平に格子状に組む支保工を、水平切梁工法といいます。

★ R110　　　　　　　　　　　　水平切梁工法　その2

Q 1次根切り、2次根切りの深さは？

A 1段切梁の少し下、2段切梁の少し下です。

切梁を取り付けられる程度の余裕をとって、各切梁の下側まで根切りします。根切りして切梁を付け、根切りして切梁を付けを繰り返して掘り進みます。最後は本体建物の基礎梁の少し上に切梁を付け、さらに基礎梁下、耐圧版下まで根切りして根切り底に至ります。これを**床着け（とこづけ）**といいます。

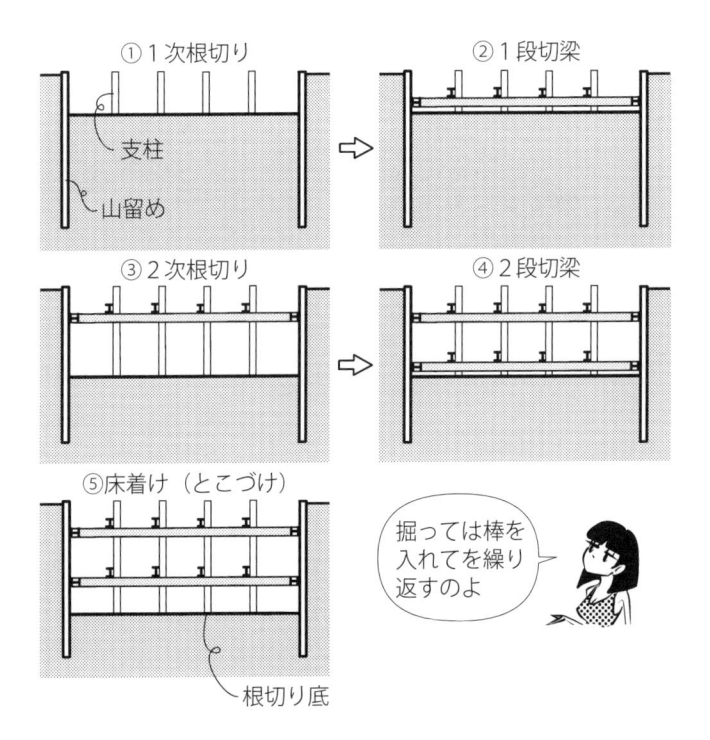

① 1次根切り　　　　　　　② 1段切梁
　支柱
　山留め

③ 2次根切り　　　　　　　④ 2段切梁

⑤ 床着け（とこづけ）

掘っては棒を入れてを繰り返すのよ

根切り底

- 切梁の高さは、建物本体の梁、スラブに当たらない位置、各階のスラブの少し上とします。
- 床着けでは、土を30cm程度残して、最後は手掘りか、爪のないバケットをバックホーに付けて掘ります。床着け面を乱さないように仕上げます。

★ R111 水平切梁工法 その3

Q 山留めと腹起しの間（すき間）はどうする？

A 下図のように、モルタルや既製品で裏込めします。

山留めから腹起し、切梁へと力が伝わらないと、山留めは崩れてしまいます。親杭横矢板の場合は親杭と腹起しの間、鋼矢板の場合は凹凸部全体と腹起しの間、ソイルセメント柱列の場合はH形鋼と腹起しの間にモルタルなどをしっかりと詰めます。

（図中ラベル）
- 腹起し
- 裏込め
- 親杭
- モルタルなどを裏込め
- 土圧がしっかり伝わるようにするのよ
- 切梁
- アングルを溶接してつくったブラケット

- 親杭、鋼矢板、セメントパイル内のH形鋼にアングル（山形鋼）を溶接してブラケット（持ち送り）を付け、その上に腹起しを載せます。腹起しにボルトで切梁を留めます。支柱（R109参照）にもブラケットを付けて切梁を支えます。腹起し、切梁、火打ち（ひうち）などの山留め支保工はリース材があり、それを組み合わせて長さを調整して使うのが一般的です。

★ R112 水平切梁工法 その4

Q 切梁の長さの微調整はどうする？

A 切梁の途中にジャッキを入れて、少しずつ伸ばします。

油圧を使って伸ばす**油圧ジャッキ**などを使います。ジャッキの部分の切梁は細くなっているので曲がりやすく危険です。そこで**ジャッキカバー**を付けて補強します。

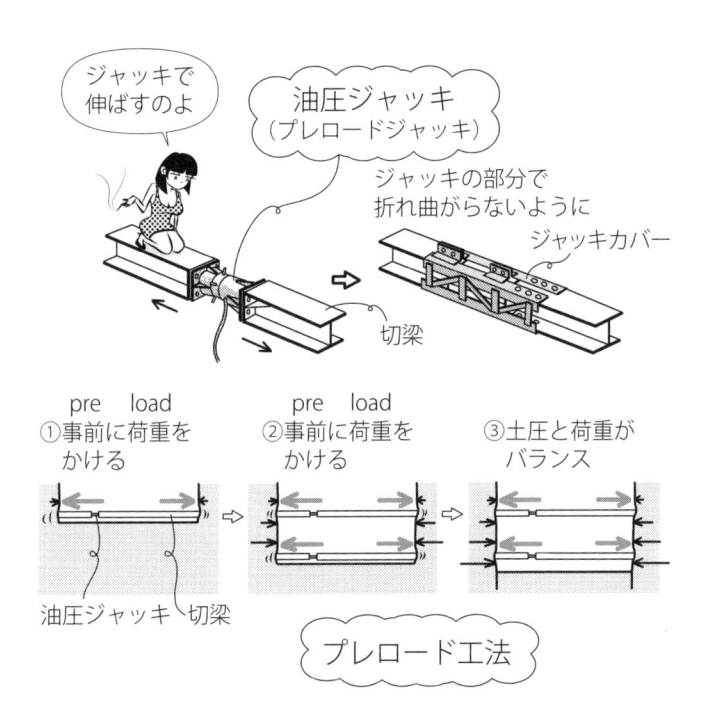

ジャッキで伸ばすのよ

油圧ジャッキ
（プレロードジャッキ）

ジャッキの部分で折れ曲がらないように

ジャッキカバー

切梁

pre load
①事前に荷重をかける

油圧ジャッキ　切梁

pre load
②事前に荷重をかける

③土圧と荷重がバランス

プレロード工法

- ジャッキ（jack）とは重いものを持ち上げたり幅を広げたりする機械で、車のタイヤ交換にも小型のジャッキが使われます。ジャッキによって山留め壁を背後に押し付ける工法を、プレロード工法といいます。根切りの初期段階から、山留めに土圧がかかる前から、事前に（pre）荷重をかけておく（load）工法なのでプレロード工法と呼ばれます。プレロードに使われる油圧ジャッキを、プレロードジャッキということもあります。

★ **R113** 水平切梁工法 その5

Q 切梁交差部と支柱の納まりは？

A 下図のように、短辺方向の切梁を支柱のブラケットの上に載せ、切梁どうしは交差金物のボルトで留めます。

重さを支えやすい短辺方向の切梁を、まずブラケットで支えます。切梁どうしはアングルとボルトでできた交差金物で締め付けます。さらに支柱に付けた押さえブラケットで、切梁を上から押さえます。

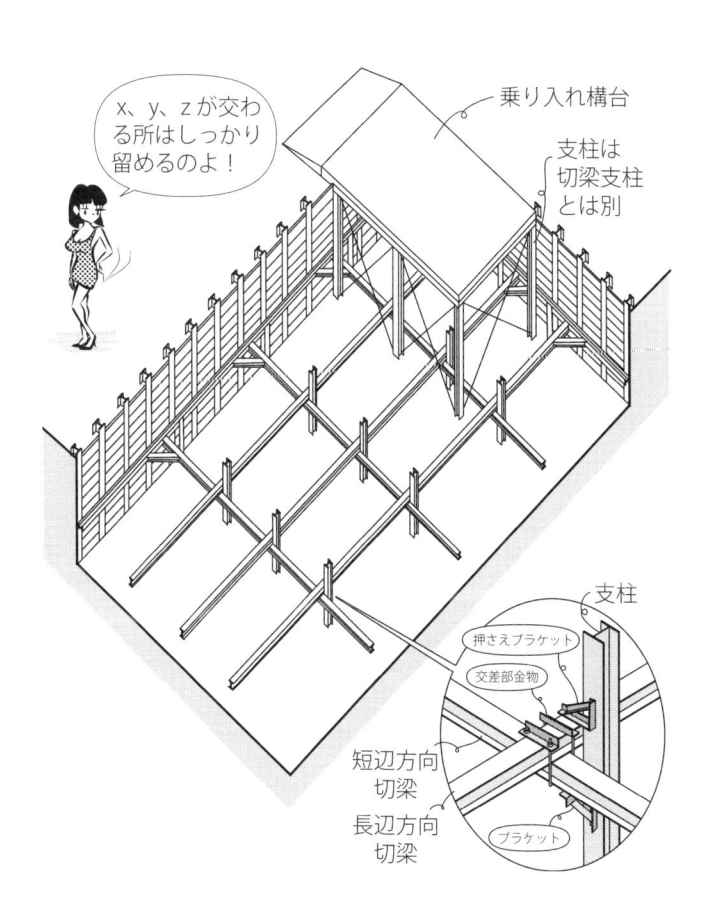

x、y、zが交わる所はしっかり留めるのよ！

乗り入れ構台
支柱は切梁支柱とは別

支柱
押さえブラケット
交差部金物
短辺方向切梁
長辺方向切梁
ブラケット

★ **R114** 水平切梁工法 その6

Q 乗り入れ構台の高さは？
▼
A 建物の1階床スラブの少し上に設定するのが一般的です。

乗り入れ構台は1階床の工事に使うので、その少し上につくります。1階床は道路より少し高いことが多く、その床よりも構台を高くつくるので、道路との落差ができます。敷地に余裕がない場合、道路から構台へのスロープが急になり、ダンプトラックの後ろがスロープに当たらないようにする必要があります。

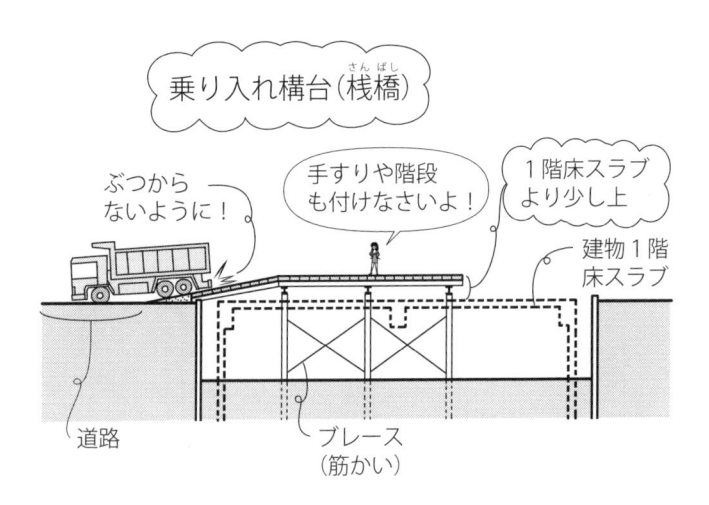

乗り入れ構台（桟橋）

ぶつからないように！

手すりや階段も付けなさいよ！

1階床スラブより少し上

建物1階床スラブ

道路

ブレース（筋かい）

- 乗り入れ構台は、乗り入れ桟橋ともいいます。支柱は地面にH形鋼の支柱を埋め込んでおくので、根切りとともに姿を表します。支柱にはブレース（筋かい）を付けて、倒れないようにします。

★ R115　アイランド工法

Q アイランド工法とは？

A 山留めから斜めに掘削して中央部の基礎・地下をつくり、山留めとの間に切梁を付けてから周囲を掘削し、基礎・地下を周囲に伸ばしていく工法です。

先につくった中央部を足掛かりにして、周囲を掘削していきます。中央部の構築物が島状、アイランド状になるので、その名がつけられました。中央の島を周辺へと大きくしていって基礎、地下の全体をつくるわけです。

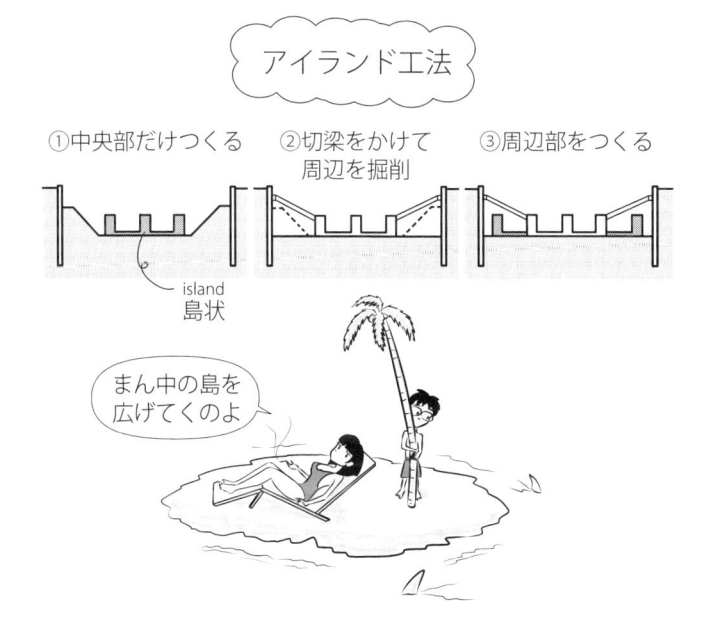

アイランド工法

①中央部だけつくる　②切梁をかけて周辺を掘削　③周辺部をつくる

island
島状

まん中の島を広げてくのよ

- 広い敷地の大規模で浅い根切りに適しています。切梁も少なくてすみますが、軟弱地盤や深い根切りでは最初の法面（のりめん：勾配面）による掘削ができないので向いていません。

★ R116　トレンチカット工法

Q トレンチカット工法とは？

A 外周をトレンチ状に掘削して構造物をつくり、次にでき上がった外周部を山留めとして中央部を掘削してつくる方法です。

トレンチ（trench）とは深い溝、堀のことで、溝状に土をカットして周囲をつくり、それから中をつくる工法です。構造物で周囲の土を止めるので、掘削面積の広い軟弱地盤に採用されます。

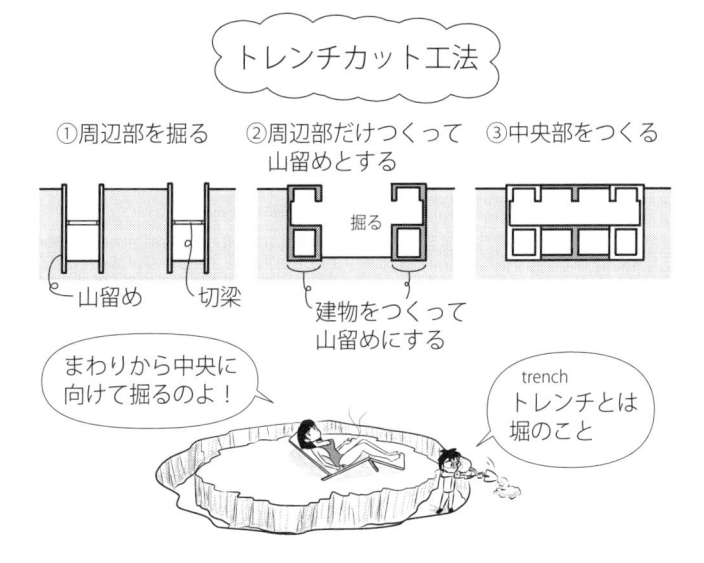

トレンチカット工法

①周辺部を掘る　②周辺部だけつくって山留めとする　③中央部をつくる

- 山留め　切梁
- 建物をつくって山留めにする

まわりから中央に向けて掘るのよ！

trench
トレンチとは堀のこと

- アイランド工法は中央部から周辺へ、トレンチカット工法は周辺部から中央へと、ちょうど逆になります。両工法とも、広い面積の根切りに向いています。
- トレンチコートのトレンチは、兵士が隠れる溝、塹壕（ざんごう）のことです。

R117 逆打ち工法

Q 逆打ち（さかうち）工法とは？

A 地下構造物を支保工に利用して根切りを進め、地下1階、地下2階と逆にコンクリートを打ちながら進めていく工法です。

穴を掘ってからつくるのではなく、つくりながら穴を掘っていきます。つくった構造物は山留めの支保工に利用します。**逆巻き（さかまき）工法**ともいいます。

上から下へ逆に打っていくのか…

逆打ち工法

①地下1階床コンクリート打ち　　②地下2階床コンクリート打ち　　③基礎コンクリート打ち

山留め　仮支柱　　建物が山留めを支える

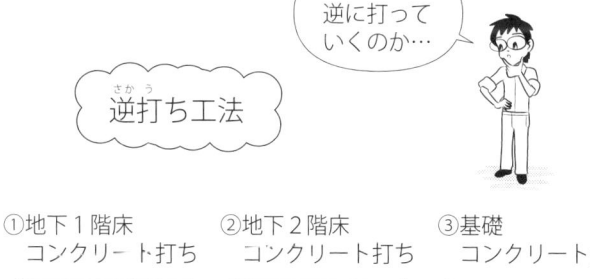

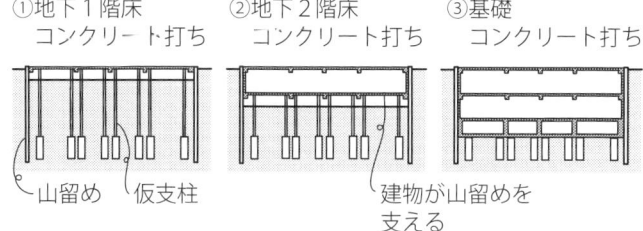

- 先につくったく体を支えるための仮の支柱が必要となります。また建物本体の柱を鉄骨鉄筋コンクリートとして、その鉄骨部分を先につくって、それを支柱とする方法もあります。
- く体自体が支保工となるので、切梁に比べて強固で、深い根切りや軟弱地盤でも安全性が高く、山留めの変形も小さく抑えられます。また支保工も節約でき、工期も短くてすみます。工事を下へと進めていくので、コンクリートの打ち継ぎなどの、施工手順が難しいのが難です。

R118 地盤アンカー工法

Q 地盤アンカー（アースアンカー）工法とは？

A 引張り材を地盤に固定することによって山留めを支える支保工です。

引張り材を土の中にしっかりと留めて（アンカーして）、それで山留め壁を引張ることによって支える工法です。孔を掘って、注入材を入れた後に引張り材を挿入して、さらにセメントを先端から注入して固定させます。

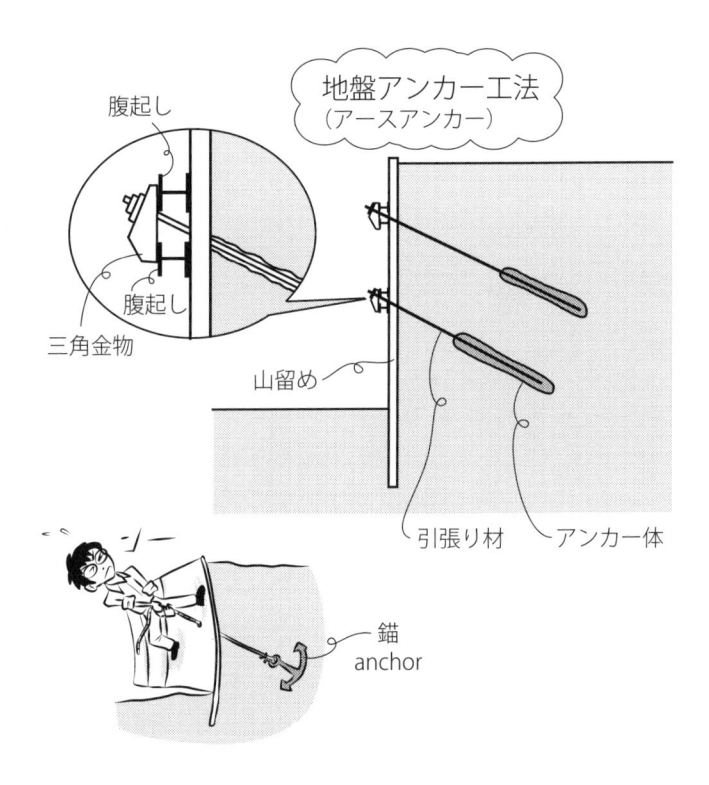

地盤アンカー工法（アースアンカー）

腹起し
腹起し
三角金物
山留め
引張り材
アンカー体
錨 anchor

- アンカー（anchor）とは船の錨（いかり）のことで、しっかりと留めて動かないようにすることを意味します。
- 切梁を使わないため工事はしやすくなりますが、アンカーするための隣地との余裕が必要となります。引張り材は PC 鋼より線や PC 棒鋼などが使われます。PC 鋼とはプレストレストコンクリート（PC）を引っ張るために使用される鋼材です。
- 地盤アンカーは使用後、除去する場合と残置する場合があります。

★ R119　山留め支保工　まとめ

Q 代表的な山留め支保工5種は？

A ①切梁を水平に架ける水平切梁工法、②建物を使うアイランド工法、③トレンチカット工法、④逆打ち工法、⑤土にアンカーする地盤アンカー工法です。

ここで山留め支保工の復習をしておきましょう。切梁を使う方法、建物を使う方法、アンカーを使う方法の、大きくは3種です。建物を使う方法では、中央から周辺に進むアイランド工法、周辺から中央に進むトレンチカット工法、上から下に進む逆打ち工法の3種があります。

代表的な山留め支保工

切梁を使う	建物を使う	アンカーを使う
①水平切梁工法 （つっかい棒をする）	②アイランド工法（中から外へ） ③トレンチカット工法（外から中へ） ④逆打ち工法（上から下へ）	⑤地盤アンカー工法 （錨を入れて引っ張る）

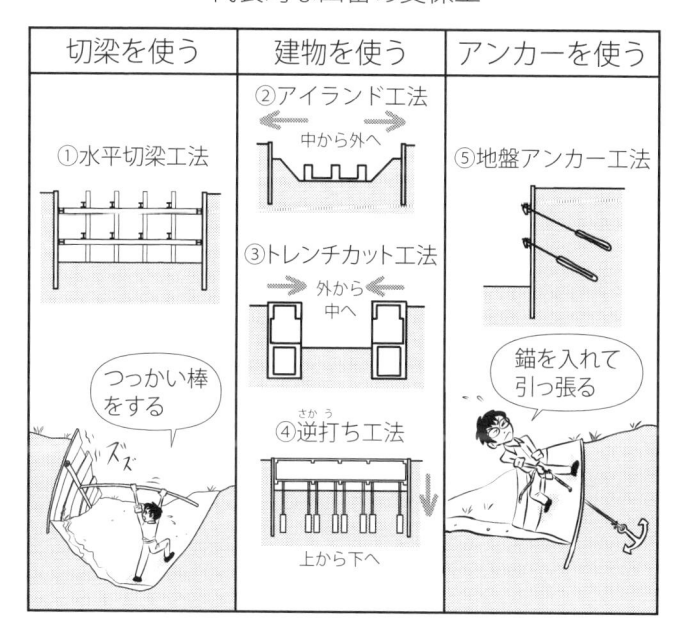

- 敷地が広大で地盤がよい場合は、支保工を使わずに、法面（のりめん：斜面）をつくって土を掘削する、法付け（のりつけ）オープンカット工法もあります。斜面をつくって土を掘ることを「法（のり）を切る」ということから、法切り（のりきり）オープンカット工法ということもあります。

★ **R120** 根切り、山留めの不具合 その1

Q ヒービング（heaving）とは？

A 山留めの背面の土が底部から回り込んで根切り底が膨れ上がることです。

土の重さで押されて、山留めを回り込んで土が盛り上がるのがヒービングです。山留めの根入れを深くする、背後の地盤を改良して強化するなどの対策が必要です。

[スーパー記憶術]
日々　膨れる　腹
ヒービング

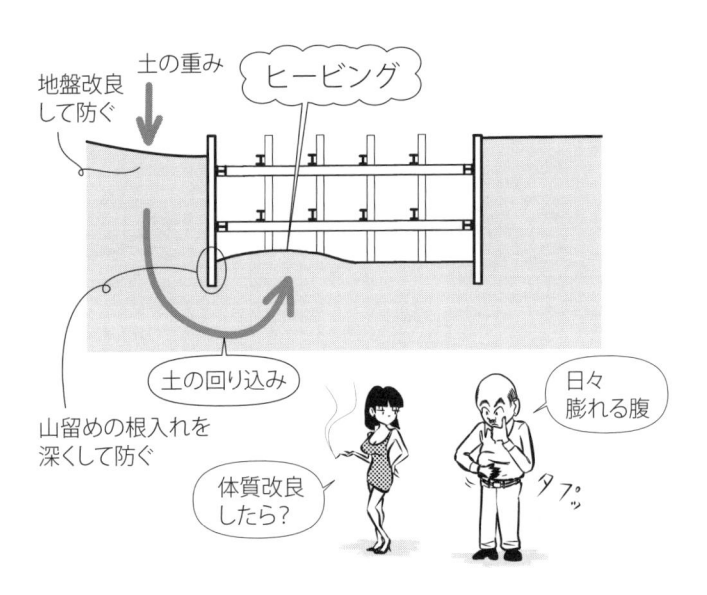

地盤改良して防ぐ
土の重み
ヒービング
土の回り込み
山留めの根入れを深くして防ぐ
体質改良したら？
日々膨れる腹
タプッ

● ヒーブ（heave）とはうねる、膨らむという意味です。

★ **R121** 根切り、山留めの不具合 その2

Q 盤ぶくれとは？

A 上向きの水圧によって根切り底面全体が膨れ上がることです。

ヒービングが山留め背後の土の重みによる回り込みであるのに対して、盤ぶくれは地下水の水圧によって押し上げられる現象です。掘削したことによって土砂の重みがなくなり、押し上げる力とのバランスが崩れて持ち上げられてしまうのです。

- 盤ぶくれは、ヒービングと同義に使われることもあります。

★ R122　根切り、山留めの不具合　その3

Q ボイリングとは？

A 地下水が山留めを回り込んで、根切り面に水と砂がわき出すことです。

地下水位が浅い砂地盤、砂れき地盤で掘削工事をすると、底のあちこちに地下水がわき上がることがあります。水と一緒に細かい砂が回転しながら上がってきて、同心円状に溜まっていきます。水の沸騰と見た目が似ているので、ボイリングと呼ばれます。

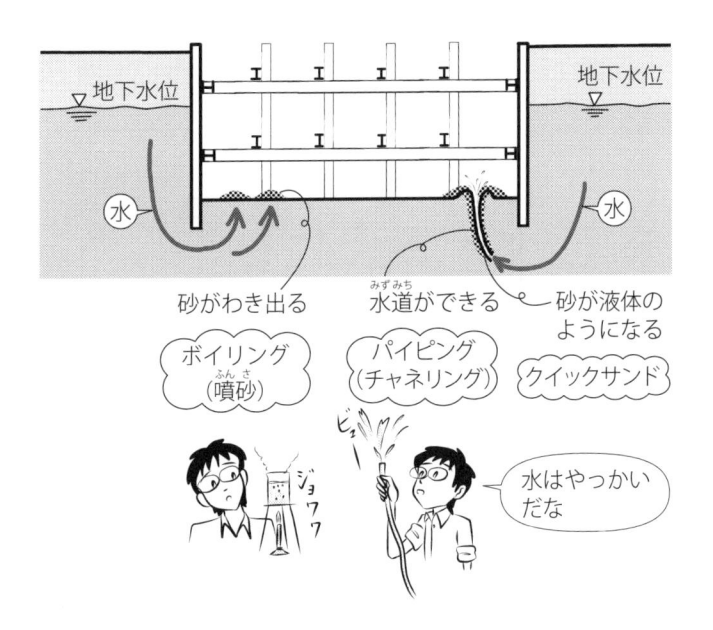

- 砂が噴出することから噴砂ともいいます。また砂が水の上昇流の影響で液体に似た状態となること、部分的な液状化をクイックサンド、パイプ状の水の道ができて水が噴き出ることをパイピングとかチャネリングといいます。この場合のチャネル（channel）とは水路のことです。

★ R123　地下水対策　その1

Q 釜場（かまば）とは？
▼
A 湧水（ゆうすい）を集めるためのくぼみのことです。

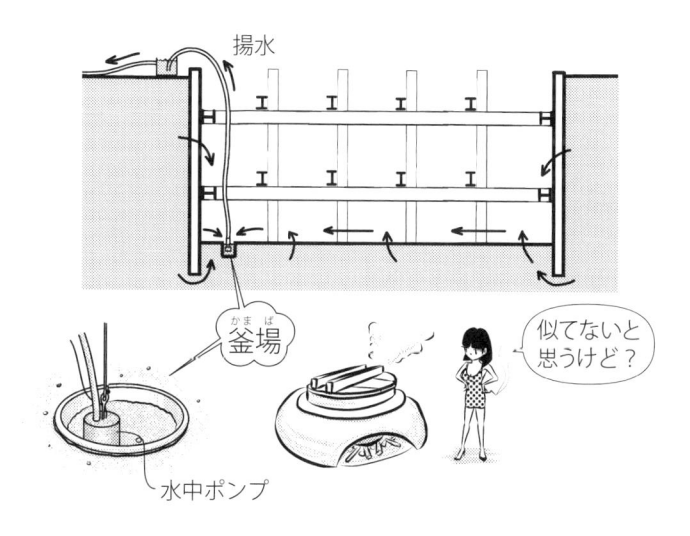

穴の中には、わいてきた水、雨水など、何かと水が溜まります。根切り底に釜場をつくって水が集まるようにして、そこから水中ポンプなどで揚水します。**釜場工法、釜場排水工法**ともいいます。

揚水

釜場

水中ポンプ

似てないと思うけど？

- くぼみの形が米を炊く釜のくぼみと似ていたことからきた名称と思われます。湧水槽（ゆうすいそう）、集水ピットともいいます。ピット（pit）とはくぼみのことです。
- 建物本体の基礎スラブ、地下スラブにも釜場をつくって、排水できるようにします。コンクリート内部とはいえ、地下は水が常に染み込む所です。

★ **R124** 地下水対策 その2

Q ディープウェル (deep well) 工法とは？

A 深い井戸をつくって地下水をくみ上げて、水圧を下げる工法です。

文字どおり深い (deep) 井戸 (well) をつくって、地下水を吸い上げます。深井戸工法ともいいます。井戸の管 (ケーシング) には、孔が多数あけられていて、その管の周囲には砂とれきなどによるフィルター層を設けます。孔が多数あけられた管は**ストレーナ** (strainer) と呼ばれます。

[スーパー記憶術]
砂　取れな
ス　トレーナ

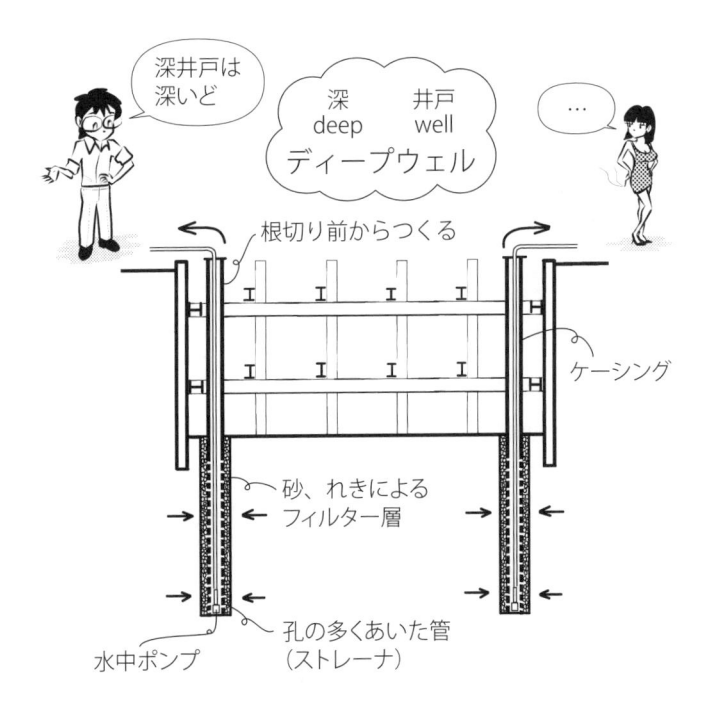

- ストレーナとは多孔質の板や網のフィルターが付けられた異物やゴミ除去の器具で、設備配管で水のごみを取る器具もストレーナと呼ばれます。
- 地下水の水圧や水位が下がると、根切り底の水を排除できるだけでなく、盤ぶくれ (R121参照)、ボイリング (R122参照)、パイピング (R122参照) などが防げます。

★ R125　　　　　　　　　地下水対策　その3

Q リチャージ（re-charge）工法とは？

A ディープウェルで吸い出した地下水を再度、地盤の中に注入する工法です。

くみ上げた井戸水を再度（re）注入する（charge）ので、リチャージと呼ばれます。**復水工法**ともいいます。地下水を吸い出すと水位が下がる、地耐力が下がる、地盤沈下する、周囲の井戸が枯れるなどの問題が出る場合に、くみ上げた水を再度地盤に戻します。同じ位置に戻しては根切り底に水が溜まるだけで意味がないので、根切り底から離れた位置や深い位置の帯水層に戻します。

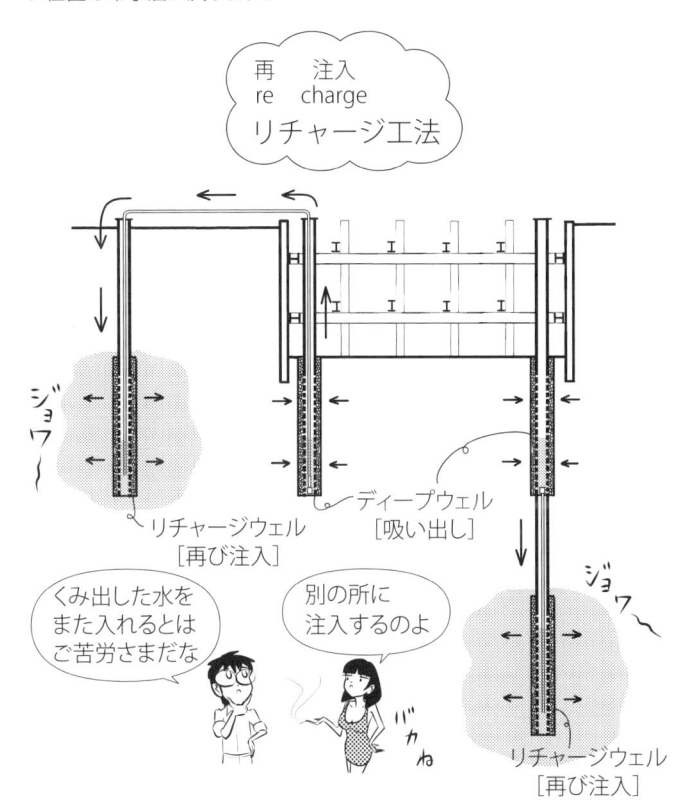

- 吸い出した同じ管の深い所で注入する工法も開発されています。帯水層とは、地下水で飽和した透水層のことです。

★ R126 地下水対策 その4

Q ウェルポイント（well point）工法とは？

A 先端にウェルポイントという水を噴出、吸引する装置を付けた井戸を一定間隔で並べて地下水を吸い出す工法です。

ウェルポイントから水を噴出させながらパイプを人力で地盤に挿入します。打ち込んだパイプを**ヘッダーパイプ**と呼ばれる横管につなげます。多数の縦管を横管で連結し、端部をポンプに連結して地盤の水を吸い上げます。

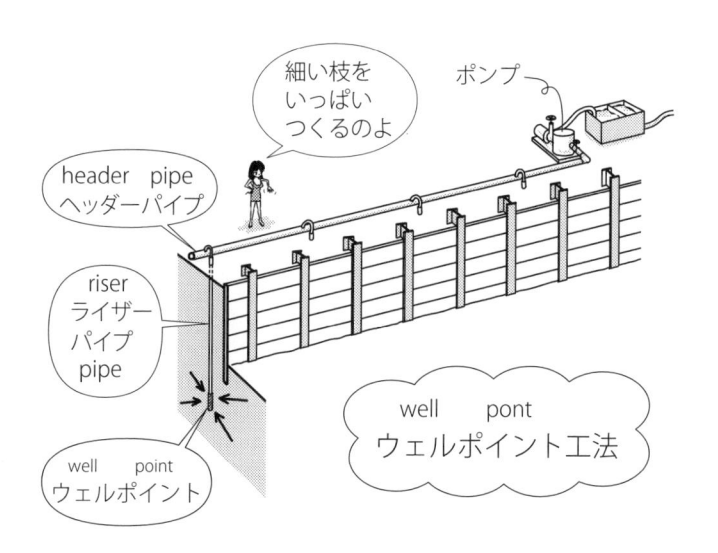

- ウェルポイントを付けた縦管は、立ち上がる（riser）管（pipe）という意味で、ライザーパイプといいます。細い縦管を集める横管は、ヘッダーパイプといいます。ヘッダー（header）とは先頭（head）に来るものという意味ですが、パイプ関係ではパイプを集めるためのパイプという意味で使われます。
- 人力で入れるので、浅い地盤からの吸い上げに限られます。

★ R127　アンダーピニング

Q アンダーピニング（underpinning）とは？

A 既存の建物を下から支えることです。

既存建物の重さで土が下に動いてヒービングのおそれがあるとき、既存建物が沈下するおそれがあるときなどに、既存建物の基礎の下から支えを入れます。親杭からブラケット（持ち出し）を出す、新たに杭を入れるなどの方法があります。

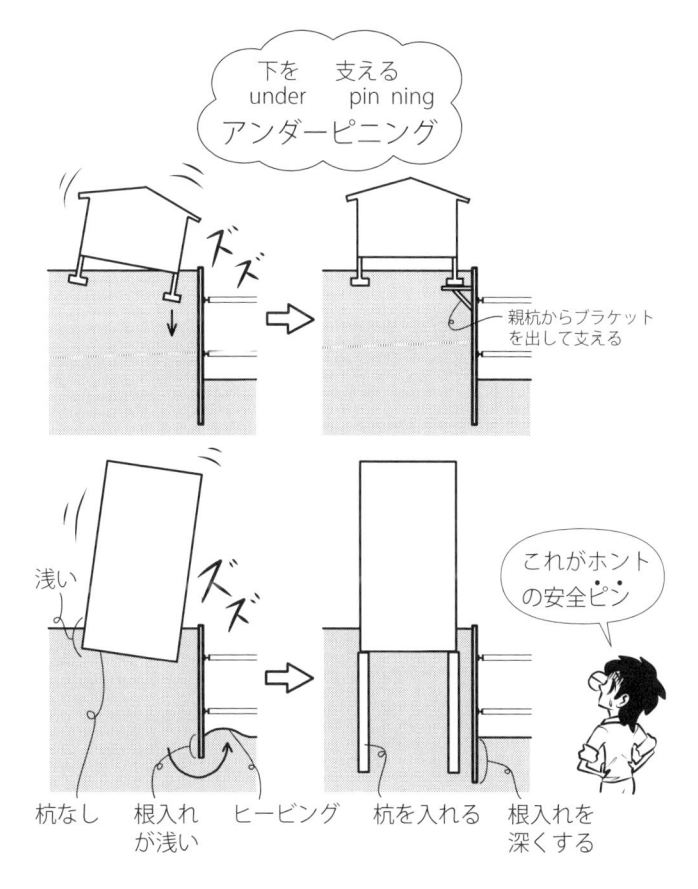

下を　支える
under　pin ning
アンダーピニング

親杭からブラケットを出して支える

浅い

杭なし　根入れが浅い　ヒービング　杭を入れる　根入れを深くする

これがホントの安全ピン

- アンダーピン（underpin）とは下から支えるという意味です。アンダーピニングはアンピンと略されることもあります。

★ R128　埋め戻し

Q 埋め戻しはどうする?

A 砂質土の場合は約30cmごとに水締めし、粘性土の場合は約30cmごとに転圧します。

砂質土も粘性土も、いきなり多くを埋め戻すとしっかりと固まらないので、約30cmずつ埋め戻します。砂に水を注ぐと粒子間の結合が弱くなり、自重で沈んで粒子が詰まり固まります。粘性土では水締めの効果がないので、ランマーなどの機械で転圧します。

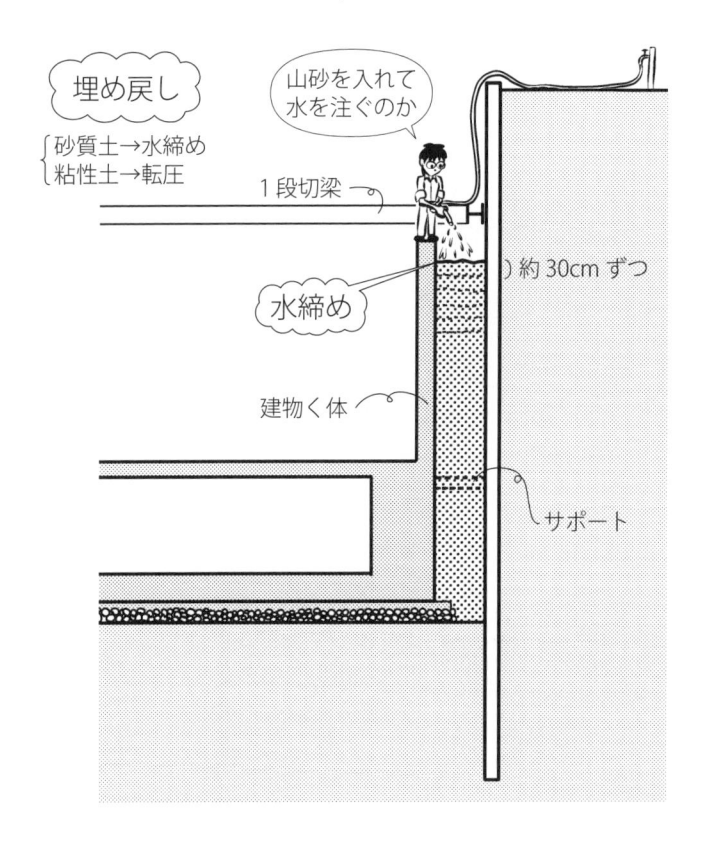

埋め戻し
- 砂質土→水締め
- 粘性土→転圧

山砂を入れて水を注ぐのか

1段切梁

約30cmずつ

水締め

建物く体

サポート

- 山砂が最も適していますが高価なため、機械による締め固めがしにくい建物周囲の深い根切りの埋め戻しなどで行います。ほかの部分では、根切りした土の中で良質土を仮置きして使用し、機械で転圧します。

★ R129　1階床のコンクリート打ち

Q 1段切梁を残して1階床までコンクリートを打つにはどうする？

A 切梁が貫通する部分の、コンクリート壁に穴をあけて打ちます。

前頁では1段切梁の少し下でコンクリート打ちをいったん止めています。コンクリートく体ができて、山留めとの間にサポートを入れてから1段切梁をはずします。いったんコンクリートを打ち止めにするのは面倒と、一気に1階床まで打とうとすると、切梁が邪魔になります。そこで壁に穴をあけて、後でふさぐという段取りになります。穴抜き、**ボックスアウト**などと呼ばれます。

（一気に1階床まで打てて楽ちんだな）

（穴の型枠がいるし切梁の解体も大変よ）

コンクリートを1回で打つ

1段切梁

切梁を抜く穴をあける

ボックスアウト（穴抜き）
box　out

● 箱（box）形に抜く（out）ので、ボックスアウトです。

★ R130 地業

Q 地業（ちぎょう）とは？

A 基礎より下の地盤に石、砕石、コンクリートなどを敷いて固めることです。

> 基礎の工事がしっかりとできるように、確実に重みが地面に伝わるように、掘削が終わった根切り底の地盤に石、砂利、砕石などを敷いて突き固め、その後にコンクリートを打ちます。

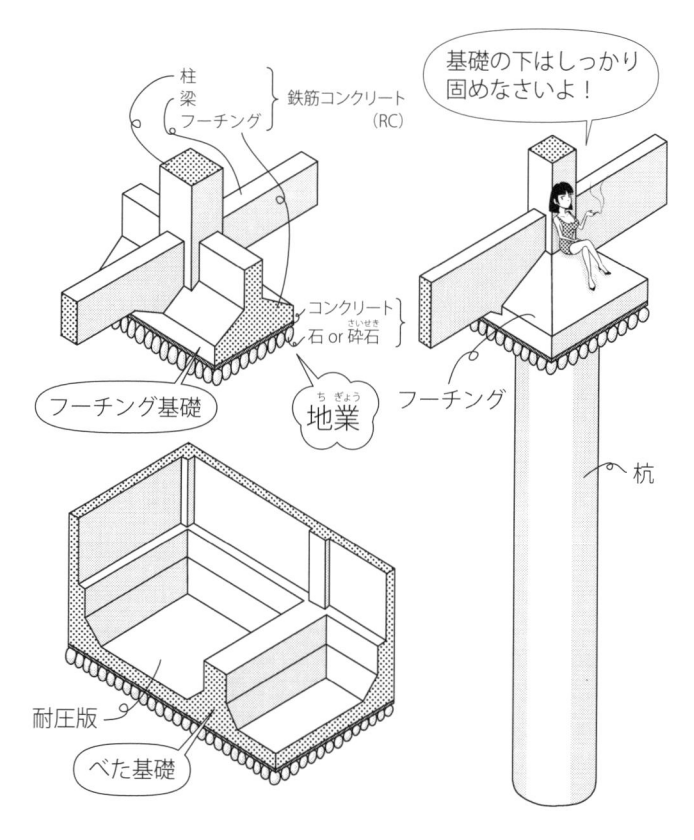

図中ラベル：
- 柱／梁／フーチング ｝鉄筋コンクリート（RC）
- コンクリート／石 or 砕石
- フーチング基礎
- 地業（ちぎょう）
- 耐圧版（たいあつばん）
- べた基礎
- フーチング
- 杭

吹き出し：「基礎の下はしっかり固めなさいよ！」

- 地面に重みを伝える基礎の形式には、基礎の底面全体の耐圧版で支えるべた基礎、柱や梁の下だけ広がったフーチング基礎、フーチングの下に杭を打って地耐力のある地盤まで重みを伝える杭基礎などがあります。
- 地業は土をいじる工事一般を指し、地肌地業、砂地業、砂利地業、杭地業などと、さらに分類されます。土工事、基礎工事、杭工事との境目はあいまいです。

★ R131 割栗石

Q 割栗石（わりぐりいし）とは？

A 基礎や土間コンクリートの下に敷く石のことです。

栗石と呼ばれる大きな玉石（たまいし）を割った石を、とがっている方を下にして突き刺して並べます。**小端立て**（こばだて）といいます。上から重みがかかると土にめり込んで締まって、それ以上沈まなくなります。

① 石を縦にして土に差し込む — 割栗石（わりぐりいし）

② 目つぶし砂利で目をつぶす

③ 突き固める — ランマー

図面表記　割栗石

- 現在では 40〜80mm 程度の大きめの砕石（さいせき）を敷くのが一般的です。砕石とは岩を砕いてつくった人工的な石です。その砕石を指して割栗石と呼ぶこともあります。割栗石は割栗、栗石、グリなどとも呼ばれます。
- 割栗を敷いたら目つぶし砂利をかけて、ランマーという機械で突き固めます。石のすき間、目に埋めるので目つぶし砂利といいます。

★ R132 捨てコンクリート

Q 割栗石の上に捨てコンクリートを打つのは？

A 水平な面をつくり、墨出し、く体工事を確実にするためです。

割栗石の上に **5cm** 程度の厚みに、く体工事の準備のためにコンクリートを打ちます。**墨出し**とは墨と糸（墨糸）で線を引いて、柱、壁、梁の位置などを確定することです。凹凸のある石や砂利の上では墨出しが正確にできません。

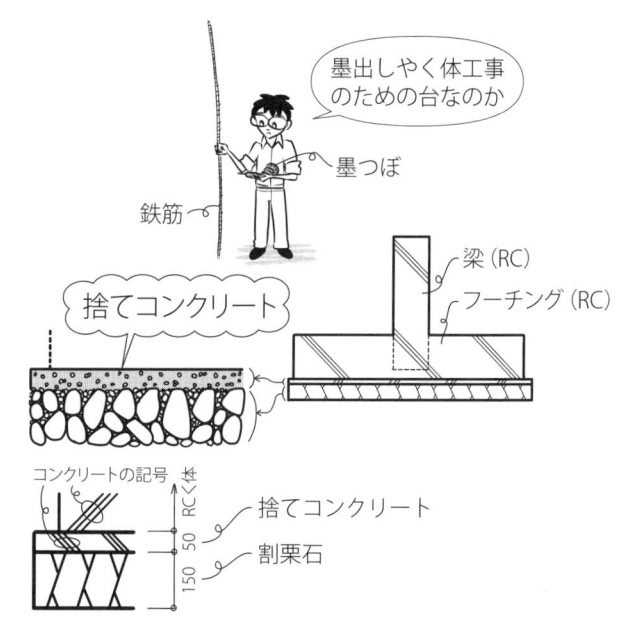

- 捨てコンクリートは、略して捨てコンとか、水平に調整するコンクリートなのでレベルコンクリートともいいます。く体とは鉄筋コンクリート造の構造体のことです。「捨て」がよくない意味なので、捨てコンクリートを拾コンクリートと書くことがあります。
- 捨てコンには鉄筋を入れませんが、く体部分には鉄筋を入れます。鉄筋を組む場合、デコボコした割栗石の上に配筋するよりも、平らな捨てコンクリートの上に配筋する方が、水平で確実な工事ができます。さらに型枠の工事をするにも、捨てコンの上だとしっかりと安定します。
- く体のコンクリートを打つ場合、土や石の上に直接打つと、水が吸収されたり土と混じってしまって所定の強度が得られません。割栗石→目つぶし砂利→捨てコンクリートの作業をした上に打てば、く体コンクリートは所定の強度を得ることができます。

★ R133 土間コンクリート

Q 土間コンクリートとは？

A 梁とは離して、土の上に直接敷いたコンクリート版のことです。

土間コンクリートとは文字どおり土間にするために打つコンクリートのことで、構造体とは無関係に土の上に浮くようにつくられたものです。構造体ではありませんが亀裂が入らないように、細い鉄筋の網を入れて打ちます。

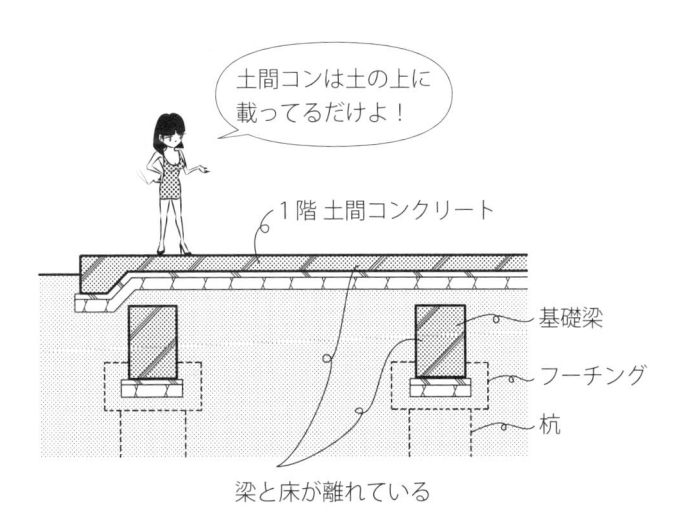

> 土間コンは土の上に載ってるだけよ！

- 1階 土間コンクリート
- 基礎梁
- フーチング
- 杭

梁と床が離れている

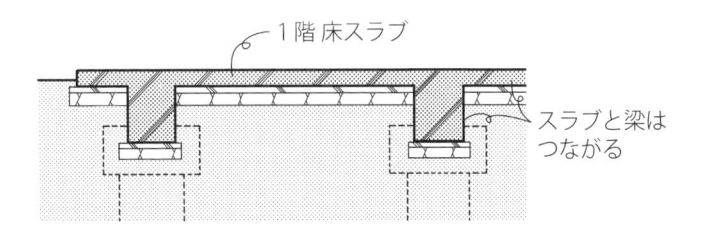

- 1階 床スラブ
- スラブと梁はつながる

- 土間コンクリートを打つ場合も、割栗石を敷いて捨てコンを打ちます。捨てコンを打たないで、割栗石の上に直接打つ場合もあります。

★ R134　　防湿

Q 床下の防湿性を高めるにはどうする？

A 防湿シート（防湿フィルム）を割栗石の上に敷いてから捨てコンを打つ、二重スラブにするなどします。

ポリエチレンなどの 0.1mm 厚程度のフィルムを敷くことで、防湿性を上げることができます。断熱性を上げるために、捨てコンの上に 30mm 厚程度の発泡ポリスチレンフォーム（スタイロフォーム）を敷いてから床スラブを打つことがあります。

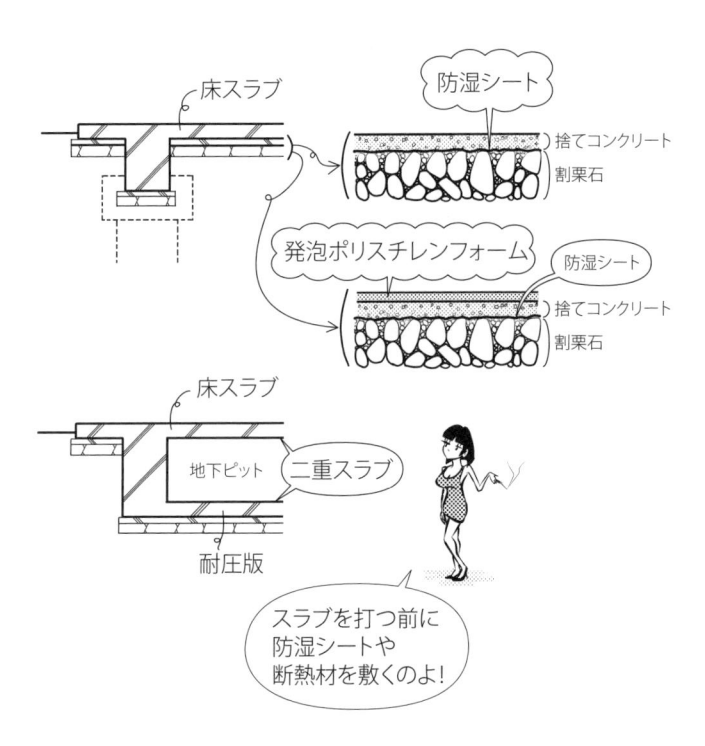

（図：床スラブ／防湿シート／捨てコンクリート／割栗石／発泡ポリスチレンフォーム／地下ピット／二重スラブ／耐圧版）

スラブを打つ前に防湿シートや断熱材を敷くのよ！

- 耐圧版の上に床スラブをつくって二重スラブにすると、さらに防湿性が上がります。二重スラブの間は地下ピットといって、設備配管などに使われます。

★ R135 杭頭の受け方

Q 杭頭をフーチングで受けるのは？

A 杭頭を受けるには柱梁交差部が狭いからです。

下図は鉄骨柱を柱形で受けている図ですが、柱梁交差部は狭く、杭を受けるにはフーチングが必要となります。杭頭には鉄筋も出てくるので、それを定着させるためにもフーチングが必要となります。

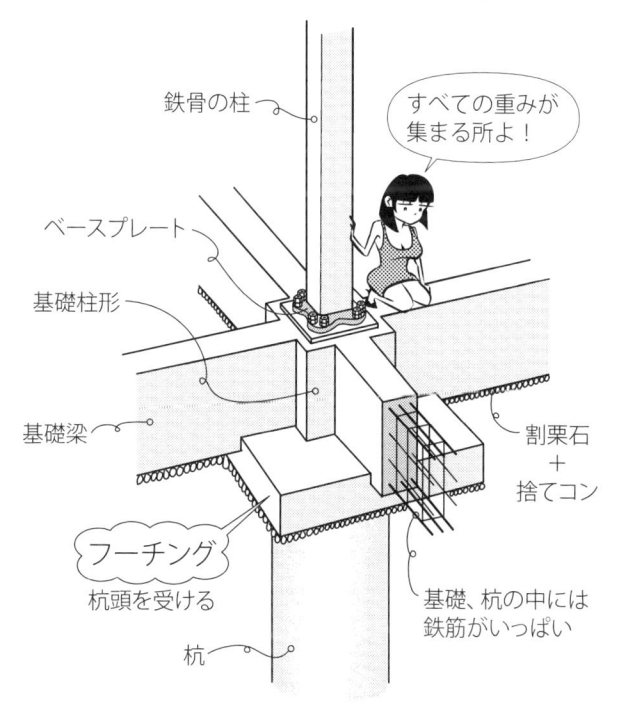

すべての重みが集まる所よ！

- 鉄骨の柱
- ベースプレート
- 基礎柱形
- 基礎梁
- **フーチング** 杭頭を受ける
- 杭
- 割栗石 + 捨てコン
- 基礎、杭の中には鉄筋がいっぱい

- フーチングはfootingの日本語読みです。foot＝足と同様に、地面に接する部分が広がっています。杭なしでフーチングだけで支えることもありますが、場所打ちの大きな杭をフーチングで受けたり、既製杭をひとつのフーチングで複数受けることもあります。
- 建物の重みは、柱→基礎柱形→フーチング→杭と伝わります。基礎の柱梁交差部は、建物全体の重みが土へと伝わる非常に重要な部分、工事で神経を使う部分となります。上図は鉄骨の柱をRCの基礎が受けている絵です。床スラブは省略して描いてあります。すべての重みが柱梁交差部に集まり、杭へと伝わります。この足元がしっかりとできていなければ、上をどんなに立派につくっても建物は不安定となります。

★ R136 足場 その1

Q 単管足場とは？

A 亜鉛メッキされた直径約5cmの鋼管（単管、鉄パイプ）を組み立てる足場です。

支柱を**建地**（たてじ）、横材を**布**（ぬの）と呼びます。継手は**ジョイント金具**（継手金具）、縦横のつなぎは**クランプ金具**（緊結金具）、脚部は**ベース金具**を使います。

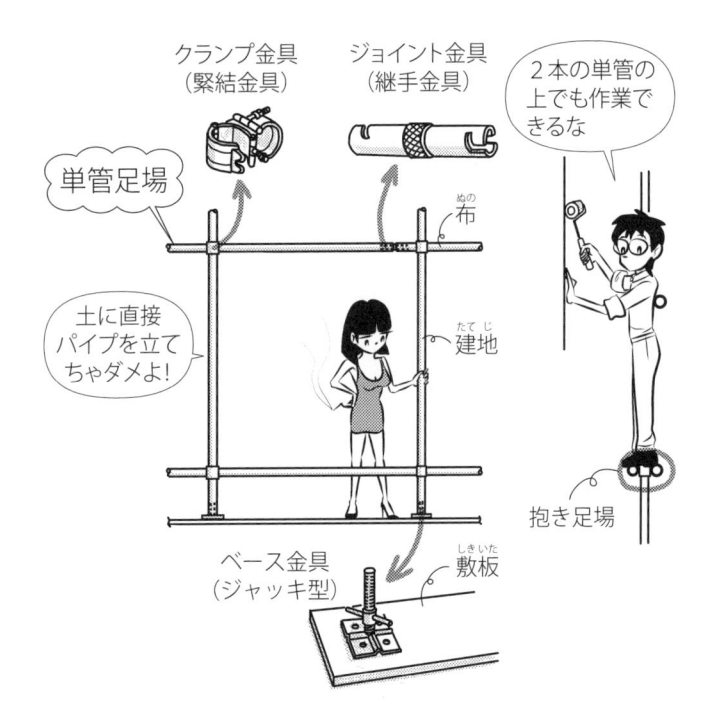

- クランプ金具（緊結金具）
- ジョイント金具（継手金具）
- 単管足場
- 布（ぬの）
- 土に直接パイプを立てちゃダメよ！
- 建地（たてじ）
- 2本の単管の上でも作業できるな
- 抱き足場
- ベース金具（ジャッキ型）
- 敷板（しきいた）

- 丸太は最近使われず、鋼管で組み立てることが多くなりました。足場の鋼管はパイプを1本ずつ組み立てるから単管と呼ばれます。土の上に直接単管を立てるとめり込んで不安定になるので、敷板を敷いた上にベース金具を置いて、そこに単管を差し込みます。
- 木造住宅の塗り替えなど敷地に余裕がなく作業床のつくれない現場では、横方向に2本の単管を付けるやり方もよく行われます。抱き足場といいます。筆者は抱き足場での仕事を何度も経験していますが、2本の単管の上でも、意外と作業はできます。

★ R137 足場 その2

Q くさび緊結式足場とは？

A 支柱に付けられたポケットに、横材に付けられたくさびをハンマーで打ち込むことにより組み立てる足場のことです。

クランプ金具を締める作業を省略できるので、組み立ての能率がよくなります。

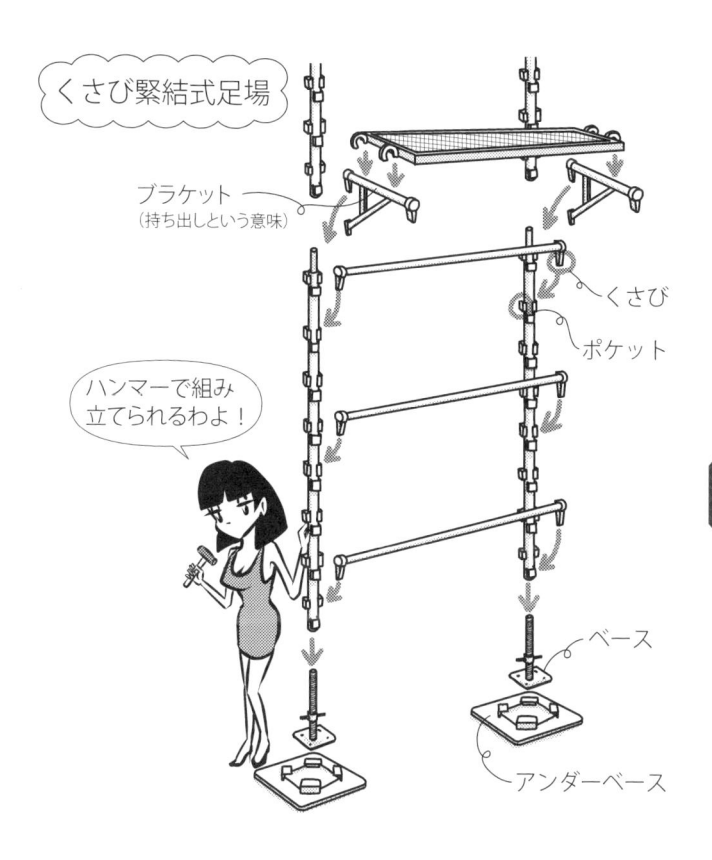

くさび緊結式足場

- ブラケット（持ち出しという意味）
- くさび
- ポケット
- ベース
- アンダーベース

「ハンマーで組み立てられるわよ！」

- 開発当初の商品名から、ピケ足場と呼ばれることがあります。ピケはpicket（ピケット）からきたもので、小さな杭が原義です。

11 仮設工事

★ R138 足場 その3

Q 一側（ひとかわ、いっそく）足場、二側（ふたかわ、にそく）足場とは？

A 1列に支柱を並べるのが一側足場、2列に支柱を並べるのが二側足場です。

敷地に余裕がないときは一側足場、敷地に余裕があって大型の建物のときは二側足場とします。一側足場は2本の単管を抱き合わせた**抱き足場**として、それを作業床の代わりとします。二側足場は、本格的な、あるいは本当の足場という意味で、**本足場**と呼ばれることもあります。

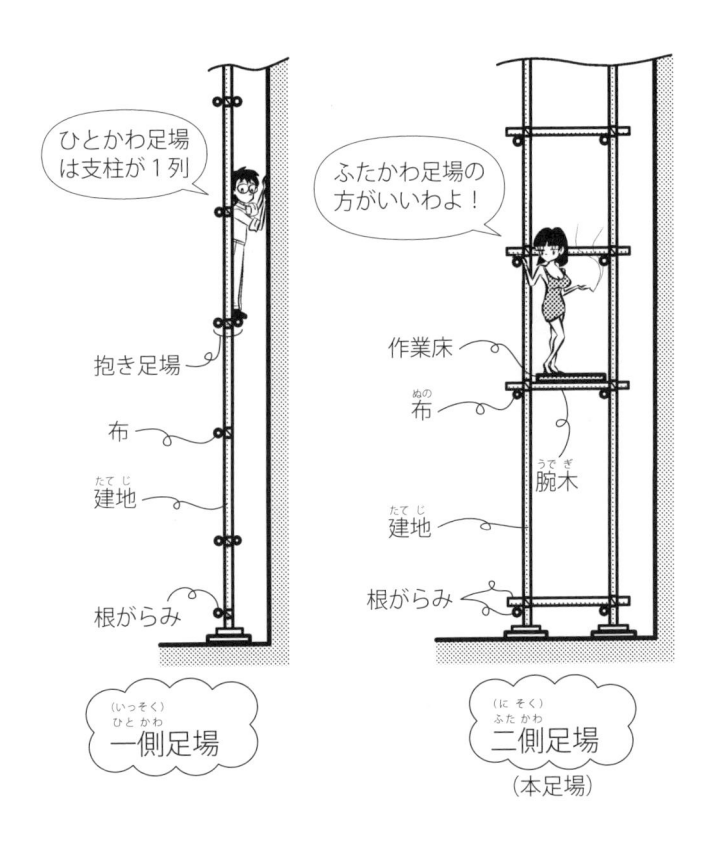

「ひとかわ足場は支柱が1列」

抱き足場
布
建地（たてじ）
根がらみ

一側足場（いっそく／ひとかわ）

「ふたかわ足場の方がいいわよ！」

作業床
布（ぬの）
腕木（うでぎ）
建地（たてじ）
根がらみ

二側足場（にそく／ふたかわ）
（本足場）

- 支柱を建地（たてじ）、桁行方向の横材を布（ぬの）、梁間方向の横材を腕木といいます。

★ **R139**　　　　　　　　　　　　　　　足場　その4

Q 枠組足場とは?

A 下図のような、鋼管でつくられた建枠と布枠を組み立てる足場です。

組み立て、解体が簡単で強度もあるので、広く使われています。工場で規格・大量生産されるので、製品の品質も安定しています。

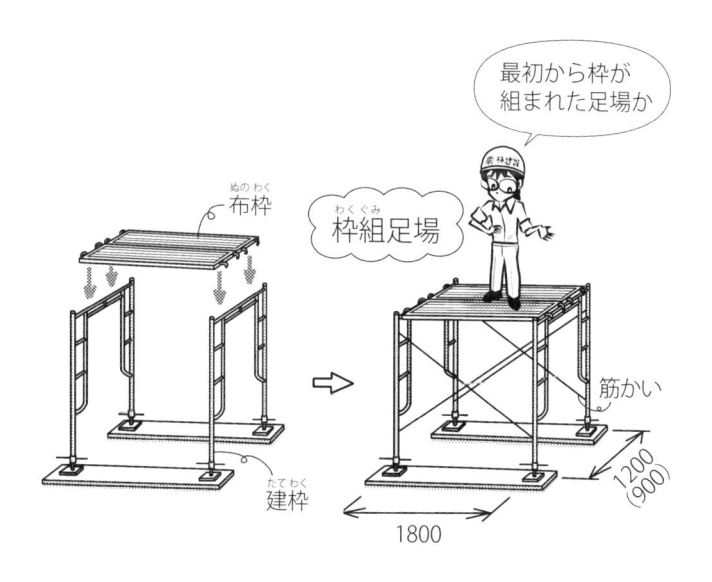

- 建枠には、1200mm幅と900mm幅があります。建枠を1.8m間隔に並べ、筋かいで垂直に建て、水平の布枠を建枠に架け渡して組み立てます。

★ R140　壁つなぎ

Q 足場の壁つなぎとは？

A 足場が倒れたり揺れたりしないように、建物の壁などに足場を金具でつなぐこと、またはその金具のことです。

足場は建物く体につながないと、強風や地震で倒れることがあります。RC造のベランダの腰壁に留めたり、壁に穴をあけて留めたり、S造の梁に金具を溶接してそれにボルトで留めたりします。単管足場で水平5.5m以下、垂直5m以下、枠組足場で水平8m以下、垂直9m以下の所に入れなければなりません。

[スーパー記憶術]

午後の紅茶の缶
5.5m　5m　単管

わ　く組足場
8m　9m

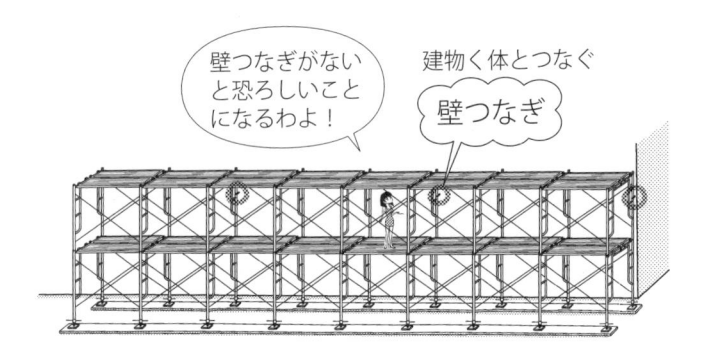

- 壁つなぎのほとんど入れられていない足場で、小規模な塗装作業をしたことがあります。塗装する場合は、塗料が近隣に飛ばないように、足場の外側にメッシュシートを付けます。そのメッシュシートが風を受けて、足場が動いて怖い思いをしたことがあります。あわててロープや金物などで壁とつなぎましたが、壁つなぎがないとどういうことになるかを、体で覚えた出来事でした。同じ時期に大型の足場が倒壊して子供が死亡する事故がニュースで流れていて、やはり壁つなぎは非常に重要なのだと肝に銘じた次第です。

★ R141　ローリングタワー

Q ローリングタワーとは？

A 下図のような支柱下部にキャスターの付いた移動式組み立て足場のことです。

建物全体に足場を付けると、コストがかかってしまうので、ある程度敷地に余裕があって地面も平らに近い場合は、ローリングタワーが便利です。キャスターにはロックが付いていて、足場に上る際には、必ずロックをします。

ローリングタワー

動くから便利よ

足場のコストも下げられるな

キャスター　ジャッキ　ロック

- ローリングのロール（roll）には、転がすという意味があり、転がして移動できるタワーです。筆者も上図程度の大きさのものを使ったことがありますが、大きなキャスターが付いているので、ひとりでも移動させることができました。その際、敷地に余裕がない部分は単管足場、余裕のある部分はローリングタワーと使い分けて、足場コストを抑えることができました。

★ R142　RC造をつくる手順

Q RC造をつくる大まかな手順は？

A
1. 型枠をつくる
2. 鉄筋を型枠の中に入れる
3. コンクリートを型枠に流し込む
4. 固まるまで待つ
5. 型枠をはずす

型となる枠をつくってその中に鉄筋を組み立て、固まる前の生コン（**フレッシュコンクリート**）を流し込んで、固まるのを待ちます。そして型枠をはずす（脱型する）とでき上がりです。実際の工事では、型枠と鉄筋の工事は並行して進められます。生コンは1日で上を歩けるくらいには固まりますが、所定の強度が出るには4週（28日）かかります。

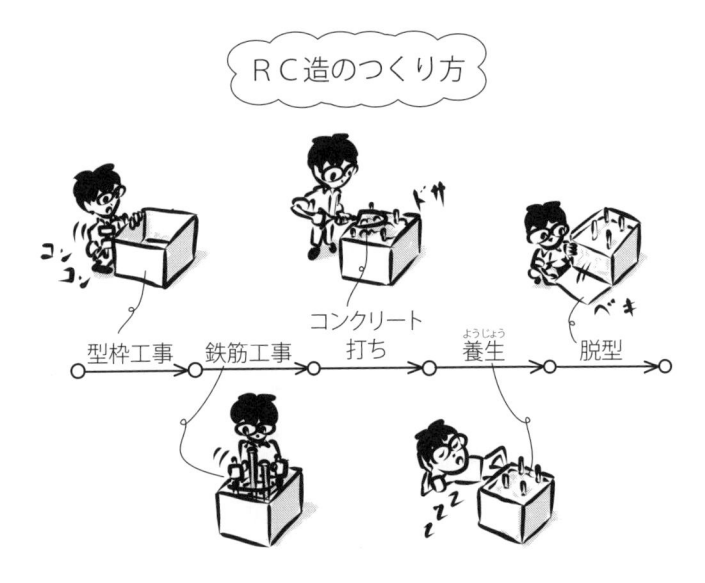

RC造のつくり方

型枠工事 → 鉄筋工事 → コンクリート打ち → 養生（ようじょう） → 脱型

- RCとはReinforced Concreteの略で、補強されたコンクリートが直訳です。コンクリートは圧縮には強いけど引張りには弱いので、鉄筋という鉄の棒で引張り方向を補強したものです。

★ R143 割り付け

Q く体図（躯体図）、型枠パネル割り図とは？

A コンクリートく体のみを取り出して、詳細な寸法を書き込んだ図がく体図、型枠パネルの割り付けを描いた図が型枠パネル割り図です。

コンクリートでできた固い部分をく体といいます。構造体でなくとも、コンクリートの部分は一般にく体と呼ばれます。正確なく体図を起こすことで、工事のトラブルが減り、精度が上がります。く体図をもとに、パネル割り図も起こします。

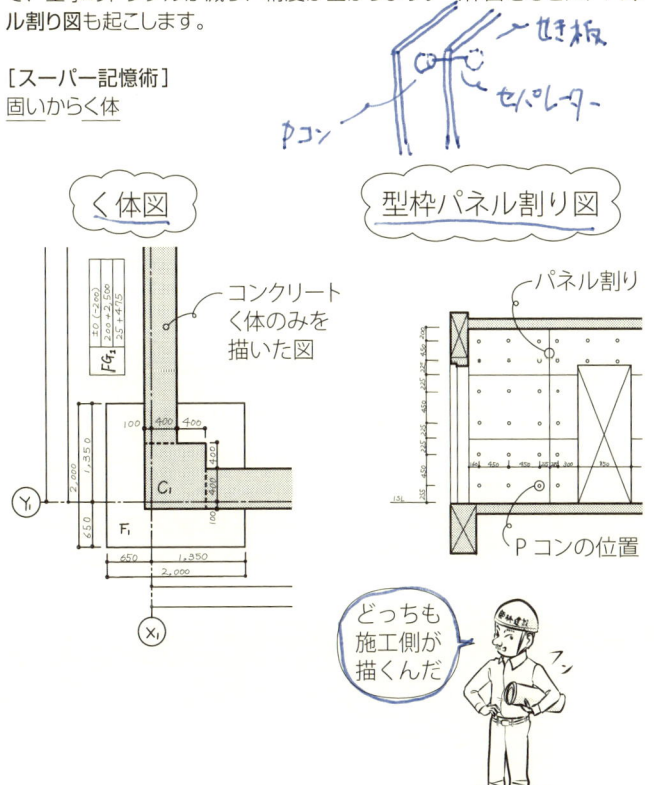

[スーパー記憶術]
<u>固</u>いから<u>く</u>体

― せき板
― セパレーター
Pコン

く体図
コンクリートく体のみを描いた図

型枠パネル割り図
パネル割り
Pコンの位置

どっちも施工側が描くんだ

- 施工者側が、設計者の意匠図、構造図、設備図を見ながらく体だけの図を起こします。スイッチボックス、設備スリーブ（配管類を通す孔）なども記入します。特にコンクリート打ち放しの場合、せき板やPコンの跡が表面に残ります。パネル割りをきちんとしておかないと、見た目が悪くなります。

12 型枠工事

★ R144 　　　　　　　　　　　　　　　　　型枠支保工　その1

Q 型枠支保工（しほこう）とは？

A コンクリートをせき止める型枠が崩れないように支える支柱、角材、単管などのことです。

コンクリートは水の約2.3倍の重さがあり、ポンプで圧送する場合はその圧力も加わり、型枠には大きな力がかかります。型枠をしっかりと支えて保持するのが**型枠支保工**です。型枠に使う板は、コンクリートをせき止める板という意味で、**せき板**（せきいた）といいます。

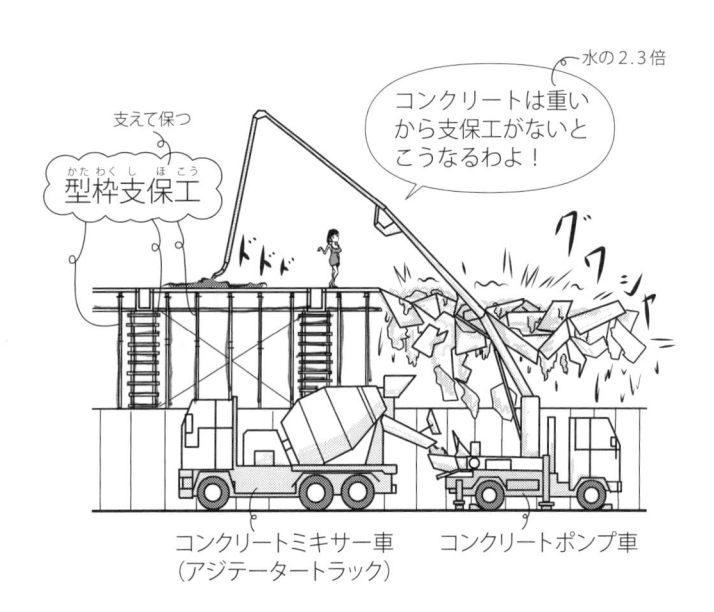

（図：型枠支保工／コンクリートミキサー車（アジテータートラック）／コンクリートポンプ車／「コンクリートは重いから支保工がないとこうなるわよ！」／水の2.3倍／支えて保つ）

- 水の2.3倍の重さのものが流れ出てくるので、「土石流のようなもの」と思っておくと、間違いがありません。
- ミキサー（mixer）のミックス（mix）は混合するという意味、アジテーター（agitator）のアジテート（agitate）はかき混ぜるという意味です。

152

★ R145 型枠支保工 その2

Q 型枠の側面にかかる生コンの圧力はどのようになる？

A 打ち込み初期は水と同様に高さに比例して側圧が増えますが、時間とともに粘性が増してある高さから側圧は一定となり、さらに硬化が進んで側圧は減少します。

生コンは粘性があるので、水圧のようには簡単に計算できません。時間とともに硬化して固体へと変化していき、側圧も減っていきます。ポンプの打ち込み速さ、気温、コンクリートの流動性も圧力に影響します。

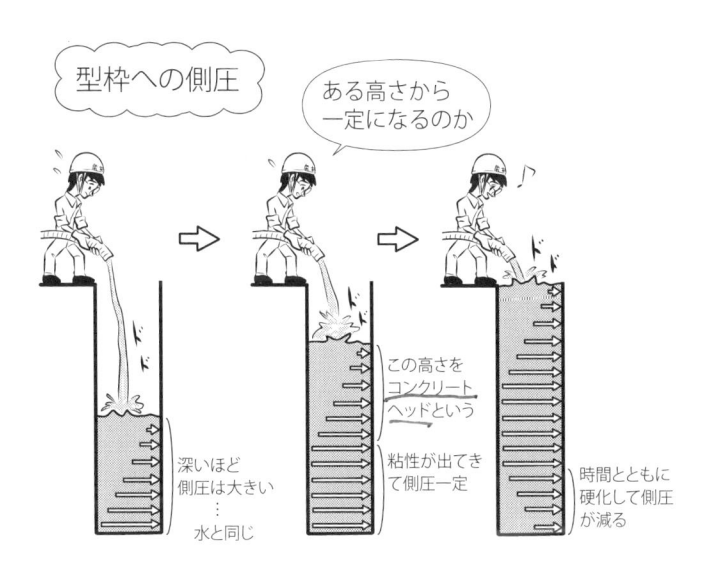

型枠への側圧

ある高さから一定になるのか

深いほど側圧は大きい…水と同じ

この高さをコンクリートヘッドという

粘性が出てきて側圧一定

時間とともに硬化して側圧が減る

- 日本建築学会の「鉄筋コンクリート工事標準仕様書」(JASS 5) では、柱壁の別、打ち込み速さ別、高さ別に側圧の計算式が定められています。
- 側圧が一定となる高さを、コンクリートヘッドといいます。流体工学では、圧力の単位を水の高さで表し、水頭、ヘッドと呼ぶことがあります。水の頭（高さ）がどれくらい上がっているかで測る単位です。

★ R146　型枠支保工　その3

Q セパレータとは？

A せき板どうしの間隔を保つために使う金具です。

separateは離すという意味で、セパレータはせき板の間隔を確保するための金具です。セパレータとPコン（プラスチック製の円錐）をせき板の間に挟み、外側からフォームタイ（緊結材）をねじ込んで、単管2本に引っ掛けて留めます。<u>型枠解体後、Pコンを取りはずして防水モルタルを詰めます。</u>

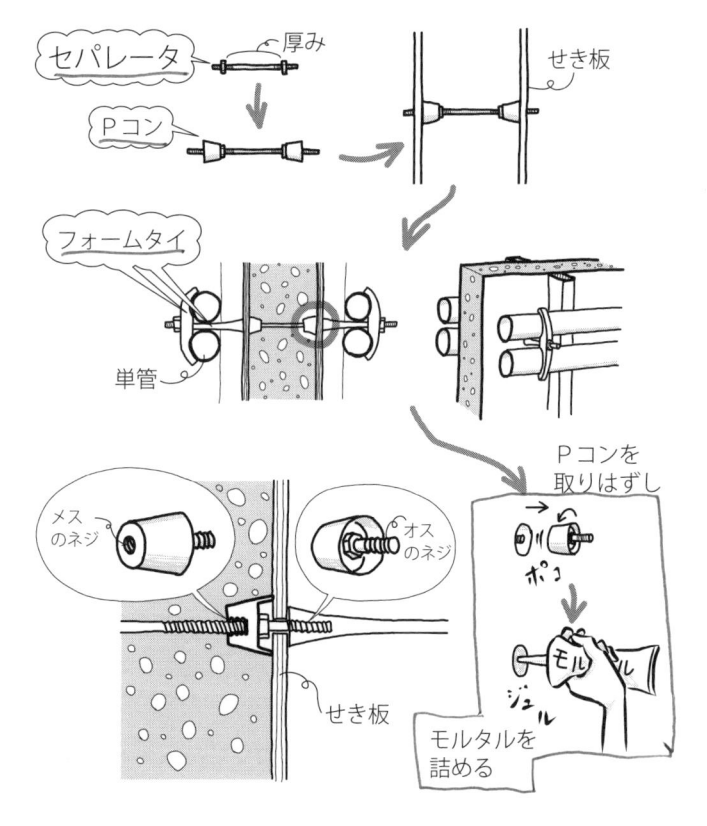

- セパレータは、コンクリートの中に埋め込まれます。
- タイルなどの仕上げをする場合、Pコンを使わずに直接フォームタイに接続するセパレータもあります。脱型後に、コンクリートの外に出たネジは切断します。

★ R147　型枠支保工　その4

Q 端太（ばた）とは？

A せき板を押さえる木材、鋼管（鉄パイプ、単管）、形鋼などです。

端太材ともいいます。太い木の角材は**端太角**（ばたかく）、細い角材は**桟木**（さんぎ）とも呼ばれます。せき板と端太をセパレータ＋Pコン＋フォームタイという金具でしっかりと留めて型枠をつくります。

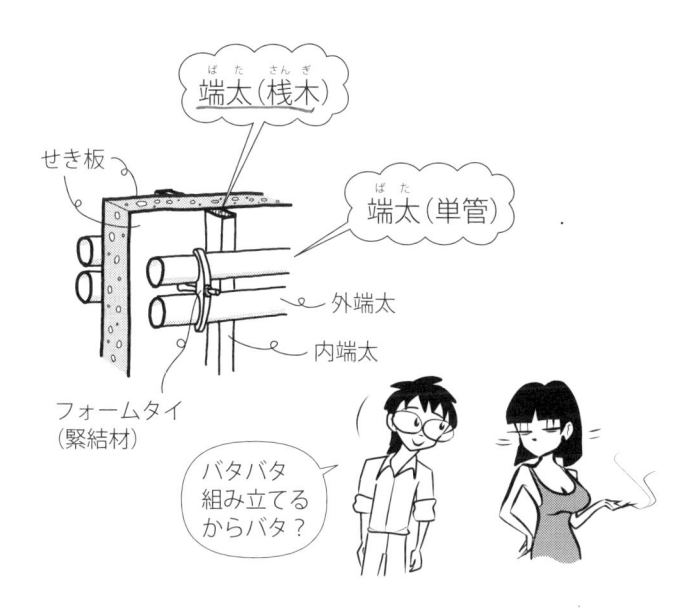

図中ラベル：
- 端太（桟木）
- 端太（単管）
- せき板
- 外端太
- 内端太
- フォームタイ（緊結材）

（バタバタ組み立てるからバタ？）

- 小さな角材、当て木を英語でbattenといいますが、端太はそれの当て字からきたものと思われます。
- 足場に使う単管は、端太としても使われます。
- 端太には内側の内端太と外側の外端太があり、相互に直交させて丈夫にします。

★ R148 せき板の種類 その1

Q せき板には何を使う？

A 合板が一般的ですが、鋼製やアルミ製もあります。

12mm厚のラワン合板がよく使われ、**コンパネ（コンクリートパネル）**と呼ばれています。厚みは9mm、15mm、18mm、21mm、24mm、28mmなど多数あります。大きさはサブロク板（3尺×6尺）910mm×1820mmが多く、そのほかに1200mm×2400mm、1200mm×3000mmなどがあります。

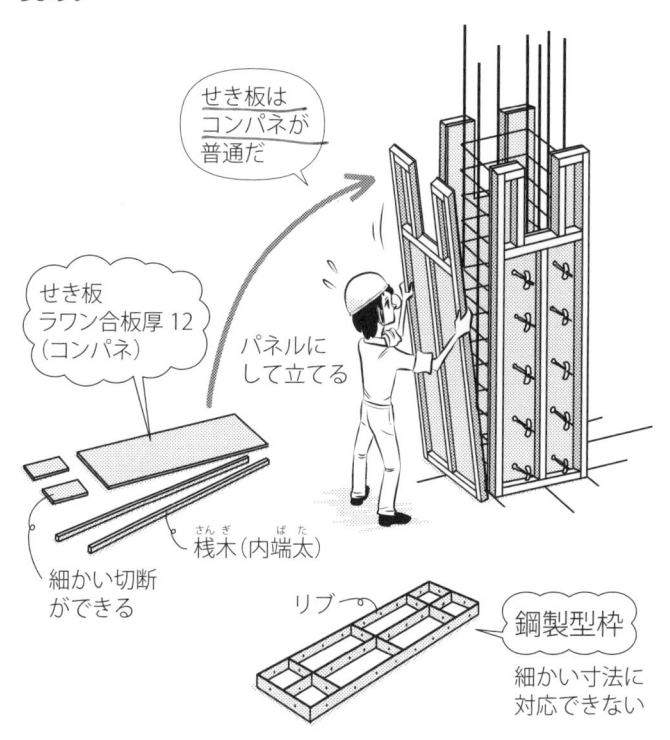

（図：せき板はコンパネが普通だ／せき板 ラワン合板厚12（コンパネ）／パネルにして立てる／桟木（内端太）／細かい切断ができる／リブ／鋼製型枠／細かい寸法に対応できない）

- 鋼製やアルミ製の場合、使い回しができて省資源ですが、リブ（補強材）が付けられた既製品となるので、寸法に自由が効かないのが欠点です。
- コンパネは床の下地材としても使われ、12mm厚の場合は303mm間隔に根太を入れます。24mm厚、28mm厚では、根太を省略して900mm間隔で梁や大引に直接打ち付ける根太レス構法に使われます。1尺は303mmで3尺は909mmですが、合板の場合は910mmと数字の切りをよくして販売されています。JAS（日本農林規格）でコンクリート型枠用合板と規定されています。

★ R149　せき板の種類　その2

Q 板の目を出すような打ち放し仕上げはできる？

A 杉板本実型枠（すぎいたほんざねかたわく）などを使ってコンクリートを打ち放すとできます。

コンクリート打ち放しは、コンクリートを打って型枠を放しただけの仕上げで、20世紀初頭のフランスで本格的に使われるようになりました。コンクリート表面を平滑に仕上げるため、黄色い光沢のある表面をしたウレタン塗装コンパネを使います。木目や板の継目を出すために、わざと細い杉板を実（さね）で継いだ型枠を使うこともあります。

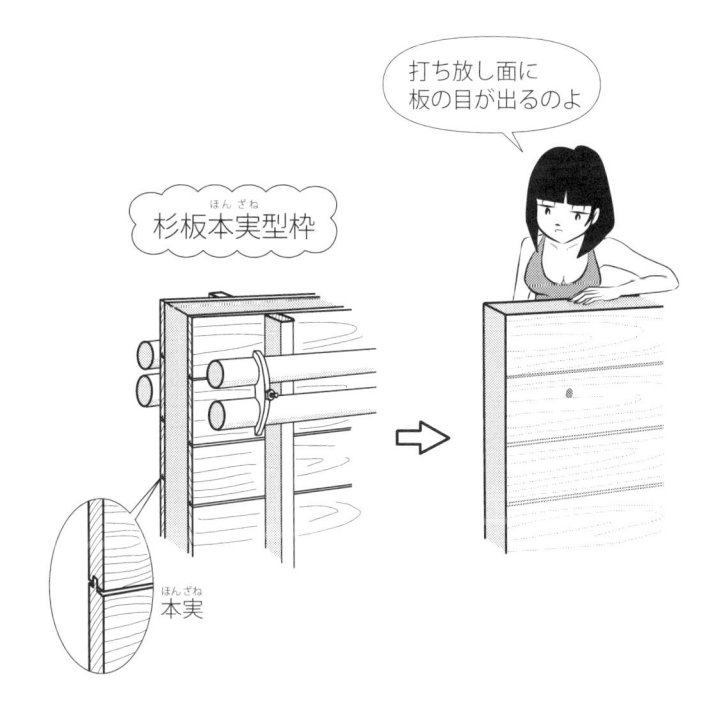

打ち放し面に板の目が出るのよ

杉板本実型枠

本実

- コンパネが普及する前は、杉板を型枠にするのは普通に行われていましたが、今では特殊な型枠になっています。
- 実（さね）とは板の小口（断面）を凹凸に加工して差し込んで継ぐ部分で、昔のフローリングは1枚1枚板を実で継いでつくりました。今のフローリングは455mm幅程度に実のある板がほとんどです。本実と本を付けるのは、別の木で継ぎの部分をつくる雇い実（やといざね）に対してです。

★ R150　　コラムクランプ

Q コラムクランプとは？

A 独立柱の型枠を緊結する下図のような金具です。

コラム（column）とは柱（特に円柱）、クランプ（clamp）とは締め付ける金具が原義です。独立柱の型枠を単管でつくろうとすると、グルッと四周を囲わなければなりません。コラムクランプを使えば、作業効率がよくなります。

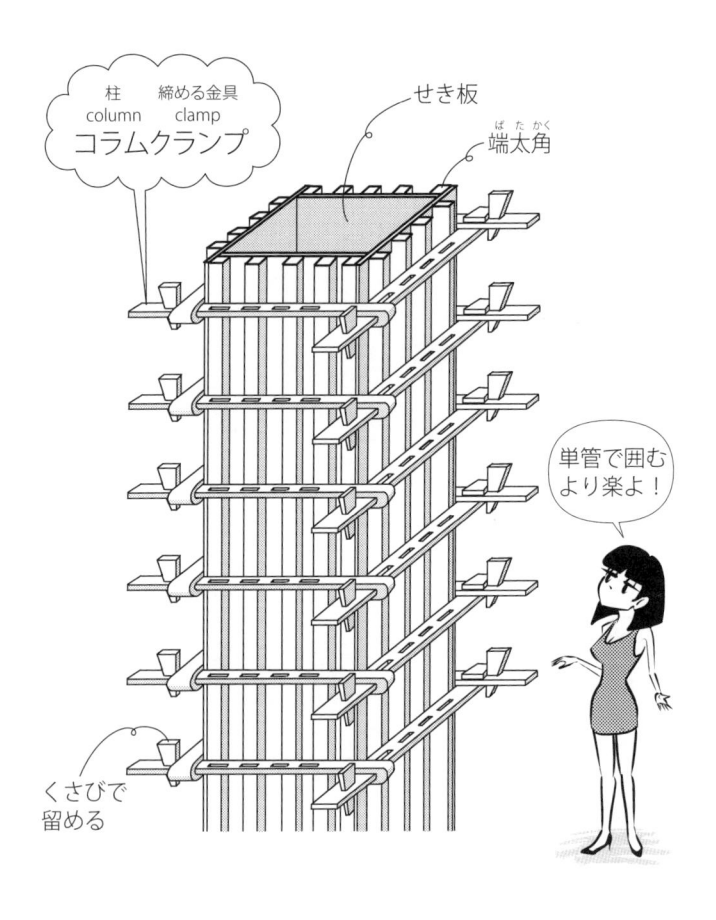

- 柱 column　締める金具 clamp
- コラムクランプ
- せき板
- 端太角（ばたかく）
- 単管で囲むより楽よ！
- くさびで留める

★ R151 パイプサポート その1

Q パイプサポートとは？

A 下図のような鋼管（鉄パイプ）製の支柱です。

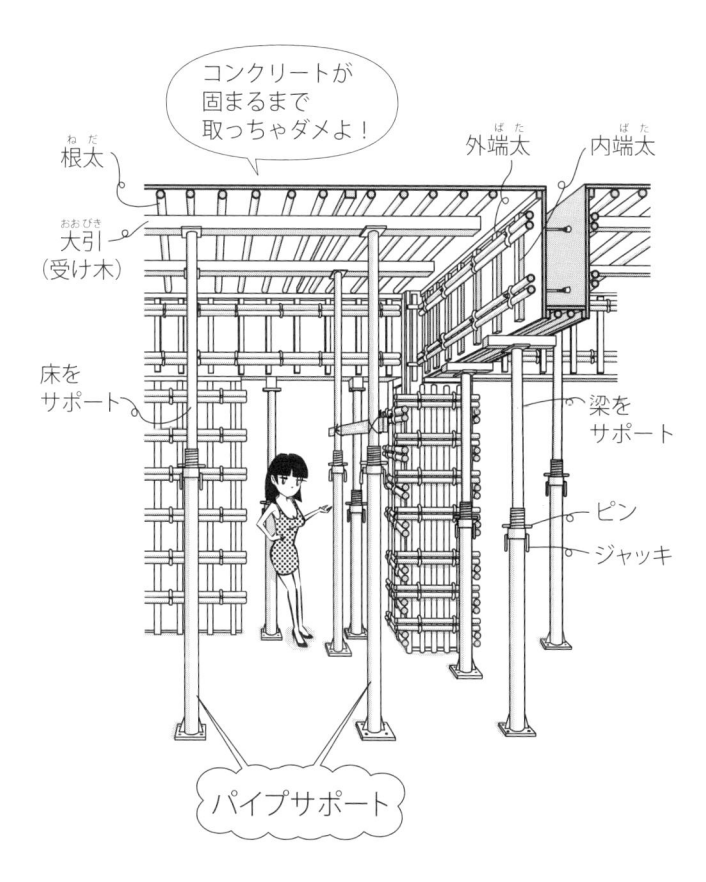

🔲 途中にジャッキとピンが付いていて、高さの調節が可能です。梁下、スラブ（床版）下を支えます。

- コンクリートが固まるまで取っちゃダメよ！
- 根太（ねだ）
- 大引（おおびき）（受け木）
- 外端太（そとばた）
- 内端太（うちばた）
- 床をサポート
- 梁をサポート
- ピン
- ジャッキ
- パイプサポート

- 梁下、スラブ下の支保工は、圧縮強度が一定以上確認されるまでは、取りはずすことができません。支保工をそのまま置いておく期間は、存置（そんち）期間といいます。強度が出ていないうちに梁下を取りはずすのは危険です。
- 階高が高い場合は、枠組足場を利用することもあります。

★ R152 パイプサポート その2

Q パイプサポートが倒れるのを防ぐには？

A 鋼管、角材などで筋かい、水平のつなぎ、根がらみなどを付けます。

筋かいは斜めに材を入れて三角形をつくって倒れにくくするもの、水平のつなぎ材は水平に支柱どうしをつないで動かないようにするものです。根がらみは、木造の床束に付ける根がらみ貫（ぬき）と同様に、支柱の根元が動かないように固定するものです。

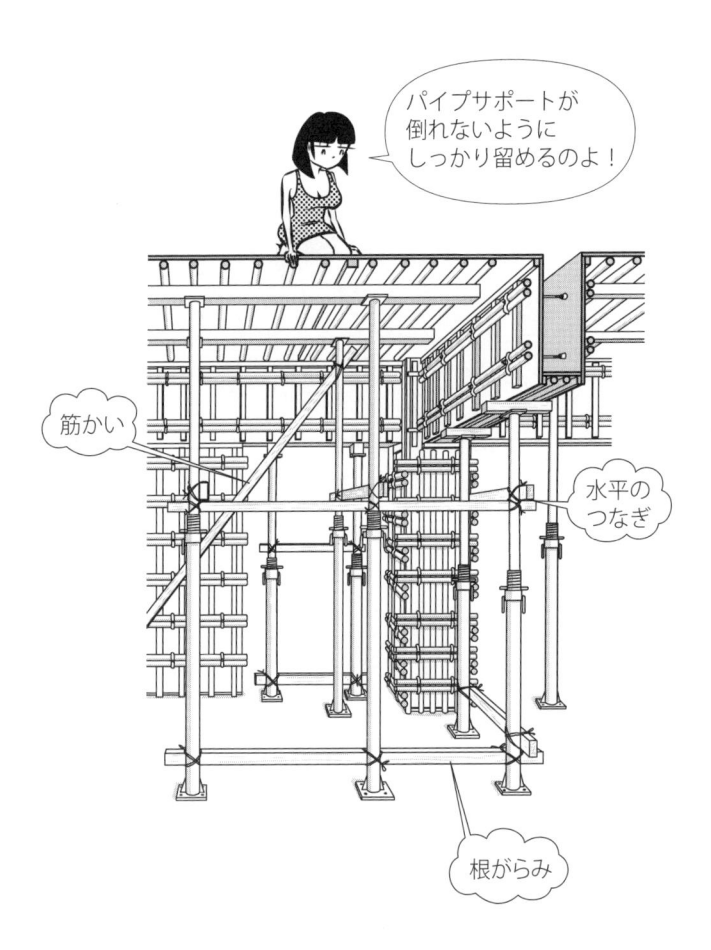

パイプサポートが倒れないようにしっかり留めるのよ！

筋かい

水平のつなぎ

根がらみ

★ R153 組み立て その1

Q 基礎梁やフーチングの型枠はどうする?

A 下面は捨てコンクリートが打ってあるので、側面だけ建てます。

📦 片側の型枠を建て、鉄筋を組み立て、長いセパレータでもう片方の型枠と緊結します。まわりに土や山留め壁がある場合は、角材などを間に入れて型枠を支えることができます。

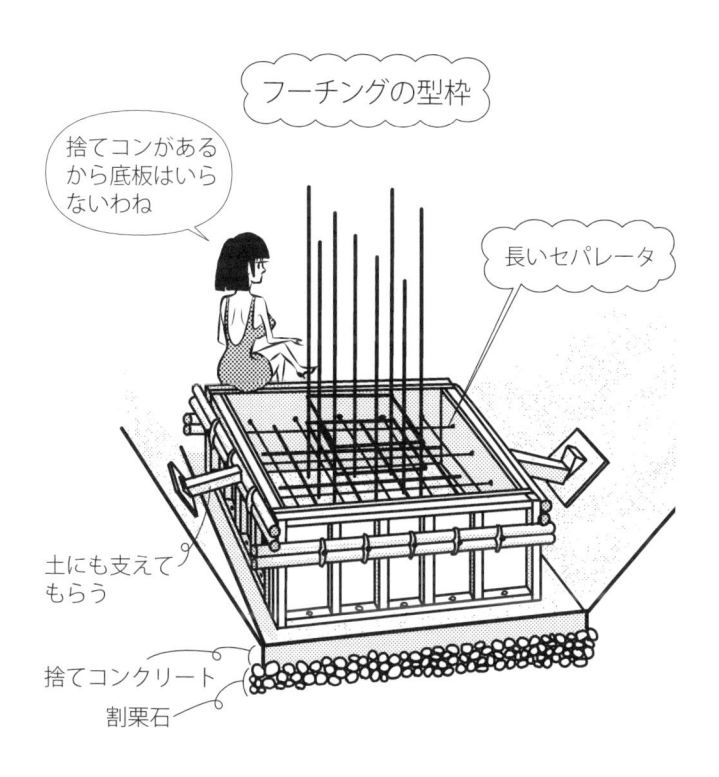

フーチングの型枠

- 捨てコンがあるから底板はいらないわね
- 長いセパレータ
- 土にも支えてもらう
- 捨てコンクリート
- 割栗石

- 型枠は山留め壁と連結させることはありますが、足場や遣り方などの仮設物と連結させてはいけません。仮設物は簡単に動いてしまうからです。
- R134の下図のように耐圧版がある場合、耐圧版を先に打ち、固まってから梁と上の床スラブを打ち継いで、二重のスラブをつくります。

★ R154　組み立て　その2

Q 柱の鉄筋と型枠を組み立てる順序は？

A 鉄筋→型枠の建て込み、となります。

柱の鉄筋は主筋（縦の太い鉄筋）が柱の四辺にあるので、型枠をつくる前に鉄筋だけで柱の形を組み立てられます。鉄筋を組み立てた後に、床に引いた柱の墨に沿ってモルタルを少し盛っておき、それに当てるようにパネルを立てます。**根巻きモルタル**といいます。

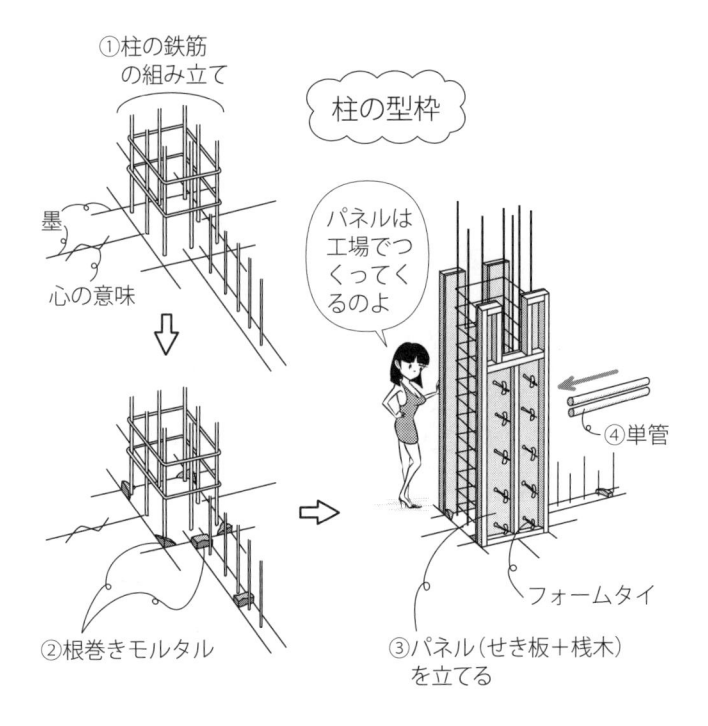

①柱の鉄筋の組み立て
墨
心の意味

②根巻きモルタル

③パネル（せき板＋桟木）を立てる

柱の型枠

パネルは工場でつくってくるのよ

④単管
フォームタイ

- 現場でせき板を切断して組み立てるのは大変なので、せき板に桟木（内端太）を留めたパネルを工場でつくって現場に持ち込みます。現場ではパネルの組み立て、外端太との緊結の作業とします。内端太は主に垂直に、外端太は主に水平にして、両方の端太が縦横になるようにします。
- 柱の型枠の下部には、コンクリートを打つ前にほこりなどを掃除する掃除口を付けておくことがあります。
- 鉄骨柱の根元にコンクリートを巻いて、鉄骨柱が倒れにくくするのも根巻きといいます。

★ **R155** 組み立て その3

Q 柱の角を面取りするのは？

A 角が直角だと、生コンがうまく回らずに砂利が表面に出たデコボコ（ジャンカといいます）ができたりするからです。またコンクリートが欠けたり、人が当たって怪我をしたりしないようにするためです。

型枠に**面木**（めんぎ）を入れて、柱や壁の角に面をとるようにします。木でつくるほかに、合成樹脂製の既製品もあります。

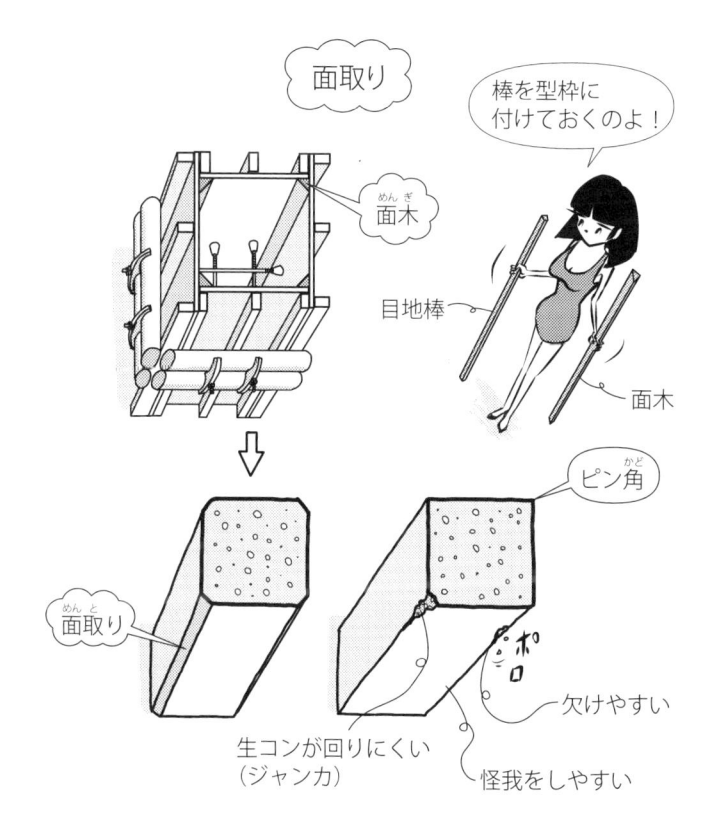

面取り

棒を型枠に付けておくのよ！

面木
目地棒
面木

ピン角
面取り
生コンが回りにくい（ジャンカ）
欠けやすい
怪我をしやすい

- 角を45度にカットしたり丸くしたりすることを、面をとるといい、その45度や円弧の部分を面といいます。木造の柱やカウンター天板（てんばん、てんいた）の端部などでも使われる用語です。
- 面をつくる棒は面木、目地をつくる棒は目地棒といいます。

★ R156　　　　　　　　　　　　　　　　組み立て その4

Q 柱、梁の型枠の組み立て順序は？

A 柱の型枠→梁の型枠、となります。

柱の鉄筋を組み立てて、柱の型枠をつくります。そして梁の型枠を、柱の型枠に架け渡して留めます。

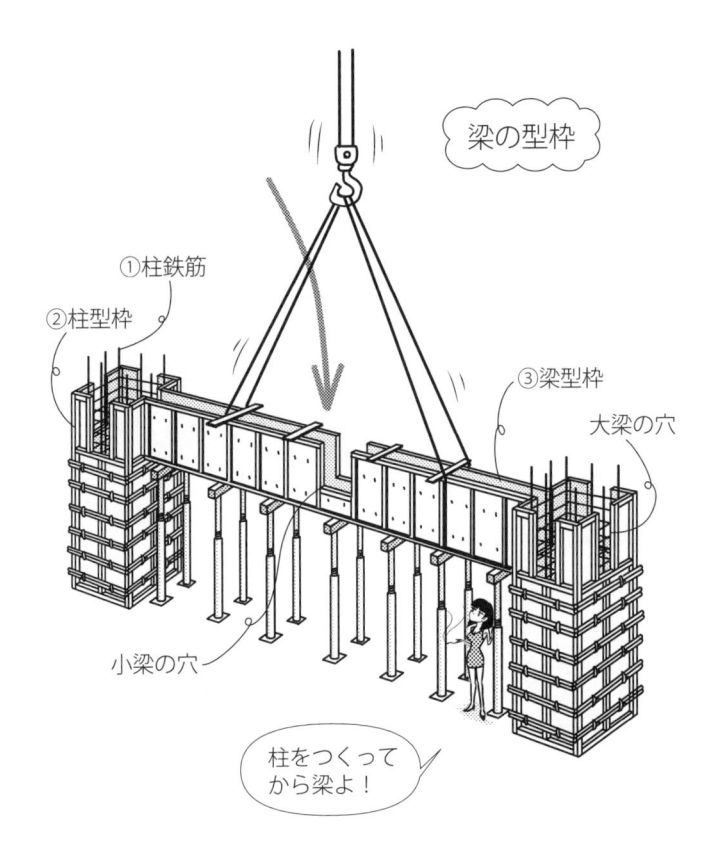

- 梁の型枠
- ①柱鉄筋
- ②柱型枠
- ③梁型枠
- 大梁の穴
- 小梁の穴

柱をつくってから梁よ！

- 外壁で柱が壁の内側に入る場合、外壁の面と柱の面が一緒です。その場合は外壁の内側の型枠からつくります。そして柱と壁の鉄筋を組み立てて、次に外壁の外側の型枠をつくります。

★ R157 組み立て その5

Q 柱、梁、スラブ型枠の組み立ての順序は？

A 柱型枠→梁型枠→スラブ型枠、となります。

柱鉄筋と型枠の次に梁型枠を架け渡し、柱、梁の型枠が完了してから最後にスラブ型枠を渡します。鉄筋の組み立てもスラブが最後です。

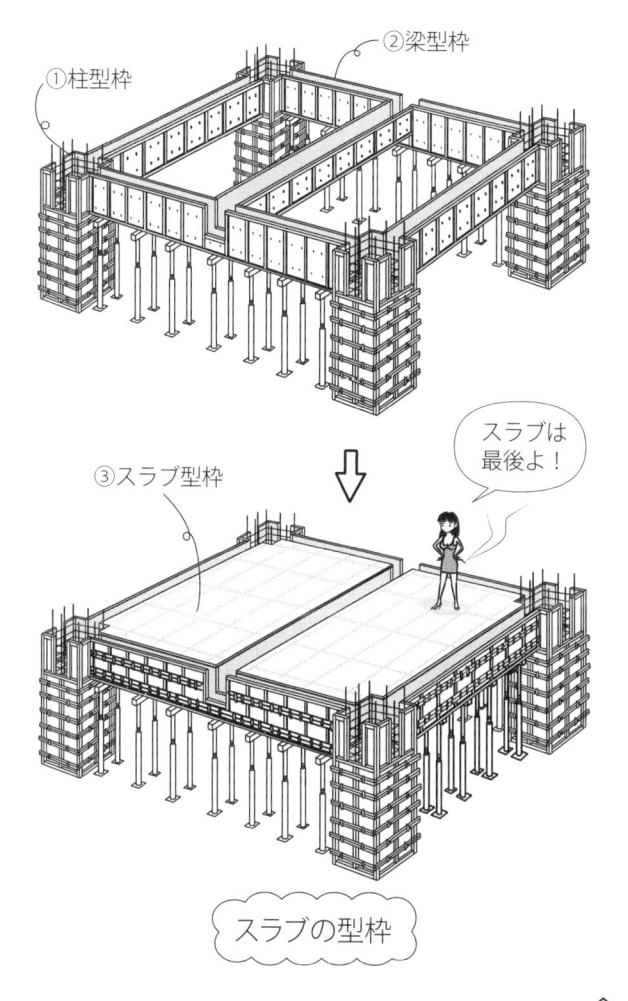

①柱型枠
②梁型枠
③スラブ型枠

スラブは最後よ！

スラブの型枠

★ **R158**　　　　　　　　　　　　　　　　　　　組み立て　その6

Q 壁の型枠はいつ組み立てる？

A 柱、梁の型枠の次に組み立てるのが一般的です。

柱と梁の型枠を定規にして、それに立てかけるように片側の壁型枠を建てます。スラブ型枠をつくり、壁鉄筋を組んだ後に、壁の反対側の型枠を建てます。

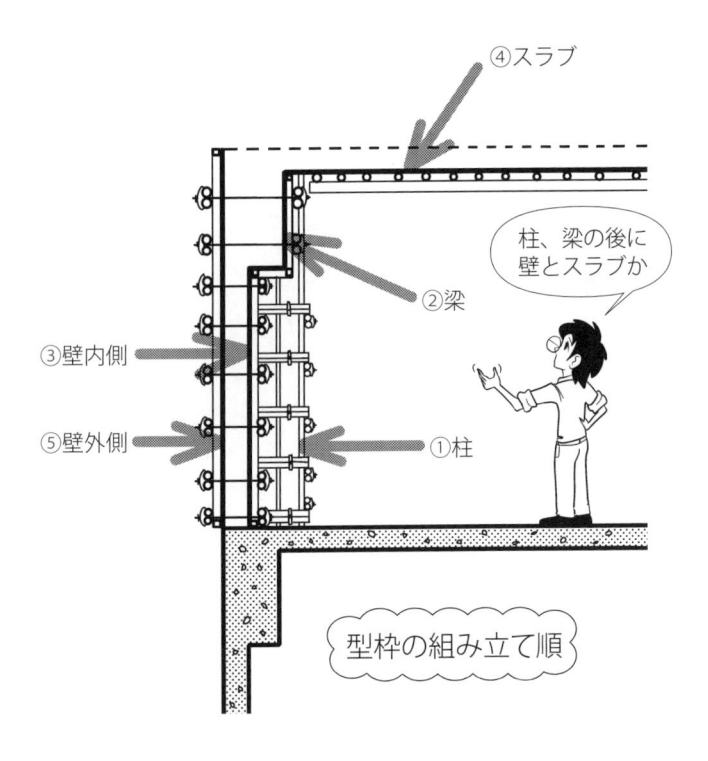

- ④スラブ
- ②梁
- ③壁内側
- ⑤壁外側
- ①柱

「柱、梁の後に壁とスラブか」

型枠の組み立て順

- 壁の型枠は柱、梁と複雑に絡むので、柱と壁を一緒に建てて、その後で梁を架けることもあります。

★ **R159** 組み立て その7

Q 壁の型枠、鉄筋を組み立てる順序は？

A 片側の型枠→セパレータ→鉄筋→反対側の型枠、となります。

セパレータ＋Pコンを片側の型枠に取り付け、鉄筋を組み立て、その後にもう片方の型枠を組み立てます。型枠に使うせき板とそれに付けられた内端太（うちばた）は、工場でつくって現場に搬入することが多いです。現場で単管などの外端太にフォームタイなどで緊結します。

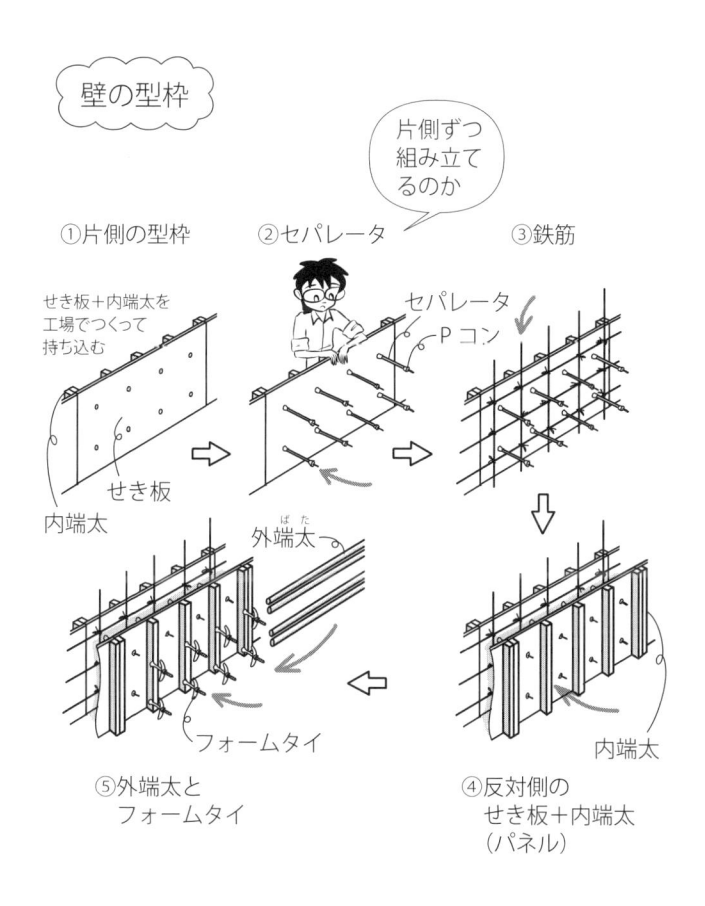

壁の型枠

片側ずつ組み立てるのか

①片側の型枠　②セパレータ　③鉄筋

せき板＋内端太を工場でつくって持ち込む

せき板
内端太

セパレータ
Pコン

⑤外端太とフォームタイ

外端太
フォームタイ

④反対側のせき板＋内端太（パネル）

内端太

★ / R160　　　　　　　　　　　　　　　組み立て　その8

Q 階段の型枠はどうやって組み立てる？

A 階段スラブ下の斜めの型枠→鉄筋→踏面（ふみづら）板、蹴込み（けこみ）板の段々の型枠、の順となります。

階段は斜めに段々の形となっているので、型枠はやっかいです。まず階段下の斜めの面をパイプサポートなどでしっかりと支え、鉄筋を組みます。床スラブのように平らではないので、このままで生コンを流すと下へと流れてしまいます。段々状の型枠をつくって、上からふたをしなければなりません。

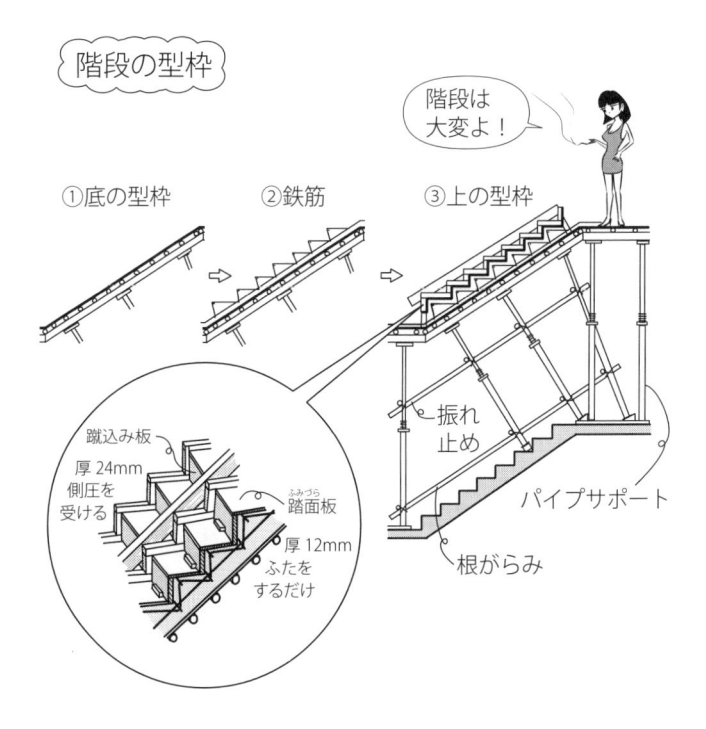

階段の型枠

①底の型枠　　②鉄筋　　③上の型枠

階段は大変よ！

蹴込み板
厚 24mm
側圧を
受ける

踏面板
厚 12mm
ふたを
するだけ

振れ止め
パイプサポート
根がらみ

- 段々の形のうち、縦になる蹴込み板の方が、生コンの側圧がかかります。蹴込み板を厚い 24mm 程度の板でしっかりとつくり、後から 12mm 厚程度の踏面板でふたをします。

★ R161 建て入れ直し

Q 型枠の建て入れ直しはどうする？
▼
A 鎖、ターンバックルなどを使って垂直、水平に直します。

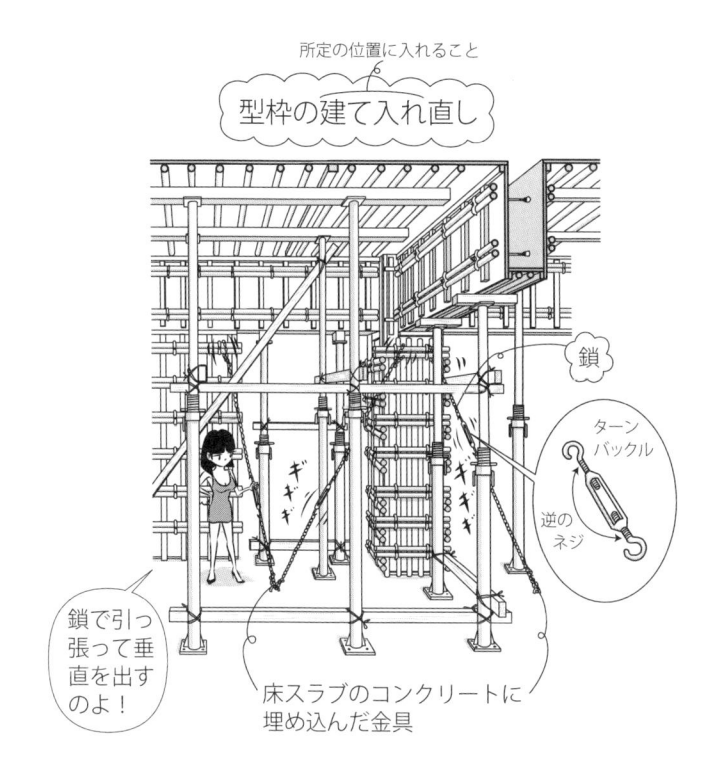

床スラブに埋め込んでおいた金具と柱上部の単管などを鎖やワイヤで結び、間にターンバックルを入れて、長さを調整しながら垂直を出します。

所定の位置に入れること

型枠の建て入れ直し

鎖

ターンバックル

逆のネジ

鎖で引っ張って垂直を出すのよ！

床スラブのコンクリートに埋め込んだ金具

- 建て入れとは、部材を所定の位置に入れることで、サッシ、柱、型枠などの部材を決められた位置に設置することです。建て入れ直しとは、建て入れた部材を微調整して垂直、水平を出すことです。木造や鉄骨造で、組み上げた柱を垂直に直すのも、建て入れ直しといいます。
- バックル（buckle）はベルトや靴などの留め金が原義で、ターンバックルとは回転させて長さを調整する金具のことです。

★ R162 コンクリート打ち込み

Q 1回のコンクリート打ちでどこまで打つ？

A 床スラブの天端（てんば）から上階の床スラブの天端まで打つのが基本です。

床スラブの上から打ち継ぎます。柱、壁の中に生コンを入れていき、最後に床スラブに打ち込みます。床から上の床まで、一体の構造体となります。1階1階打ち継いで、上へ上へとつくっていきます。

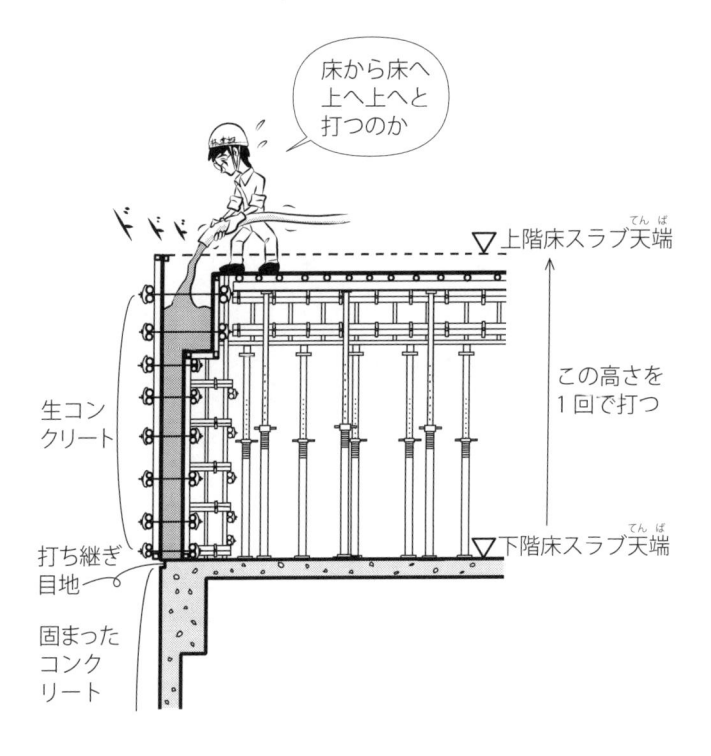

（床から床へ　上へ上へと打つのか）

▽上階床スラブ天端

この高さを1回で打つ

生コンクリート

打ち継ぎ目地

固まったコンクリート

▽下階床スラブ天端

- 水が打ち継ぎ部分から入らないように、打ち継ぎ目地をつくっておいて、シールをしておきます。
- 梁上端は床スラブ上端と一致していて、梁成（はりせい：梁の高さ）は、床スラブ上端までの高さとなります。

★ **R163** 取りはずし前後の注意 その1

Q 梁下の支柱の盛り替えは可？

A 不可です。

盛り替えとは、仮設物を取りはずして移設すること。支柱の盛り替えは、いったん支柱をはずしてせき板、端太を取り、また支柱だけ立てることをいいます。梁は荷重を受ける最も重要な水平材なので、支柱の盛り替え中にたわむ可能性があり、やってはいけません。

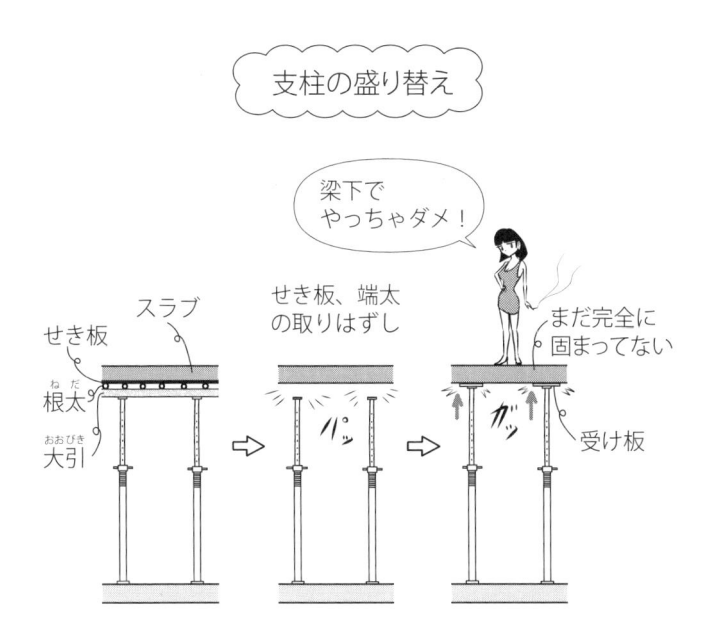

支柱の盛り替え

梁下でやっちゃダメ！

せき板／スラブ／根太／大引

せき板、端太の取りはずし

まだ完全に固まってない／受け板

- スラブ下の支柱の盛り替えは、型枠取りはずし作業を少しでも進め、次の型枠への転用をするために、ほかの部分の型枠と同時に行うことがあります。残された支柱だけの取りはずしは簡単で、時間はかかりません。盛り替えを行う場合は、国土交通省の告示やJASS（日本建築学会建築工事標準仕様書）などに存置期間や強度の基準があります。

★ R164　　取りはずし前後の注意　その2

Q 上階でパイプサポート（支柱）を立てる場合、下階のパイプサポートの位置は考える？

A パイプサポートの位置は、上下階で一致させます。

コンクリートが完全に固まる前に、パイプサポートや梁下のせき板などを残して、上階にも型枠を組みはじめます。パイプサポートの位置を一致させると、荷重が素直に下へ伝わることになります。

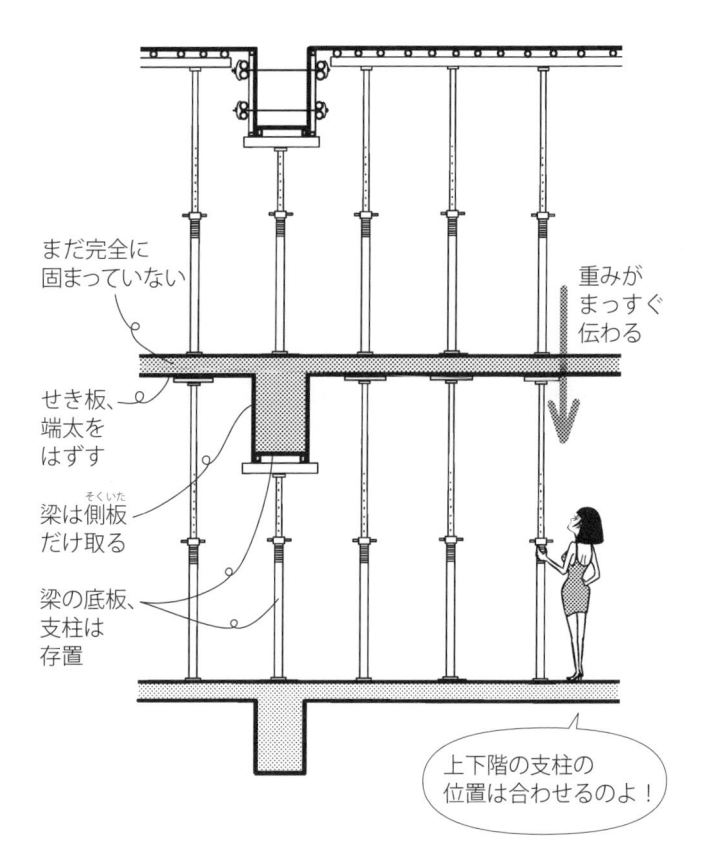

- まだ完全に固まっていない
- 重みがまっすぐ伝わる
- せき板、端太をはずす
- 梁は側板(そくいた)だけ取る
- 梁の底板、支柱は存置

上下階の支柱の位置は合わせるのよ！

- パイプサポート（支柱）は2本までは継ぎ足すことができ、接合部はボルト4本以上で留めるか、専用の継手金具を使います。

★ **R165** 取りはずし前後の注意　その3

Q 梁の型枠で、垂直のせき板（側板）と水平のせき板（底板）はどのような納まりにする？

A 垂直のせき板を先にはずせるように納めます。

水平のせき板、**底板**（そこいた、ていばん）は、パイプサポートとともに、最後まで置いておかなければなりません。底板をそのままにして垂直のせき板、**側板**（そくいた、そくばん）をはずすには、側板が横に動けるように、両者が合わさる部分の納まりを考えておく必要があります。

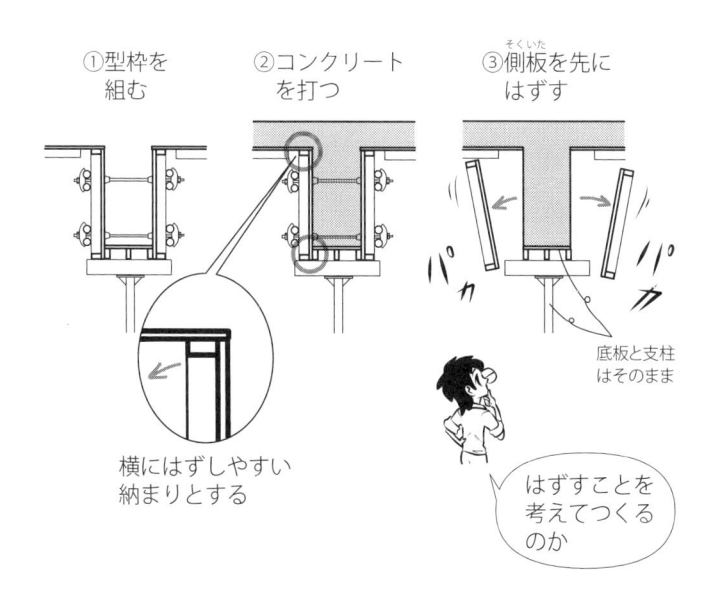

①型枠を組む

②コンクリートを打つ

③側板を先にはずす

横にはずしやすい納まりとする

底板と支柱はそのまま

はずすことを考えてつくるのか

- 使用したせき板を洗浄して再使用する場合、コンクリートがはく離しやすいようにはく離剤を塗布します。

★ R166　電線・金物・スリーブ　その1

Q コンクリートの中に電線を通すには？

A チューブやボックスを型枠内に設置しておき、コンクリートを打ち込んだ後に通します。

電線を直接コンクリートに埋め込むと、砂利や重さなどで電線がすぐに傷んでしまいます。オレンジ色のCD管というチューブ、**アウトレットボックス**という電線を取り出す箱、**エンドカバー**などを型枠の内側に付けておきます。コンクリートが固まった後に、呼び線という細い線を通して、電線を呼び込んで通します。

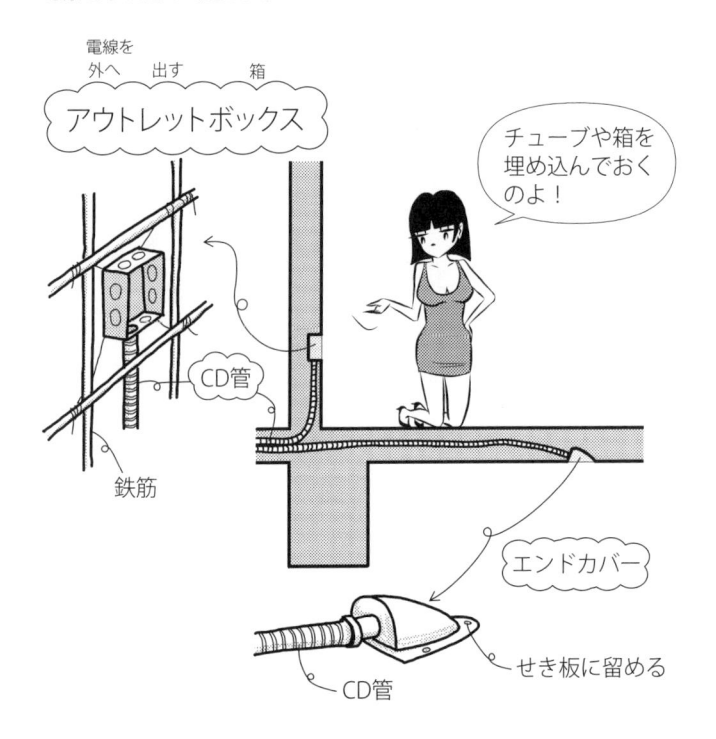

アウトレットボックス（電線を外へ出す箱）

CD管

鉄筋

エンドカバー

せき板に留める

CD管

「チューブや箱を埋め込んでおくのよ！」

- CD管はCombined Ductで複合された管が原義で、PF管はPlastic Flexible Conduitで樹脂製の柔軟な管が原義です。CD管はコンクリート埋め込み専用で、PF管は燃えにくく、埋め込みも露出もできます。間違えてCD管を露出しないように、オレンジ色とされています。
- CD管が混み合ってくると、コンクリートの欠損が多くなります。またコンクリート表面の近い所に埋設すると、亀裂の原因ともなります。

★ R167 電線・金物・スリーブ その2

Q インサート金物とは？

A コンクリートに埋め込んでおくメスのネジのことです。

吊りボルトの位置を図面から割り出し、床スラブのせき板にインサート金物を釘で留めておきます。コンクリートが固まったら、下から直径9mm程度の吊りボルト（オスのネジ）を後からねじ込んで、天井やダクト、配管類を吊します。

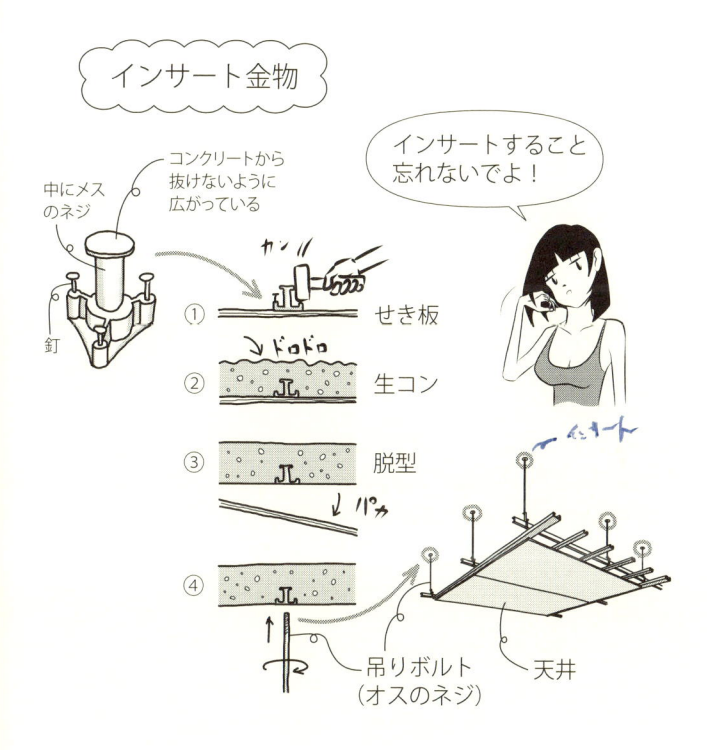

インサート金物

- 中にメスのネジ
- コンクリートから抜けないように広がっている
- 釘

① カン！！ せき板
② ドロドロ 生コン
③ 脱型 パカ
④ ↑ 吊りボルト（オスのネジ） 天井

「インサートすること忘れないでよ！」

- インサート（insert）とは挿入する、入れるという意味です。インサート金物とは、吊りボルトを挿入するための金物です。

R168 電線・金物・スリーブ その3

Q サッシアンカーとは？

A 窓やドアのサッシを溶接で留めるために、コンクリート側に埋め込む金物のことです。

サッシアンカーを釘でせき板に留め、コンクリートが固まった後に、サッシ側のプレートとサッシアンカーの間に鉄筋を渡して、双方を溶接します。サッシとコンクリートのすき間は、防水剤を入れた防水モルタルを充てんして水が入らないようにします。

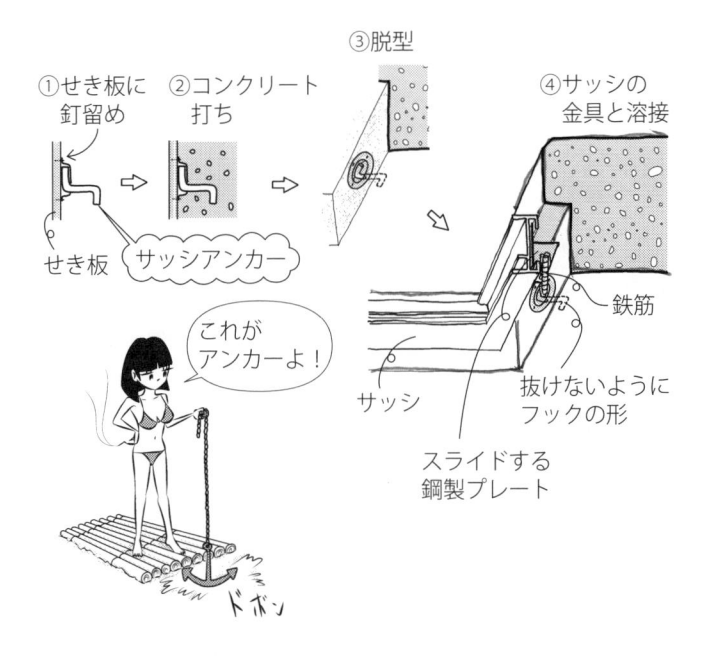

①せき板に釘留め ②コンクリート打ち ③脱型 ④サッシの金具と溶接

せき板／サッシアンカー／鉄筋／抜けないようにフックの形／サッシ／スライドする鋼製プレート

これがアンカーよ！

ドボン

- アンカー（anchor）とは船の錨（いかり）が原義で、サッシアンカーは錨のようにサッシをコンクリートに留めて動かなくさせます。アンカーにはコンクリートに事前に打ち込んでしまうもののほかに、後からコンクリートに孔をあけて留める後施工（あとせこう）アンカーもあります。地盤アンカー工法は、地盤にアンカーして山留めを支える工法です（R118参照）。

★ R169　電線・金物・スリーブ　その4

Q 梁の円筒状スリーブ（貫通孔）の型枠はどうつくる？

A 下図のように紙管などでつくります。

よく使われるのは丈夫なボール紙をスパイラル状に巻いた管で、ボイド管とも呼ばれます。

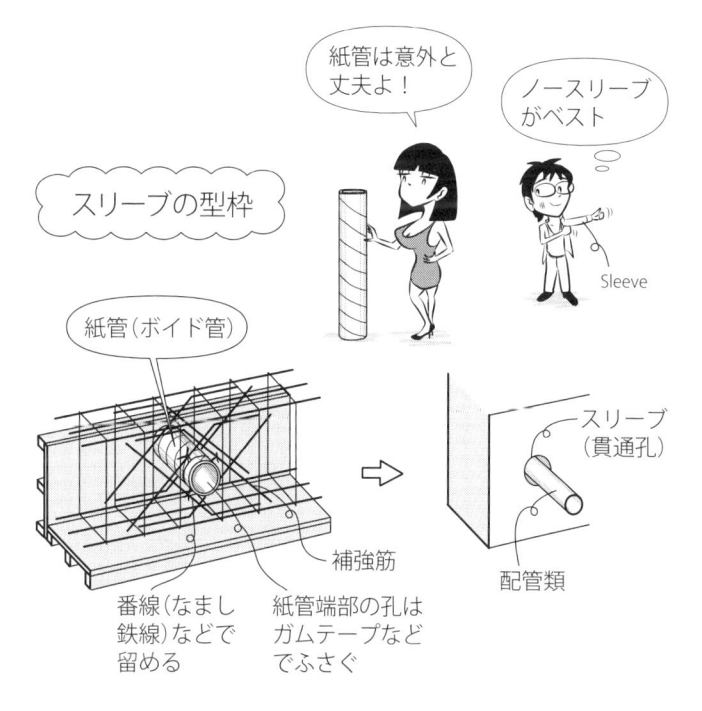

（紙管は意外と丈夫よ！）
（ノースリーブがベスト）

スリーブの型枠

Sleeve

紙管（ボイド管）
スリーブ（貫通孔）
補強筋
配管類
番線（なまし鉄線）などで留める
紙管端部の孔はガムテープなどでふさぐ

- スリーブ（sleeve）とは洋服の袖（そで）が原義で、配管類を梁や壁に通すのが袖に腕を通すのに似ていることから、梁や壁の貫通孔もスリーブと呼ばれるようになりました。ボイド管のボイド（void）とは中空という意味です。
- 紙管を鉄筋に番線（ばんせん：焼きなました鉄線）や樹脂製のホルダーで留め、両側のせき板に密着させます。紙管はノコで切れますが、紙管の長さを調整できるように、二重になっている既製品もあります。端部はガムテープや専用のキャップなどでふさいで、生コンが入らないようにします。
- スリーブはコンクリートに孔があくので、スリーブのまわりは鉄筋などで補強する必要があります。補強筋は梁の主筋（軸方向の太い鉄筋）やあばら筋（主筋のまわりに巻く細い鉄筋）の内側に入れて、コンクリートのかぶり厚を確保します。

★ R170　鉄筋コンクリート

Q なぜコンクリートに鉄筋を埋め込む？

A コンクリートは引張りに弱いので補強するために入れます。

RCは Reinforced Concrete（補強されたコンクリート）の略で、鉄筋で補強されたコンクリートです。コンクリートの引張り強度は圧縮強度の約 1/10 しかないので、鉄筋を入れて補強します。

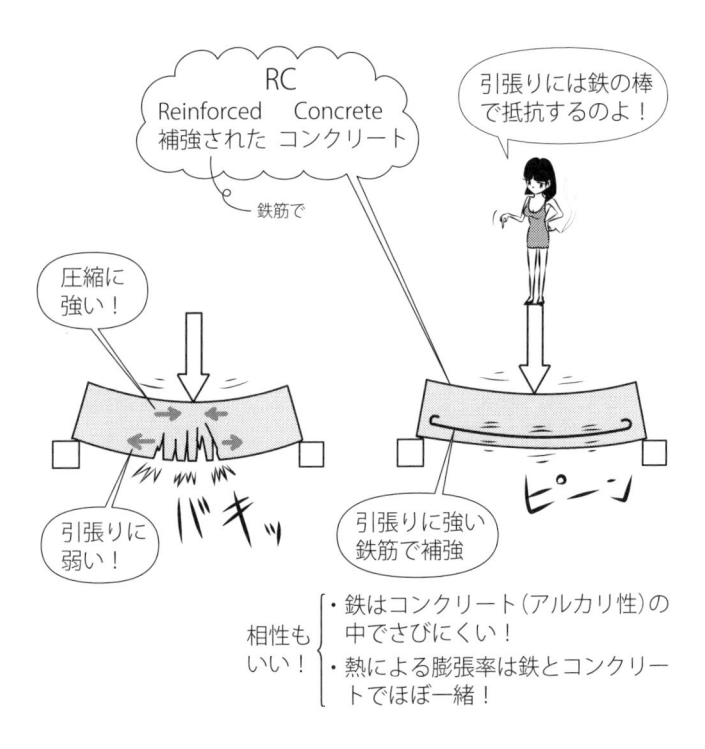

RC
Reinforced　Concrete
補強された　コンクリート
鉄筋で

引張りには鉄の棒で抵抗するのよ！

圧縮に強い！

引張りに弱い！

バキッ

引張りに強い鉄筋で補強

ピーン

相性もいい！
- 鉄はコンクリート（アルカリ性）の中でさびにくい！
- 熱による膨張率は鉄とコンクリートでほぼ一緒！

- 鉄はアルカリ性の中ではさびにくいので、アルカリ性のコンクリートの中で鉄筋はさびにくくなります。また鉄とコンクリートは線熱膨張係数がほぼ同じで、同じ温度変化なら同じだけ膨張、収縮します。熱による膨張、収縮で壊れることはありません。

★ R171 異形鉄筋

Q 異形鉄筋とは？

A 表面にふしのある鉄筋です。

コンクリートとの付着をよくするために表面に凹凸の付けられた鉄筋で、**異形棒鋼**ともいいます。表面がツルッとした鉄筋は**丸鋼**といいます。RCでは異形鉄筋が一般的に使われます。

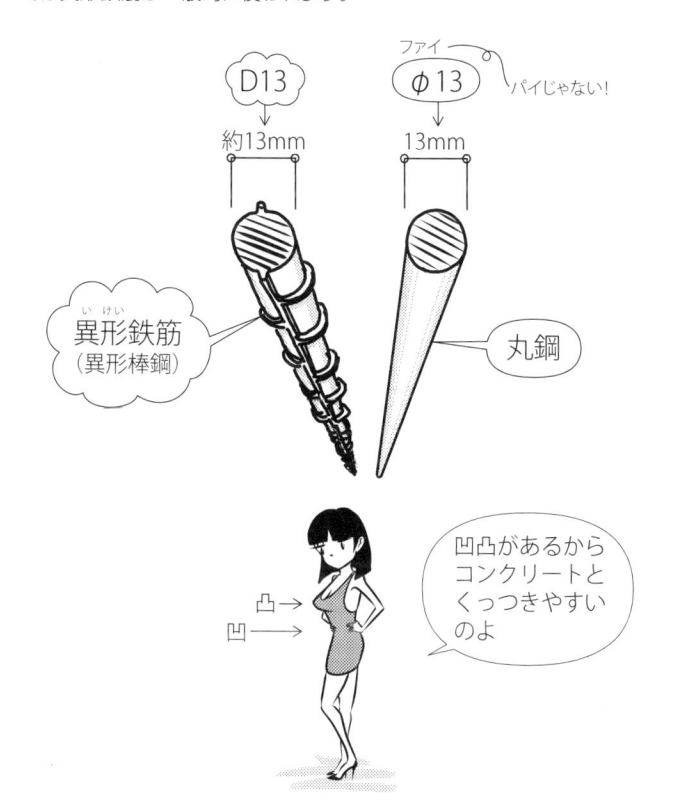

13 鉄筋工事

- D13 約13mm → 異形鉄筋（異形棒鋼）
- φ13（ファイ、パイじゃない！） 13mm → 丸鋼

凸→ 凹→ 凹凸があるからコンクリートとくっつきやすいのよ

- 直径が13mmの異形鉄筋はD13、丸鋼はφ13と書きます。異形鉄筋にはデコボコがあるのでD13の直径は約13mmです。DはDiameter（直径）のD、φ（ファイ）は直径によく使われるギリシャ文字です。φはよくパイ（π）と間違えて読まれますので注意してください。
- 鉄筋表面の薄い赤さびは、コンクリートとの付着もよいのでそのままOK。粉状になる赤さびは、金ブラシ（ワイヤブラシ）などで取り除きます。

★ R172 鉄筋の加工 その1

Q シャーカッターとは？

A 下図のように、常温で鉄筋を切断する機械です。

鉄筋は熱を加えると変質、変形するので、切断、折り曲げは熱を加えずに冷間常温加工するのが原則です。シャー（shear：シア）とは、はさみのようにせん断の力で切ることです。シャーカッターは、大きな力でせん断切断します。そのほかに、電動カッター（ノコ）でも鉄筋は切れます。

[スーパー記憶術]
シャーッとカッターで切る

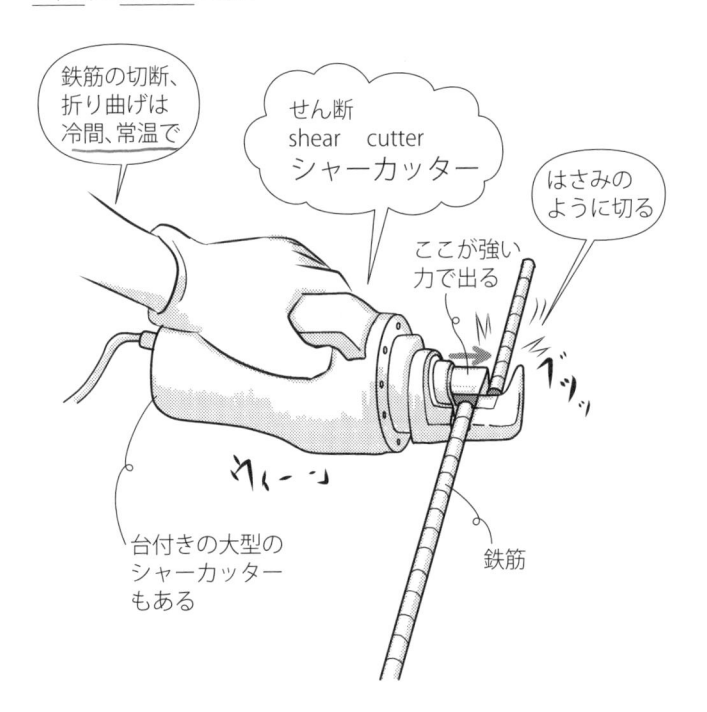

- 鉄筋の切断、折り曲げは冷間、常温で
- せん断 shear cutter シャーカッター
- はさみのように切る
- ここが強い力で出る
- 台付きの大型のシャーカッターもある
- 鉄筋

- せん断力とは互いに平行で向きが逆の方向に働く2つの力で、はさみで切るときに働く力がその例です。
- ガス溶断は、アセチレンガスと酸素などを燃焼させて、鉄を焼き切ることです。解体や力のかからない部分の切断に使いますが、鉄筋には使えません。鉄筋をガス溶断すると、端部がきれいに直角にならず、また端部が熱で変質してしまいます。

R173 鉄筋の加工 その2

Q バーベンダーとは？

A 鉄筋を常温で折り曲げる機械です。

鉄筋の加工では、切断と同様に折り曲げるのも冷間、常温が原則です。バーベンダーは鉄筋ベンダー、鉄筋折り曲げ機とも呼ばれ、工場で使う台付きの大きい機械、現場で使える手持ちの小さい工具など、さまざまな種類が販売されています。

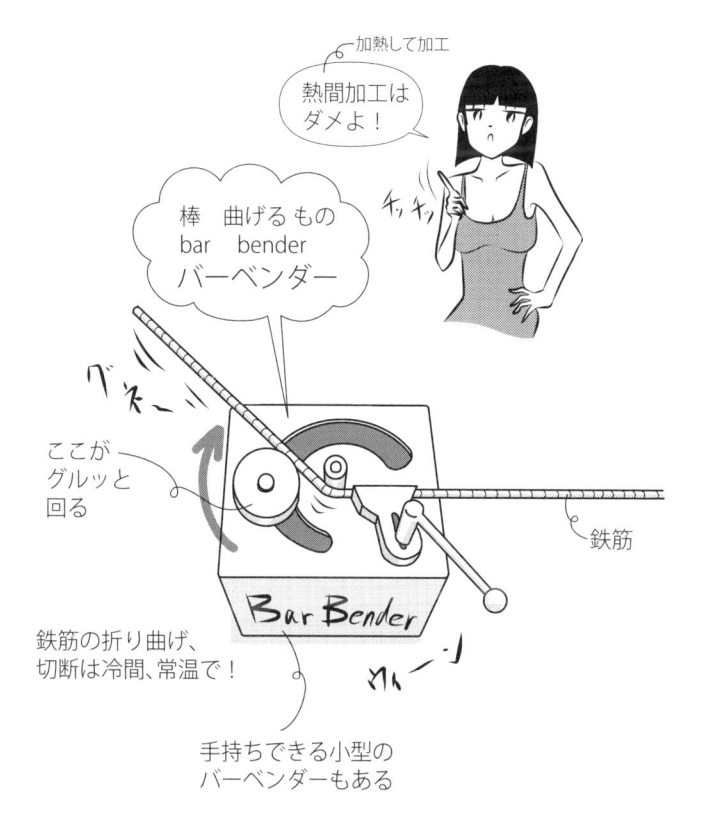

- 加熱して加工
- 熱間加工はダメよ！

棒　曲げるもの
bar　bender
バーベンダー

ここがグルッと回る

鉄筋

Bar Bender

鉄筋の折り曲げ、切断は冷間、常温で！

手持ちできる小型のバーベンダーもある

- バー（bar）とは棒、ベンド（bend）とは曲げること、ベンダー（bender）とは曲げるもの、バーベンダー（bar bender）は棒を曲げる機械を意味します。
- 鉄筋を切ったり曲げたりの加工は、工場でなるべくすませて、現場では組み立てだけにする傾向にあります。
- 冷間加工、常温加工は同義です。

R174 鉄筋の加工 その3

Q 鉄筋の結束はどのようにする？

A 番線とハッカーを使って結束します。

番線（なまし鉄線、結束線）は出荷時にはすでに折り曲げられています。2本の鉄筋に斜めに掛けた後に輪状の方に**ハッカー**を引っ掛け（図①）、次にもう片側も一緒に引っ掛けてから数回転させて固めます（図②）。結束した番線の端部は、く体の外に面しないように、内側に折り曲げておきます（図③）。

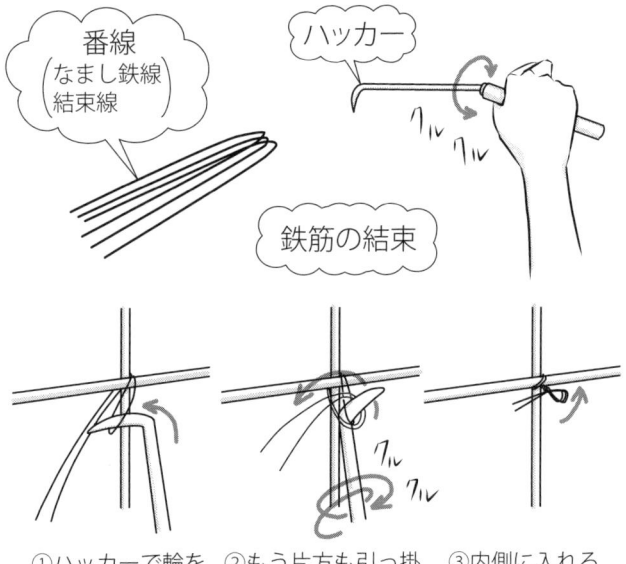

番線（なまし鉄線）結束線

ハッカー

鉄筋の結束

①ハッカーで輪を引っ掛ける　②もう片方も引っ掛けて回す　③内側に入れる

- ハッカーは先が回転するようにできています。番線がコンクリートく体表面に出てしまうと、さびの原因となりますので、内側に入るように曲げておきます。
- 鉄筋どうしを溶接で留めると、熱が加わるので膨張したまま留まることになり、冷めたときに収縮して溶接点の間の鉄筋内部に力が発生してしまいます。また小さな溶接では生コンの圧力ではずれる危険もあります。点溶接ではなく、番線で結束して留めるのが原則です。
- 番線はなまし鉄線ともいい、直径0.8mm程度の焼きなました鉄線です。焼きなますとは、焼いた後に徐々に冷やすことです。鉄は焼きなますと軟らかく、切断もしやすくなります。焼いた後に水や油に入れて急冷することは焼き入れといい、硬くなりますが、もろく欠けやすくもなります。刃物は焼き入れをしてつくります。

★ R175　重ね継手

Q 重ね継手長さにフックは含める？

A 含めません。

鉄筋末端にフックを付けると、コンクリートから抜けにくくなり、一体化が強化されます。鉄筋を重ねて継手する場合、フックは重ね継手長さに含めません。

- JASS 5に継手長さは、フック付きで25d、フックなしで35dなどの規定が書かれています（dは鉄筋径）。フック付きの方が短くてすみますが、その長さにはフック自体は含まれません。定着長さも同様に、フック付き、フックなしで長さが異なります。
- フックなどの折り曲げをする場合、曲げの直径はD16以下で3d以上などと決められています。あまりにも急な折り曲げは、鉄筋を傷めて強度を損なうからです。
- 折り曲げの直径、フックの有無、かぶり厚、継手長さ、定着長さ、継手位置などの一般的な共通事項は、構造図の最初の方に付けられた「配筋標準図」に書かれています。

★ R176　基礎の鉄筋　その1

Q 柱主筋（縦の太い鉄筋）の根元はどうする？

A 折り曲げてフーチングに定着させる（アンカーさせる、しっかり留める）などします。

柱の根元はフーチングなどの基礎に当たり、縦に通す太い主筋は、基礎にしっかりと定着させる必要があります。

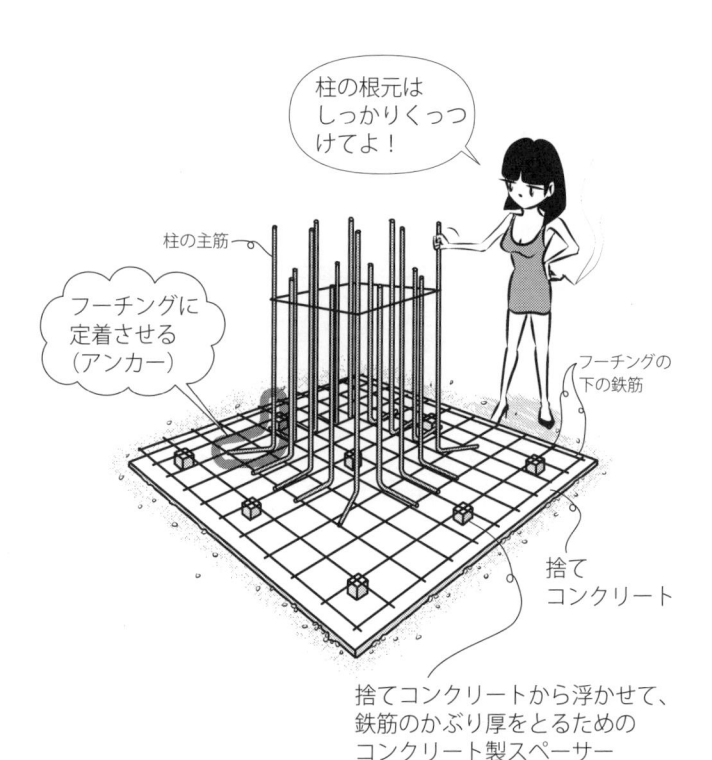

柱の根元はしっかりくっつけてよ！

柱の主筋

フーチングに定着させる（アンカー）

フーチングの下の鉄筋

捨てコンクリート

捨てコンクリートから浮かせて、鉄筋のかぶり厚をとるためのコンクリート製スペーサー

- フーチングの下の鉄筋を縦横に組んだ上に、折り曲げた柱主筋を置き、その上にフーチングの上の鉄筋（はかま筋）を組みます。基礎のコンクリートを打った後に、柱主筋はガス圧接や重ね継手などで上に伸ばします。
- スペーサー（spacer）とは空間（space）をとる器具です。

★ R177 基礎の鉄筋 その2

Q フーチング底における鉄筋のかぶり厚はどこから測る?

A 捨てコンクリート上面、杭がある場合は杭頭から測ります。

　捨てコンクリートは横から水が染み込むので、コンクリートのかぶり厚には算入できません。また杭頭の上面にも水が染み込むおそれがあるので、かぶり厚は杭頭から測ります。

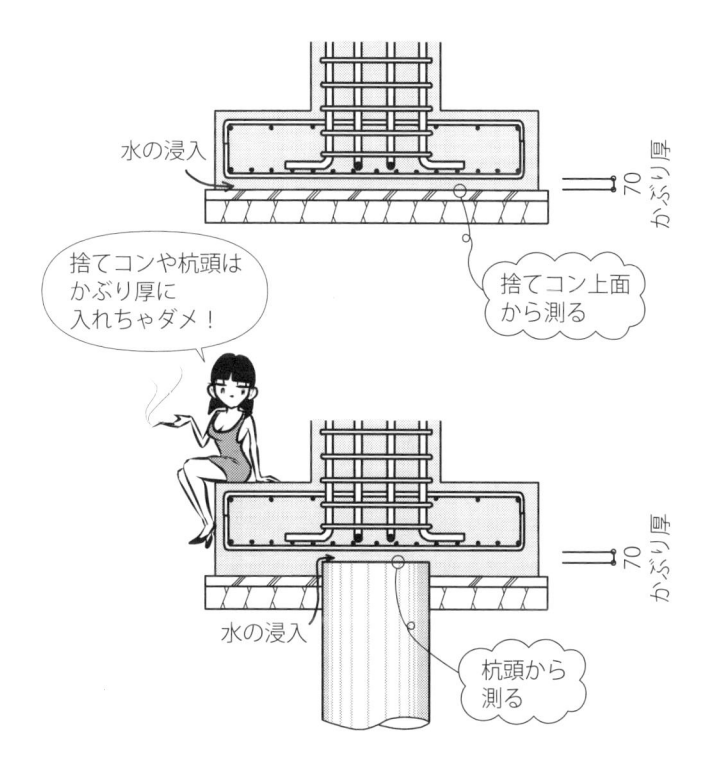

水の浸入

かぶり厚 70

捨てコン上面から測る

捨てコンや杭頭はかぶり厚に入れちゃダメ!

かぶり厚 70

水の浸入

杭頭から測る

- かぶり厚とは鉄筋表面からコンクリート表面までの厚みです。かぶり厚が小さいと、生コンの砂利が通りにくく、ジャンカ(デコボコした空洞)ができやすくなります。またコンクリートのかぶりが少ないと、鉄筋がさびやすく、爆裂の原因ともなります。薄いコンクリートで包まれた鉄筋はコンクリートと一体化せず、構造体としても弱くなります。施工性、耐久性、耐力のいずれの面でも、かぶり厚は適正にとる必要があります。
- 基礎のかぶり厚は、JASS 5では70mm以上、建築基準法では60mm以上とされています。

★ R178　打ち継ぎ部の処理　その1

Q 床スラブまでコンクリートを打つとき、下の鉄筋はどうする？

A 柱の主筋、壁の縦筋をスラブ上まで出しておき、後で継手します。

スラブ上ちょうどで鉄筋を切ってしまうと、上階と下階が構造的に一体になりません。上の階にまで縦の鉄筋を出しておき、打ち継ぎ部を構造的に一体化させるわけです。

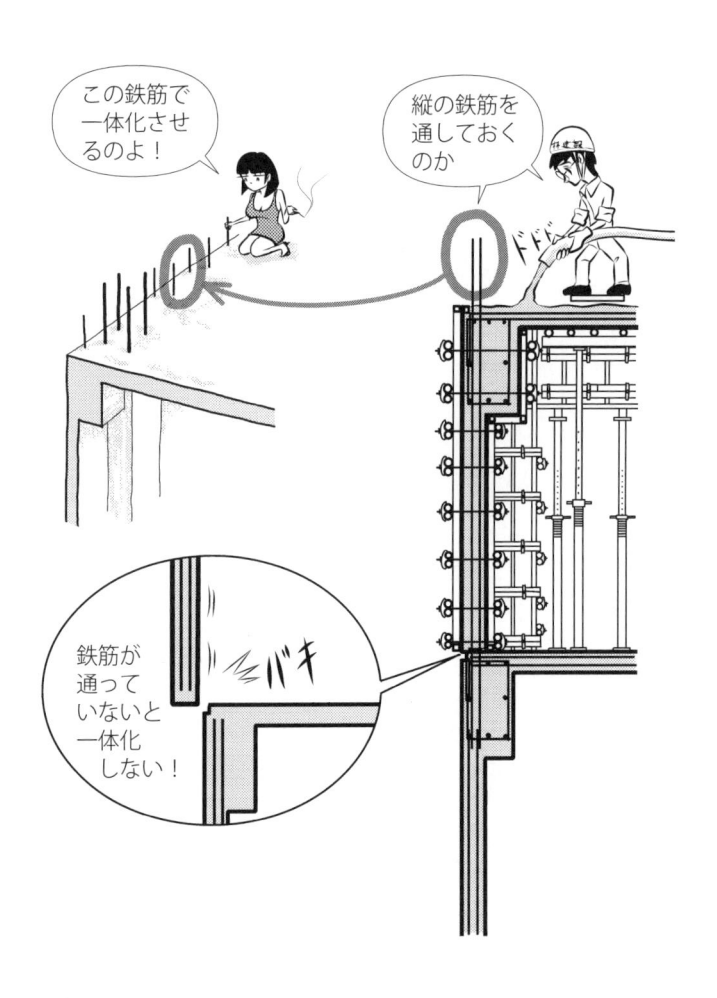

この鉄筋で一体化させるのよ！

縦の鉄筋を通しておくのか

鉄筋が通っていないと一体化しない！

★ R179 打ち継ぎ部の処理 その2

Q 差し筋とは？

A コンクリートが一体となるように、コンクリートに事前に差し込む鉄筋のことです。

梁の中などに短い鉄筋を差し込んでおいて、コンクリートを打った後に、その鉄筋に継手して壁の鉄筋を組み立てます。スラブ上に50cm程度出た形となります。

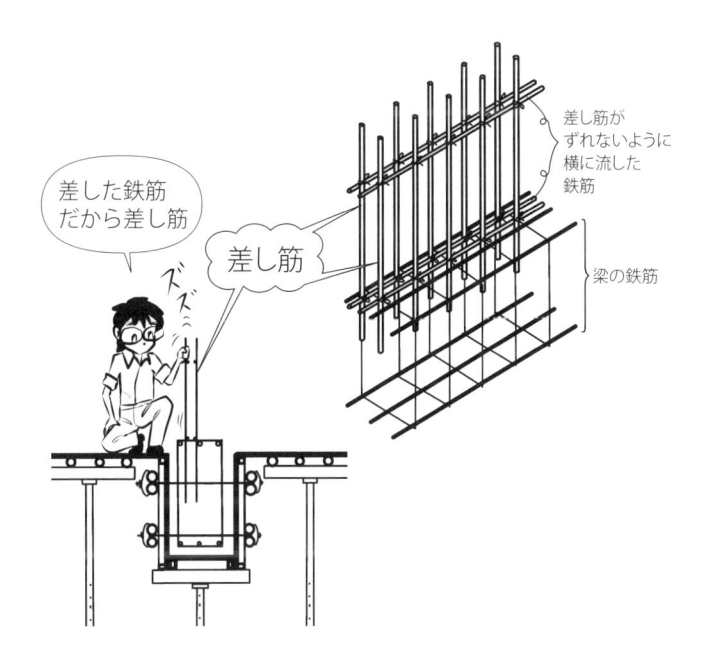

（差した鉄筋だから差し筋）

差し筋

差し筋がずれないように横に流した鉄筋

梁の鉄筋

- 下の壁の縦筋を、連続して通しで、スラブ上に伸ばすこともあります。連続して通しで入れられた壁筋も、スラブ上に短く出るので、差し筋と呼ばれることがあります。
- 構造上重要な耐力壁、構造とは無関係な非耐力壁かによって、また鉄筋の種類によって、壁筋の梁への定着の長さ、継手の長さなどが変わります。

★ R180　　　　打ち継ぎ部の処理　その3

Q ケミカルアンカーとは？

A コンクリート硬化後に孔をあけて、鉄筋などを薬品で接着してアンカーする（しっかり留める、定着する）ことです。

🔲 既存のコンクリートく体の上や横にコンクリートを打ち足す場合などに、後施工で鉄筋をケミカルアンカーします。

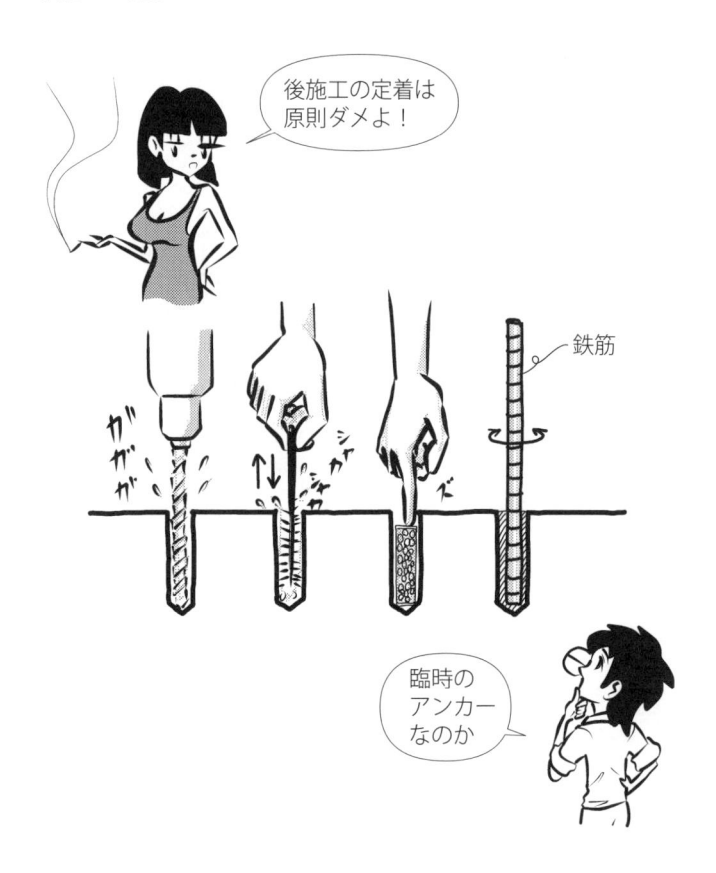

> 後施工の定着は原則ダメよ！

鉄筋

> 臨時のアンカーなのか

- ケミカル（chemical）は化学の、薬品のという意味、アンカー（anchor）は錨（いかり）です。ケミカルアンカーは化学、薬品の力を借りてしっかりと留める、定着することです。この方法はあくまでも臨時的な使用に限られ、差し筋をケミカルアンカーで留めるのは危険です。

★ R181 柱の鉄筋 その1

Q 柱主筋の継手はどうする？

A ガス圧接などにより接合します。

柱も梁も、軸方向の太い鉄筋は主筋（しゅきん）といいます。柱・梁の太い主筋の継手にはガス圧接がよく用いられ、ガスの熱と圧力で鉄を溶かさずに固体のまま、鉄原子に活発な運動をさせ、再配列させて鉄筋を一体化します。

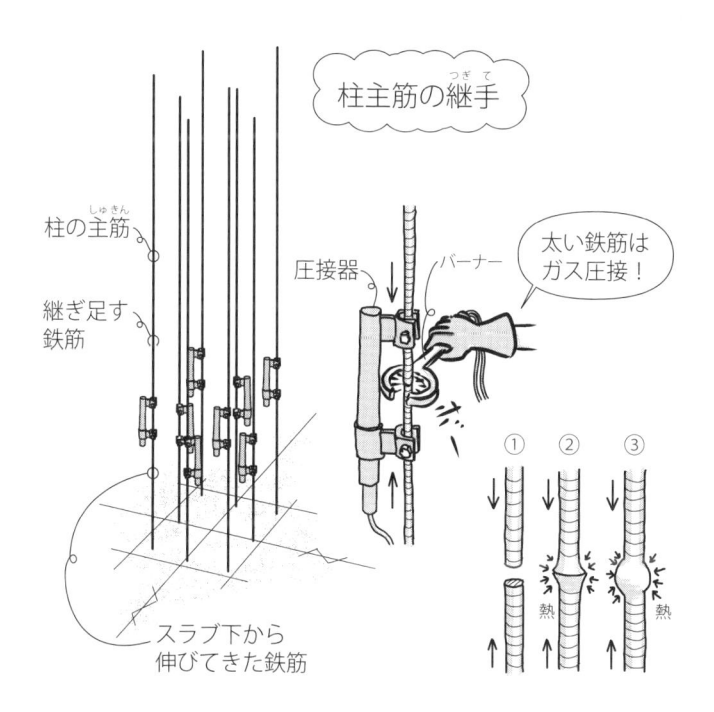

柱主筋の継手

太い鉄筋はガス圧接！

柱の主筋
継ぎ足す鉄筋
圧接器
バーナー
スラブ下から伸びてきた鉄筋

① ② ③ 熱

- D29以上の異形鉄筋は重ね継手は不可で、必ずガス圧接とします。隣り合った鉄筋では、圧接位置は400mm以上離して、安全性を高め作業もやりやすくします。圧接面はディスクグラインダー（Grinder：円形の砥石を回転させる機械）などでサンダーがけして削って、断面を平滑な面とします。
- 一定量の継手を引張り試験や超音波探傷試験で検査します。圧接部の膨らみの内部で、一体化していない可能性もあります。圧接直後に膨らみを切り取り、接続面を目視できるようにする熱間押し抜き法もあります。

★ R182　柱の鉄筋　その2

Q 柱の断面寸法が上下階で異なる場合、柱の主筋はどうする?

A 梁成の範囲内で折り曲げます。

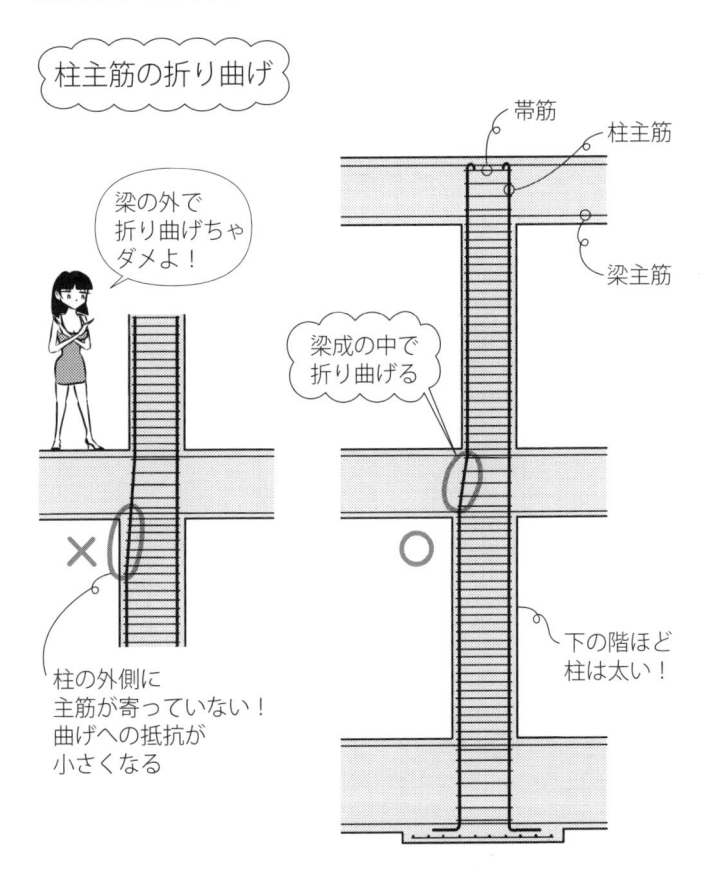

梁の上下に折り曲げ部分が出ると、主筋の幅が狭くなり、主筋の効果が発揮されなくなります。

柱主筋の折り曲げ

（梁の外で折り曲げちゃダメよ!）

× 柱の外側に主筋が寄っていない！曲げへの抵抗が小さくなる

（梁成の中で折り曲げる）

○

- 帯筋
- 柱主筋
- 梁主筋
- 下の階ほど柱は太い！

- 柱は曲がると、外側ほど伸びます。その曲げによる伸びを引張りによって抵抗するのが鉄筋ですが、主筋が外側にないと抵抗する力が弱くなります。
- 柱は下の階ほど重みが加わるので、下の階ほど太くします。柱の太さが階によって変わるので、平面計画だけでなく、内部の鉄筋にも注意が必要です。
- 柱頭では、柱の四隅の主筋にはフックを付けます。

★ R183　柱の鉄筋　その3

Q 帯筋（フープ：hoop）を主筋に巻くにはどうする？

A 主筋を継手する前に帯筋を入れて重ねておき、継手した後に上に持ち上げて、また上から入れて、所定の位置に番線で留めます。

主筋を継手してしまうと、長くなって上から帯筋を入れるのが大変になります。そこで継手前に10本程度入れておいてから持ち上げ、上から入れる帯筋を少なくします。

[スーパー記憶術]
帯が締まってフープッ苦しい
帯筋

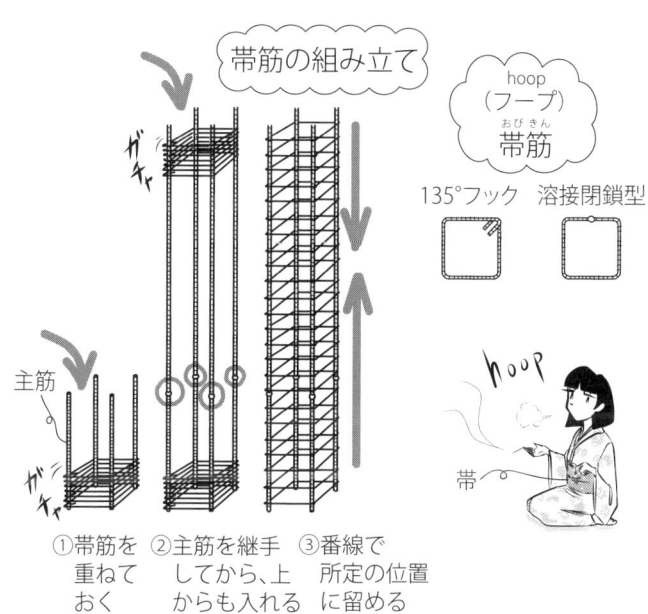

帯筋の組み立て

hoop
（フープ）
帯筋

135°フック　溶接閉鎖型

①帯筋を重ねておく
②主筋を継手してから、上からも入れる
③番線で所定の位置に留める

- 135°フックの位置は、上下で重ならないように交互に逆に（対角線の反対側に）配置します。
- 帯筋には、135°曲げたフックで引っ掛ける一般的なもののほかに、工場で輪状に溶接してから持ち込まれる溶接閉鎖型帯筋、らせん状のスパイラル筋などがあります。溶接閉鎖型帯筋、スパイラル筋の方が主筋をしっかりと拘束できますが、コスト高となります。特にスパイラル筋は1セット全体を主筋の上から落とし込むことになり、重くてひとりでは持ち上げられません。

★ R184 柱の鉄筋 その4

Q 柱梁交差部の帯筋はどうやって巻く?

A ①下の梁の主筋を通して、②柱に帯筋の束を入れ、③梁の上の主筋を通してから、④門形の治具で支え、⑤梁鉄筋全体と一緒に型枠に降ろして、⑥柱主筋に結束します。

帯筋は梁主筋の間に入るので、梁の上の主筋と下の主筋の間に帯筋の束がくるようにセットしておきます。上の梁主筋を通した後に等間隔に留めて、型枠の溝に梁鉄筋と一緒に降ろし、帯筋を柱主筋に結束します。

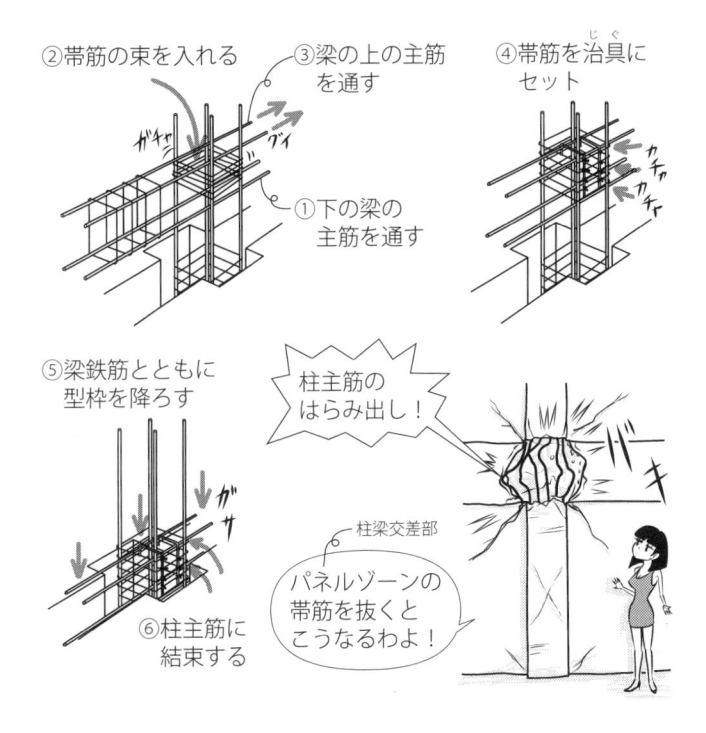

②帯筋の束を入れる
③梁の上の主筋を通す
④帯筋を治具(じぐ)にセット
①下の梁の主筋を通す
⑤梁鉄筋とともに型枠を降ろす
⑥柱主筋に結束する

柱主筋のはらみ出し!

柱梁交差部

パネルゾーンの帯筋を抜くとこうなるわよ!

- 柱と梁の交差部はパネルゾーンとも呼ばれ、そこに帯筋が入っていないと、地震で被害を受ける可能性が高くなります。帯筋は梁の主筋の間に挟まれているので、工程は少しややこしくなります。梁主筋の柱への定着の仕方は、柱梁の位置関係によってさまざまなやり方があります(R193参照)。
- 帯筋をガイドする鉄筋を、治具(じぐ)鉄筋といいます。治具とは組み立て時に部品の位置を指示、誘導するための器具のことです。

★ R185　柱の鉄筋　その5

Q 帯筋と型枠の間隔を一定以上にするには？

A 下図のようなドーナツ型スペーサーを帯筋に付けます。

■ 一番外側の鉄筋と型枠の間隔は、コンクリートを打ち終わったら、コンクリートの**かぶり厚**となります。

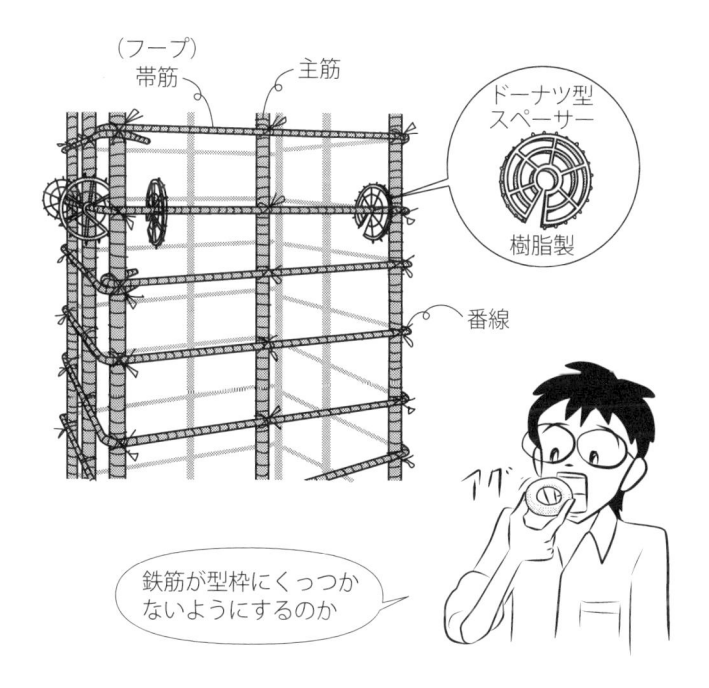

（フープ）
帯筋
主筋
ドーナツ型スペーサー
樹脂製
番線

「鉄筋が型枠にくっつかないようにするのか」

- 生コンは上から流れてくるので、ドーナツ型スペーサーはなるべく縦になるように付けて、流れを阻害しないようにします。
- 帯筋、あばら筋、壁筋には、細いD10がよく使われます。D10はデートと呼ばれることがあります。D10の次がD13で、補強筋などによく使われます。

★ **R186** 柱の鉄筋 その6

Q スパイラル筋（スパイラルフープ）の末端はどうする？

A 1.5回以上巻いて、末端部にはフックを設けます。

同じ部分を巻くので、**添え巻き**といいます。添え巻きとフックで、端部をしっかりと定着させます。

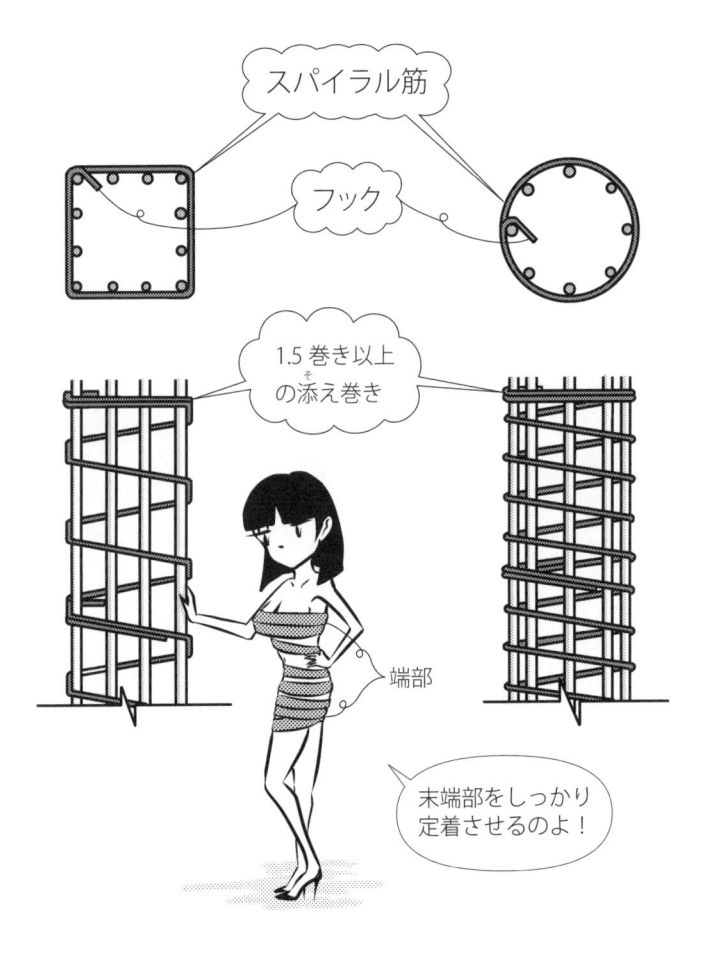

（図：スパイラル筋／フック／1.5巻き以上の添え巻き／端部）

「末端部をしっかり定着させるのよ！」

- 主筋が立った上から、スパイラル筋をクレーンで主筋の外側に降ろして組み立てます。

★ R187　　　　　　　　　　壁の鉄筋　その1

Q 壁の差し筋への継手はどうする？

A 鉄筋を重ねて番線で結束して重ね継手します。

スラブ上に立ち上がった差し筋に縦筋を重ねて、番線で結びます。縦筋が立ち上がったら横筋を番線で結んで、縦横の格子状にします。

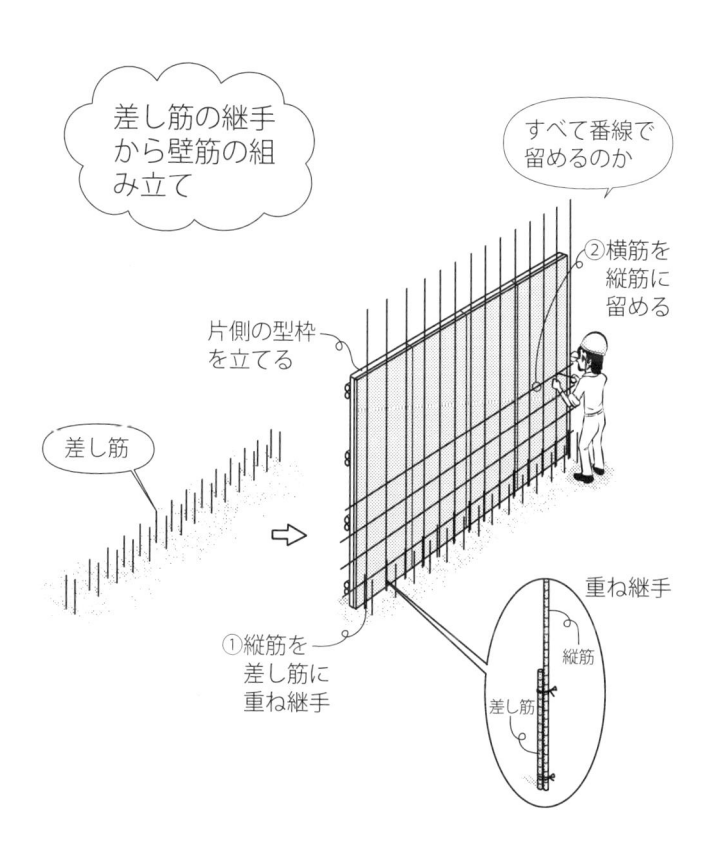

差し筋の継手から壁筋の組み立て

すべて番線で留めるのか

②横筋を縦筋に留める

片側の型枠を立てる

差し筋

①縦筋を差し筋に重ね継手

重ね継手

縦筋

差し筋

★ R188 壁の鉄筋 その2

Q 壁をダブル配筋(二重の配筋)とした場合の、組み立て順序は?

A 型枠側の縦筋→横筋→反対側の縦筋→横筋、となります。

型枠からセパレータが出ているので、その上に鉄筋を横に付けて、縦筋の位置のガイドとします。そのガイドに沿って継手した縦筋を立て、横筋を留めてドーナツ型スペーサー(R185参照)を付けます。同様に反対側の縦筋を継手して立て、それに横筋を留めて、ドーナツ型スペーサーを付けて完成です。

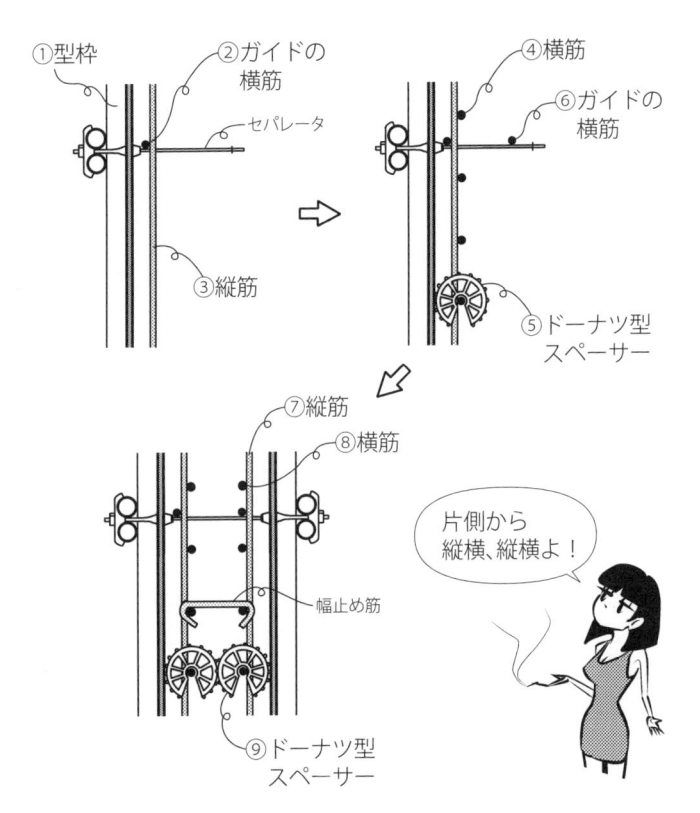

①型枠
②ガイドの横筋
セパレータ
③縦筋
④横筋
⑤ドーナツ型スペーサー
⑥ガイドの横筋
⑦縦筋
⑧横筋
幅止め筋
⑨ドーナツ型スペーサー

「片側から縦横、縦横よ!」

- 幅止め筋とは、二重の壁筋の幅を一定にして、幅が広がらないように付けるU字形の鉄筋です。縦横とも1m程度の間隔で入れます。
- 横筋を縦筋の外側にして、片側(左側)の型枠を横筋を付けた後に組み立てることもあります。

★ R189 　　　　壁の鉄筋

Q 目地がある場合、かぶり厚はどこから測る?

A 目地底から測ります。

🔲 構造上有効な厚み、かぶり厚ともに、目地底から測ります。目地底からコンクリート表面までの部分は、コンクリート増し打ち部分といい、普通は20mm程度とります。

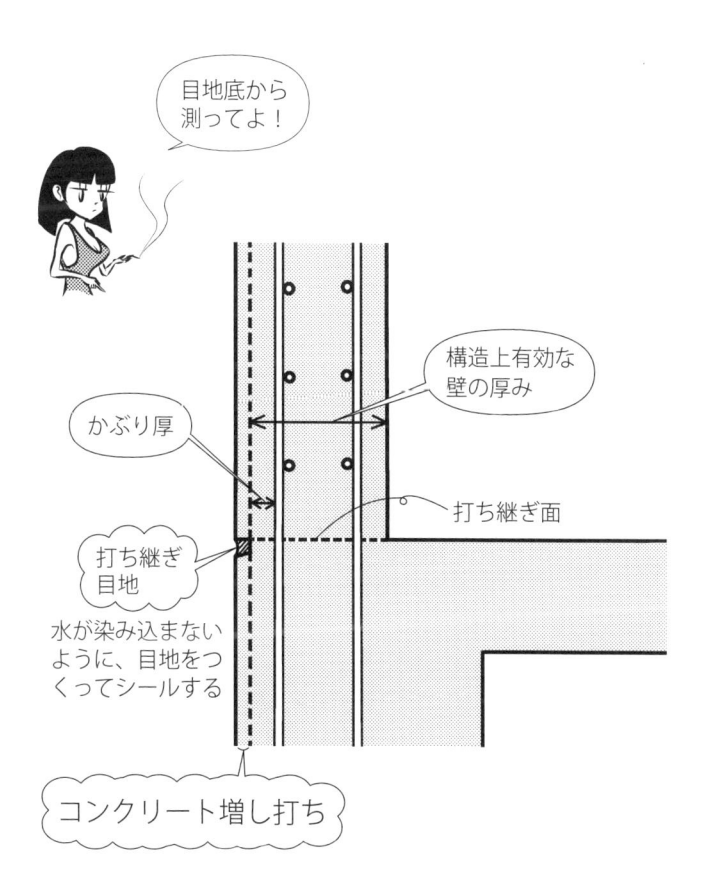

（目地底から測ってよ!）

- 構造上有効な壁の厚み
- かぶり厚
- 打ち継ぎ面
- 打ち継ぎ目地
- 水が染み込まないように、目地をつくってシールする
- コンクリート増し打ち

● コンクリートを増し打ちすることにより目地を設けることができ、設計強度やかぶり厚を安全側につくることができます。打ち継ぎ目地をつくってシールを打たないと、コンクリート打ち継ぎ部分から水が浸入します。

R190　壁の鉄筋　その4

Q ドアや窓などの開口はどのように補強する？

A 開口部に沿わせて縦横に、開口の角に45度に補強鉄筋を入れます。

開口はコンクリートや鉄筋がないので、そのまわりにはクラック（亀裂）が入りやすくなります。そこで壁筋よりも少し太めの鉄筋で補強します。角に斜めに入れるのは、そこが一番弱い部分でクラックが入りやすいからです。

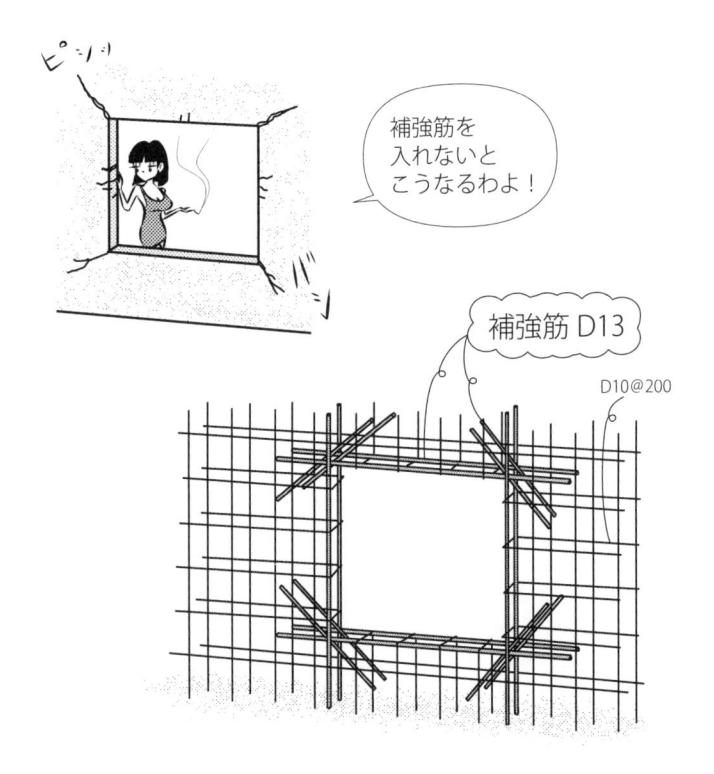

> 補強筋を入れないとこうなるわよ！

補強筋 D13
D10@200

- 壁筋はD10を200mmピッチ（D10@200）で縦横に入れ、開口補強はD13を2本ずつ入れるなどします。
- かぶり厚をとるために、補強筋は普通は内側に入れます。

★ **R191** 壁の鉄筋 その5

Q 壁の横筋は柱にどのように留める？

A 柱く体の中に一定長さ以上入れます。

鉄筋が抜けないようにく体にアンカーすることを定着といいます。規準の定着長さぶん、柱に入れます。柱との位置関係によって、下図のように横筋を柱に貫通させたり定着長さぶん入れたりします。定着が不十分だと、柱と壁が一体化しません。

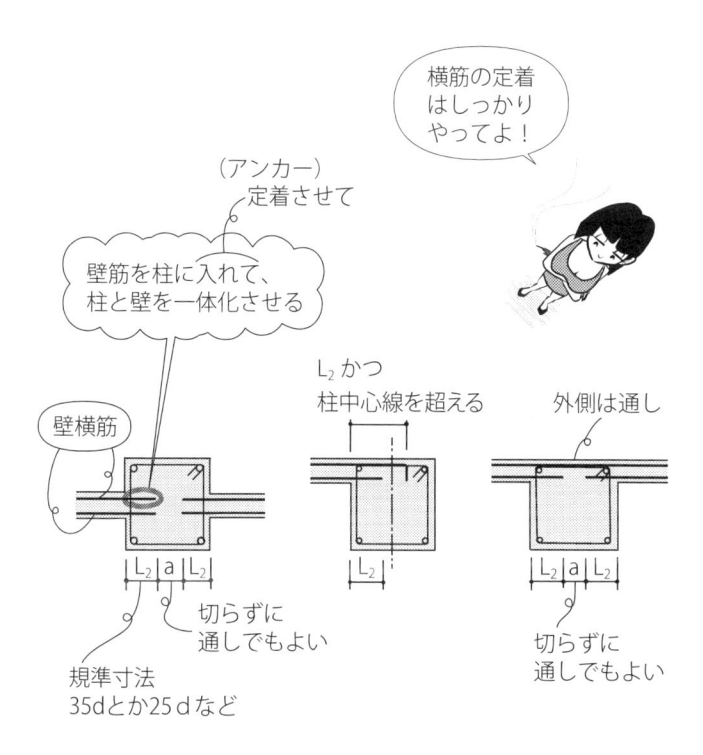

横筋の定着はしっかりやってよ！

(アンカー)
定着させて

壁筋を柱に入れて、柱と壁を一体化させる

壁横筋

L_2 かつ柱中心線を超える

外側は通し

L_2 | a | L_2

切らずに通しでもよい

規準寸法
35dとか25dなど

L_2

L_2 | a | L_2

切らずに通しでもよい

- 重ね継手長さ (L_1)、定着長さ (L_2, L_3) はJASS 5にて、鉄筋径の35倍、20倍などと規準が示されています。鉄筋の種類、コンクリート強度、一般部か小梁・スラブの下端筋か、フック付きかフックなしかで長さが変わります。L_1〜L_3はJASS 5の表の中の記号です。

R192　梁の鉄筋　その1

Q 梁の鉄筋は、どのように組み立てる？

A 型枠の上で組み立てた後に、型枠の中に落とし込みます。

かんざしと呼ばれる角材や鉄筋などを型枠の溝の上に渡し、その上で梁の鉄筋を組み立てます。組み上がった後にかんざしをはずして溝に落とし込みます。梁の鉄筋は、軸方向が主筋、それと直交方向に巻き付くのが**あばら筋**（スターラップ）です。

[スーパー記憶術]
<u>はり</u>きって<u>あばら</u>が出る<u>スター</u>
　梁　　　　　　　　　　　スターラップ

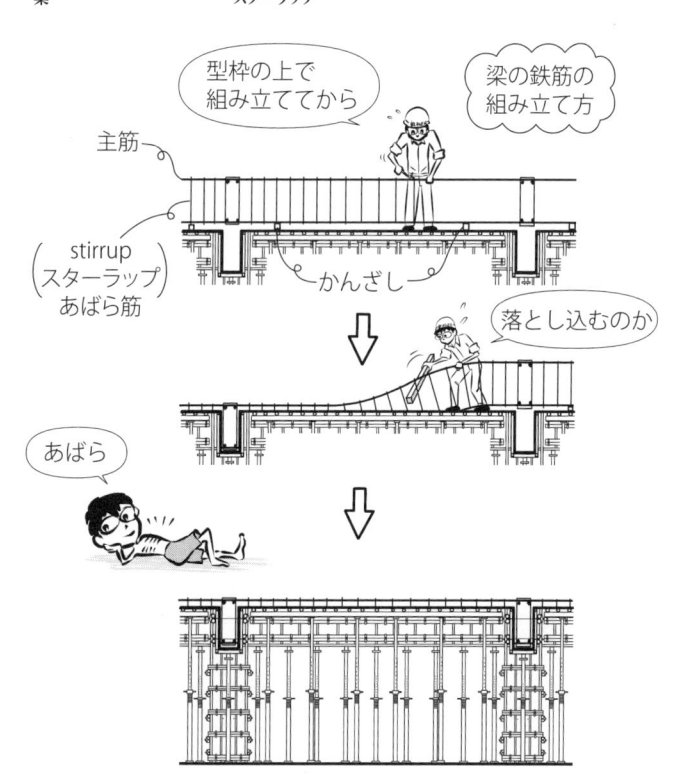

- 髪に横から差し込むかんざしのように、ある材に直交するように差し込む短い材をかんざしと呼びます。

★ R193　梁の鉄筋　その..

Q 梁主筋の柱への定着はどうする？

A 柱に差し通して貫通させる（引き通し）か、柱の中心線を越えてから折り曲げ、一定長さ以上柱の中に埋め込みます。

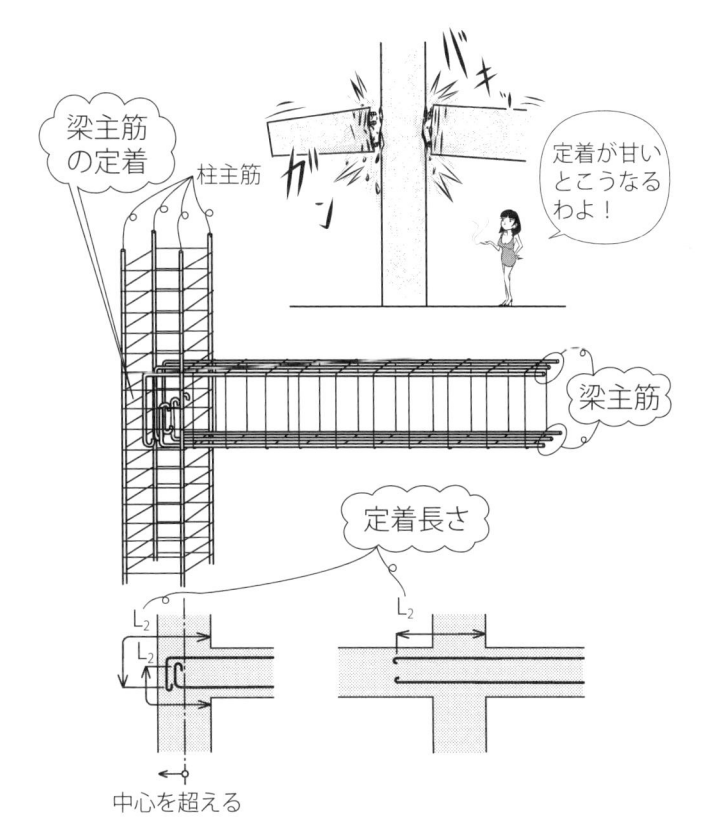

梁の軸方向の太い鉄筋を主筋といいますが、それが柱から抜けると大惨事となります。定着とはしっかりと留める、アンカーすることですが、柱梁の部分は特に重要となります。

- 梁主筋の定着
- 柱主筋
- 定着が甘いとこうなるわよ！
- 梁主筋
- 定着長さ L_2
- 中心を超える

- 定着長さはJASS 5の規定で定着長さL_2としてフック付きで25d、フックなしで35d（dは鉄筋径）などと決められています。フックとは鉄筋端部のかぎ形のことで、フックがあるとコンクリートへのアンカーがよりしっかりとして、さらに抜けにくくなります。フックの長さは定着長さに含めません。

194 梁の鉄筋 その3

Q 梁の継手はどこでする?

A コンクリートの圧縮応力の働く位置でします。

📦 曲げられるときに凸側に引張り、凹側に圧縮の力がかかります。鉄筋は引張りに抵抗するために入れますが、継手は引っ張られるとはずれやすいので、圧縮側で継げば安心です。

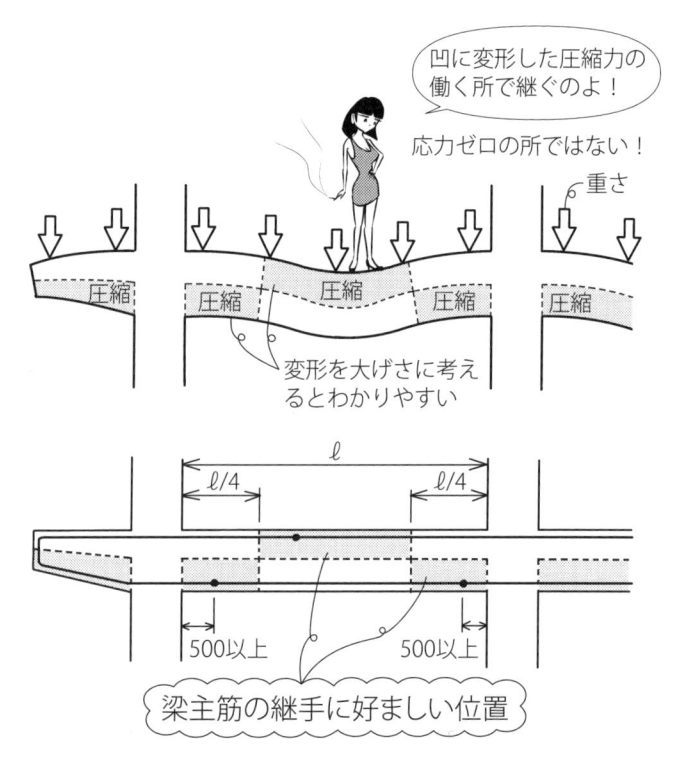

凹に変形した圧縮力の働く所で継ぐのよ！

応力ゼロの所ではない！

重さ

圧縮　圧縮　圧縮　圧縮　圧縮

変形を大げさに考えるとわかりやすい

ℓ
$\ell/4$　　　$\ell/4$

500以上　　　500以上

梁主筋の継手に好ましい位置

- 梁の長さの柱側から1/4の所は下、それより内側は上の位置が圧縮されているので、そこで継ぎます。スラブ筋の継手も、同様です。応力がゼロの所ではなく、圧縮の所なので注意してください。
- 鉄筋の継手はガス圧接、重ね継手のほかに、スリーブ（さや管）に鉄筋を入れてスリーブを押しつぶしてつなぐグリップジョイント、鉄筋にネジ状の節を付けてメスネジでつなぐネジ形継手などがあります。
- 梁は柱と違って、外側の端部（外端部）、内側の端部（内端部）、中央部で配筋が異なるので、構造図の梁断面リストを見るときは要注意です。

★ R195　　　　　　　　　梁の鉄筋　その4

Q あばら筋は梁主筋のまわりにどうやって組む？

A 閉鎖型のあばら筋は主筋に入れて重ねておき、横にずらして配置します。U字形のあばら筋は入れてからキャップタイで固定します。

柱の帯筋と同様に、主筋の片側から閉鎖型のあばら筋を入れて重ねておき、横にずらして配置します。U字形はキャップタイとセットで、1本のあばら筋となります。

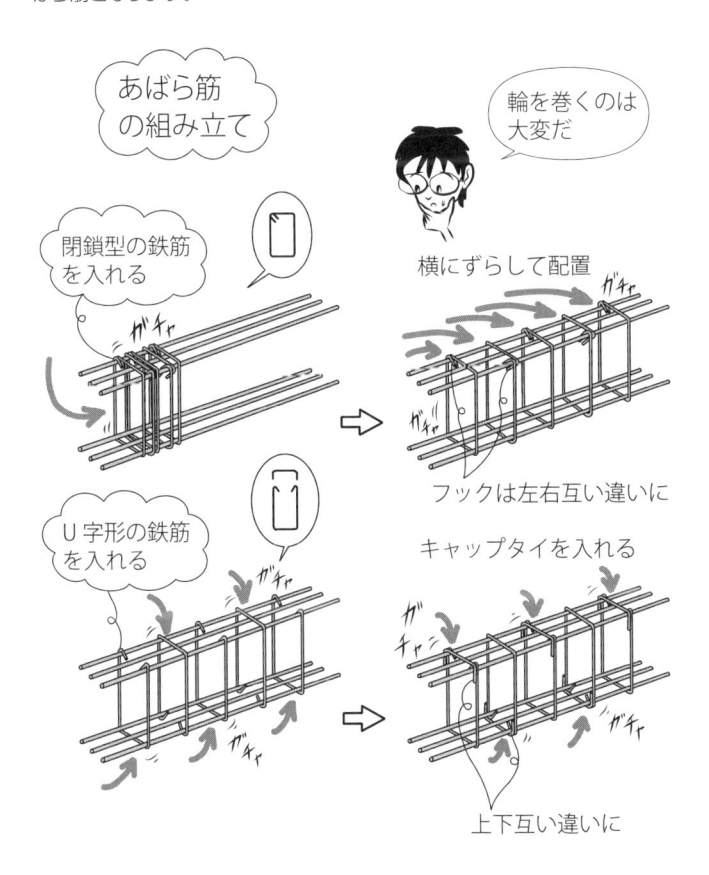

あばら筋の組み立て

輪を巻くのは大変だ

閉鎖型の鉄筋を入れる

ガチャ

横にずらして配置

ガチャ

フックは左右互い違いに

U字形の鉄筋を入れる

ガチャ

キャップタイを入れる

ガチャ

上下互い違いに

- 閉鎖型はフックの位置が左右交互になるように、U字形はキャップタイが上下交互になるように配置します。
- キャップタイ（cap-tie）は、締め付ける（tie）キャップ（cap）が原義です。

★ R196 梁の鉄筋 その5

Q 梁の鉄筋と型枠の間隔を一定以上にするには？

A 底面は梁底主筋受けバーサポート、側面はドーナツ型スペーサーなどを入れてかぶり厚を確保します。

底面では**梁底用主筋受けバーサポート**をあばら筋に結束してから型枠に落とし込みます。側面では柱の帯筋と同じ要領で、あばら筋にドーナツ型スペーサーを付けます。

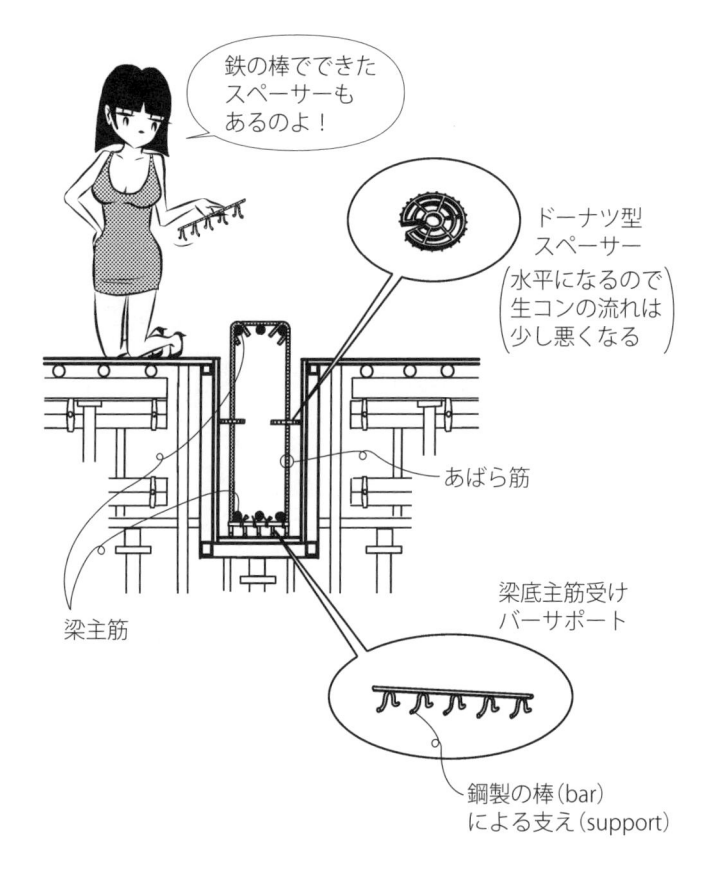

> 鉄の棒でできたスペーサーもあるのよ！

ドーナツ型スペーサー
（水平になるので生コンの流れは少し悪くなる）

あばら筋

梁主筋

梁底主筋受けバーサポート

鋼製の棒(bar)による支え(support)

- 棒（bar）状の鋼を曲げてつくった鋼製スペーサーは、バー型スペーサー、バーサポートなどと呼ばれます。かぶり厚を確保するためのスペーサーには、樹脂製、鋼製、セラミック製などのさまざまな製品があります。

★ R197 スラブ筋 その1

Q スラブ筋を梁に定着するには？
▼
A 上端筋(うわばきん)は梁中心軸を越えて折り曲げるか引き通し、下端筋(したばきん)は引き通しで定着します。

スラブの鉄筋は、上下2段にもち網が組まれたような形をしています。上下の鉄筋とも、梁にしっかりと留める必要があります。梁の左右で同じ鉄筋の場合は引き通し、違う鉄筋の場合は折り曲げて定着とします。

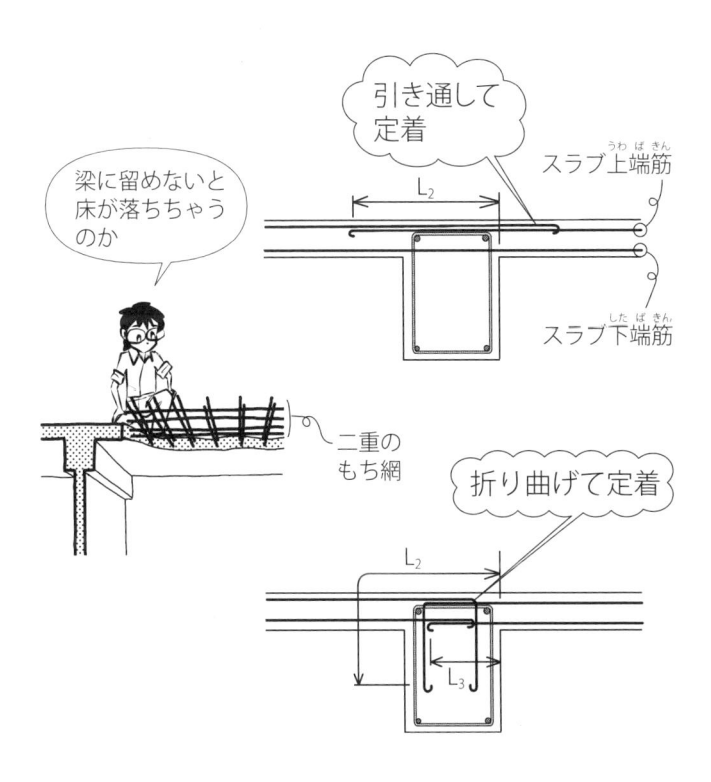

(図：引き通して定着／スラブ上端筋／スラブ下端筋／二重のもち網／折り曲げて定着／梁に留めないと床が落ちちゃうのか)

- 短辺方向の鉄筋には長辺方向に比べて大きな引張りの力がかかるので、短辺方向の鉄筋を主筋、長辺方向の鉄筋を配力筋とか副筋と呼びます。柱梁の軸方向の主筋と違って方向で大きな違いはないので、いずれも主筋と呼ぶこともあります。両方向、上下端ともにD13やD10を200mmピッチ(D13@200、D10@200)程度で配します。

★ R198　スラブ筋　その2

Q スラブ上端筋は梁主筋に直に載せる？

A かぶり厚の関係から、直に載せずにスペーサーなどで持ち上げます。

あばら筋のかぶり厚は40mm、スラブ筋のかぶり厚は30mmで、スラブ筋を梁主筋の上に置くと、10mm違ってしまいます。そのまま結束すると、梁上だけスラブ上端筋が下がることになります。そこで高さを調節するために、梁横にスペーサーを置いたり、**流し筋**（枕筋）を敷いたりして上端筋を浮かせます。梁主筋と結束はしません。

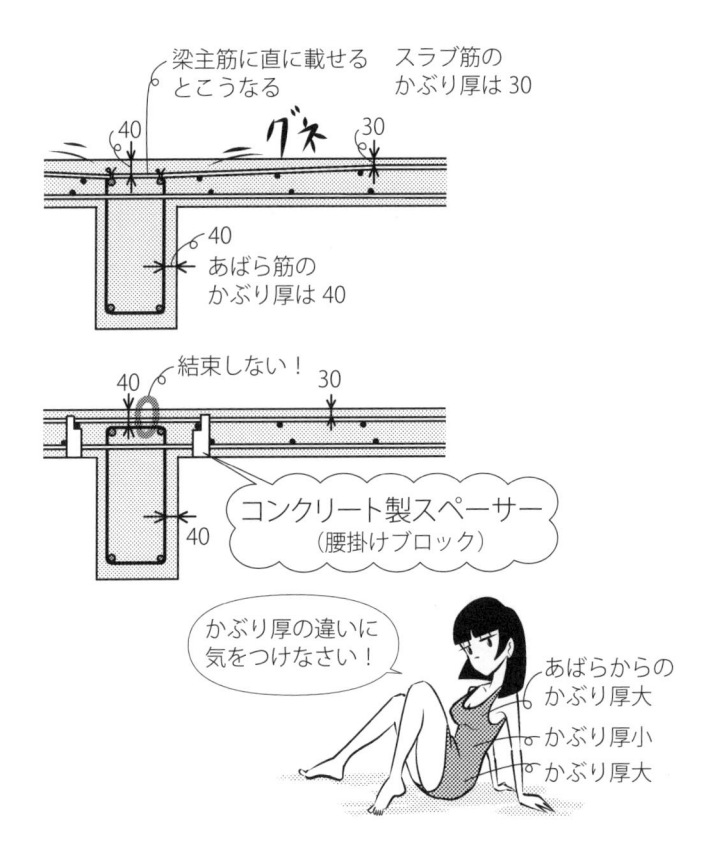

- 梁主筋に直に載せるとこうなる
- スラブ筋のかぶり厚は30
- グネ
- あばら筋のかぶり厚は40
- 結束しない！
- コンクリート製スペーサー（腰掛けブロック）
- かぶり厚の違いに気をつけなさい！
- あばらからのかぶり厚大
- かぶり厚小
- かぶり厚大

★ R199　スラブ筋　その3

Q スラブ筋の組み立て順は?

A 下端筋の主筋(短辺)→配力筋(長辺)→上端筋の配力筋(長辺)→主筋(短辺)の順になります。

短辺方向の主筋が外側(上下端)となるので、最初と最後に配筋します。

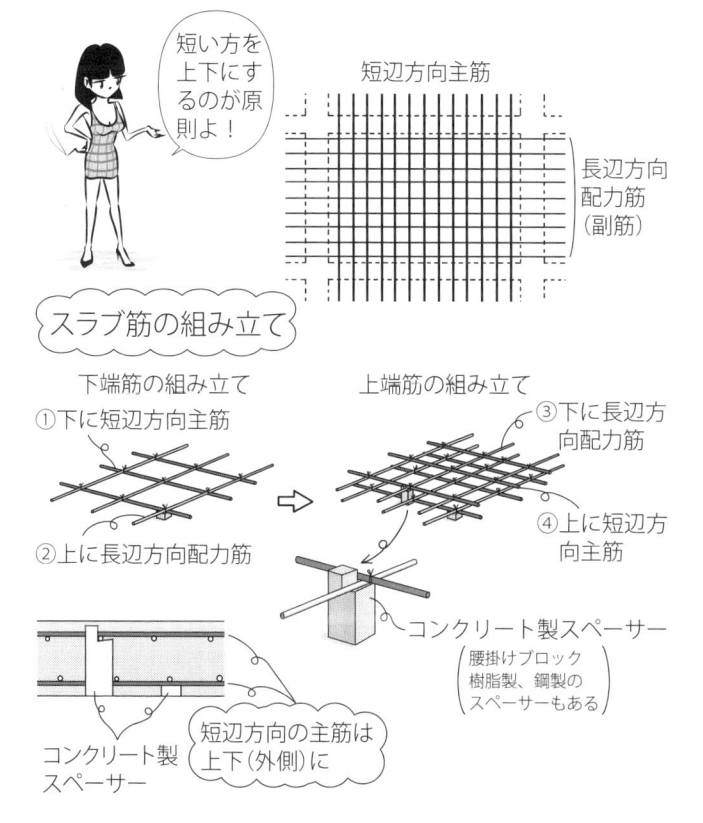

「短い方を上下にするのが原則よ!」

短辺方向主筋

長辺方向配力筋(副筋)

スラブ筋の組み立て

下端筋の組み立て
① 下に短辺方向主筋
② 上に長辺方向配力筋

上端筋の組み立て
③ 下に長辺方向配力筋
④ 上に短辺方向主筋

コンクリート製スペーサー
(腰掛けブロック　樹脂製、鋼製のスペーサーもある)

短辺方向の主筋は上下(外側)に

コンクリート製スペーサー

- せき板にチョークで印を付け、高さの異なるコンクリート製スペーサー(腰掛けブロック)などを置いて、鉄筋を並べていきます。
- スラブがたわむと、上下端が一番伸びることになり、上下端の鉄筋が一番引っ張られます。梁もスラブも、上下端に重要な鉄筋(主筋)を入れるのはそのためです。平面形や梁主筋との納まりで、短辺方向主筋を内側に入れることもあります。

R200 階段の鉄筋 その1

Q 階段の主筋はどこにある?

A 片持ち階段は各段に主筋を入れて壁に定着し、スラブ階段は階段下の斜めスラブ内に主筋を入れて上下の受け梁やスラブに定着します。

階段の支え方で主筋の入れ方が異なります。壁から片持ち(**キャンティレバー**)で張り出す階段では、段の鼻先の中に太い鉄筋を水平方向に入れて、壁の中に折り曲げて定着します。段の下には補助筋を入れて、同様に壁に折り曲げて定着します。上下の梁やスラブで支えて、斜めの床スラブとする階段の場合は、太い鉄筋を斜めのスラブ内に入れます。

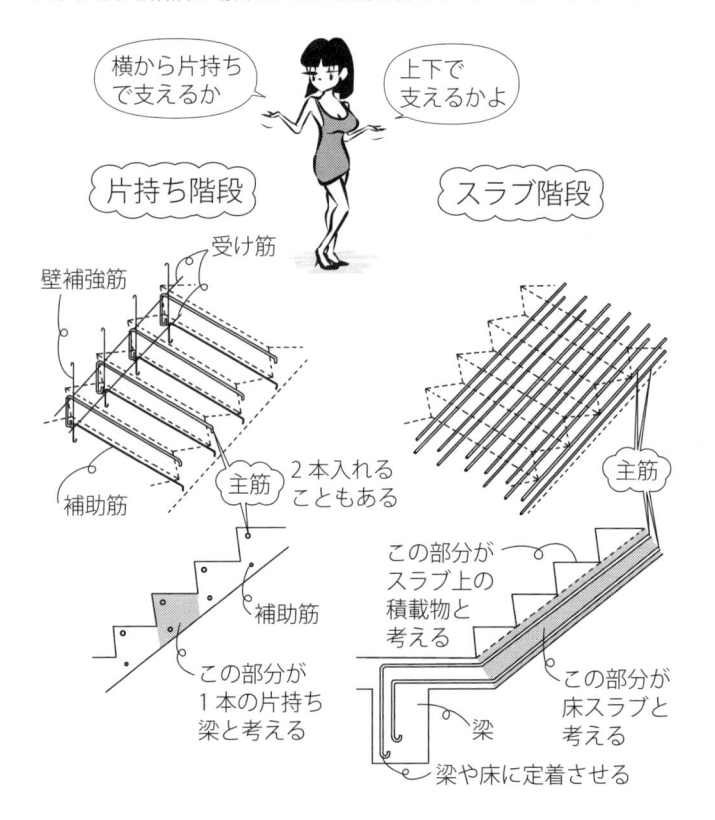

横から片持ちで支えるか
上下で支えるかよ

片持ち階段
スラブ階段

受け筋
壁補強筋
主筋 — 2本入れることもある
補助筋
この部分が1本の片持ち梁と考える

主筋
この部分がスラブ上の積載物と考える
この部分が床スラブと考える
梁
梁や床に定着させる

- 鉄筋でややこしいのが、柱梁交差部(**R184**参照)と階段部分です。階段部分は大きくは片持ち梁形式とスラブ形式があって、その支え方から決まる主筋の入れ方をまず覚えておきましょう。

R201 階段の鉄筋　その2

Q いなずま筋とは？

A 階段の段に合わせてジグザグに曲げられた鉄筋のことです。

片持ち階段、スラブ階段ともに、いなずま筋は水平の筋を巻き込むようにジグザグに配筋します。

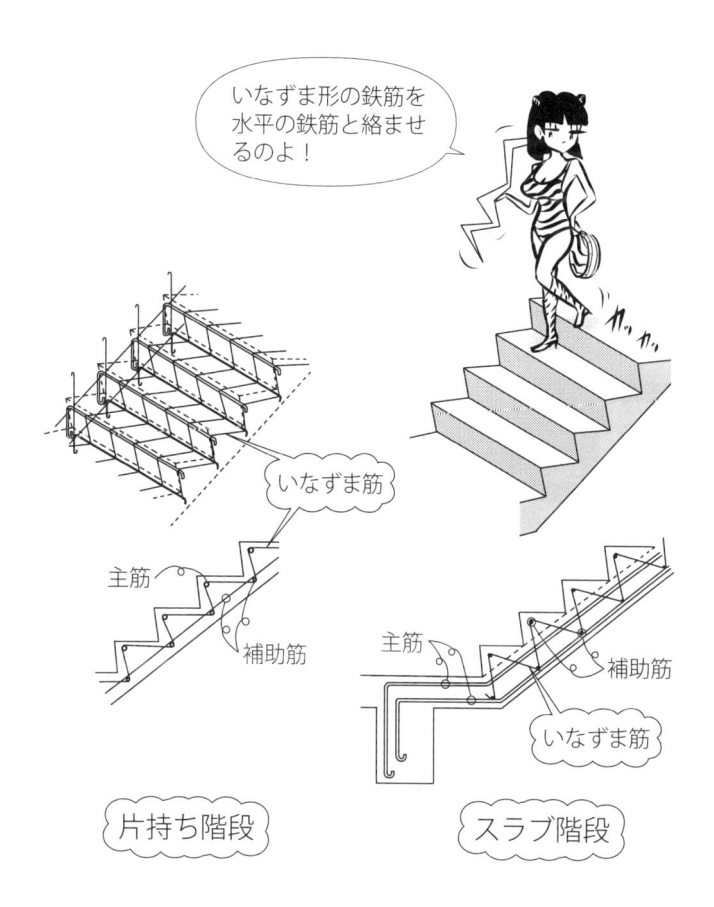

> いなずま形の鉄筋を水平の鉄筋と絡ませるのよ！

片持ち階段

スラブ階段

- 階段の下の型枠をつくり、階段の配筋をし、階段の上側を押さえる型枠をつくります。段の上を押さえる型枠がないと、上から注ぎ込まれた生コンがあふれ出てしまいます。

★ R202 配筋検査

Q 配筋検査とは？

A 配筋図の通りに鉄筋が配置されているか検査することです。

鉄筋の径（サイズ）と本数はもちろんのこと、間隔（ピッチ）、相互のあき、かぶり厚、継手長さ、定着長さを調べます。またスペーサーの数量と配置、なまし鉄線による結束の程度なども確認します。

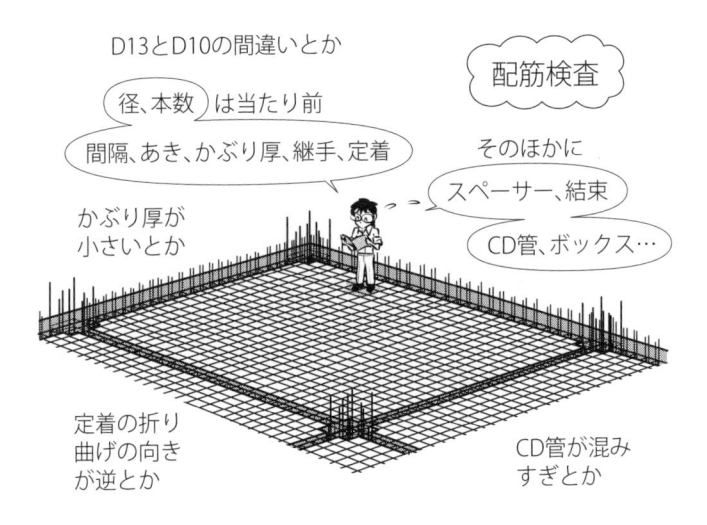

[スーパー記憶術]
セクシーな細い　2本足、間隔とあき　にかぶり　つき
　　　径　　本数　　　　　　　　　　かぶり厚　継手・定着

配筋検査

- 径、本数 は当たり前
- D13とD10の間違いとか
- 間隔、あき、かぶり厚、継手、定着
- かぶり厚が小さいとか
- 定着の折り曲げの向きが逆とか
- そのほかに スペーサー、結束
- CD管、ボックス…
- CD管が混みすぎとか

- 筆者の経験では、かぶり厚が足りないケースが多くありました。また基礎の耐圧版の鉄筋の基礎梁への定着が、下にL字に曲げていましたが、本当は上に曲げねばならず、1列全部組み直したこともあります。生コンを打ってしまったらおしまいなので、打つ前の鉄筋や型枠の検査は非常に重要です。
- 鉄筋ばかりでなく、型枠内にはCD管、スイッチボックスなどが多くあります。CD管が混んでいたりコンクリート表面に近かったりした場合、コンクリートの亀裂の原因となります。

★ R203　保管

Q 鉄筋、型枠用合板はどのように保管する？

A 受け材の上に平置きにして、雨や土、ほこり、油などが付かないように、日光が当たらないように、シートをかけて養生します。

鉄筋はサイズ別、長さ別に分類整理して、**受け材**の上に平置きします。せき板に使う合板（コンパネ）も、受け材の上に平置きです。

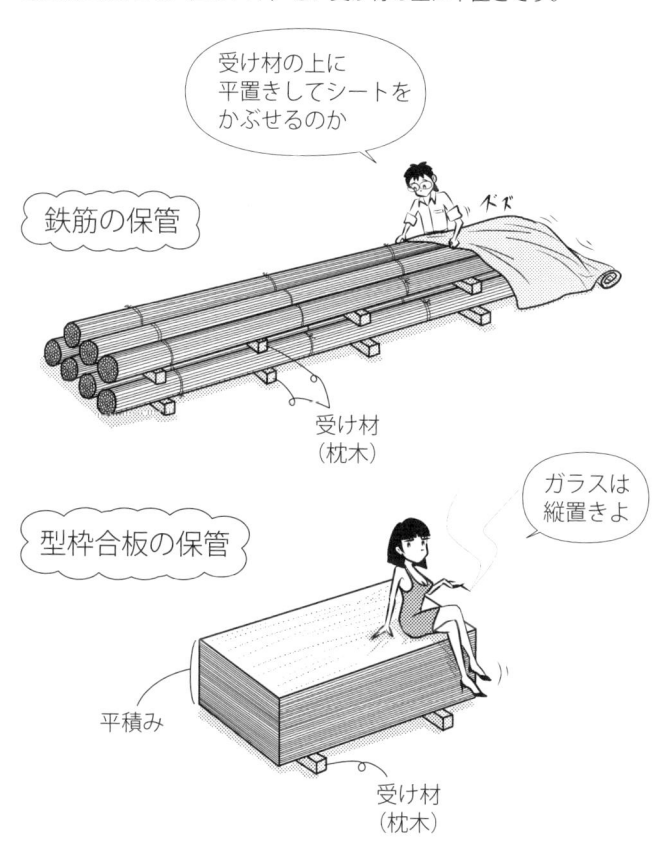

「受け材の上に平置きしてシートをかぶせるのか」

鉄筋の保管

受け材（枕木）

「ガラスは縦置きよ」

型枠合板の保管

平積み

受け材（枕木）

- 合板は直射日光を当てると、木材中の糖分やタンニンが表面に出て、コンクリートの硬化不良の原因となります。
- ガラスは重く、平積みすると下のガラスが割れるおそれがあるので、縦置きで保管します。隙間をあけずに、クッション材の上に縦に置きます。立てかける板にも、クッション材を付けます。

★ R204　　　セメント　その1

Q セメント袋はどのように保管する?

A 湿気を避けるため、窓のない気密性の高い倉庫で、床から30cm以上高くして保管し、積むのは10袋以下とします。

セメントの粉末は湿気を吸うと、ボツボツと凝固して、さらに大きな固まりとなってしまいます。また空気中の二酸化炭素を吸って風化します。通風は避け、さらに圧力もかからないようにする必要があります。

[スーパー記憶術]
セメントー
10袋以下

セメントの保管

湿気が入らないようにか
通風もしちゃダメなのか

ドアはしっかり閉めなさい!
窓もない方がいいのよ

30cm以上

圧力がかからないように積むのは10袋以下

タイルや石を張る、コンクリートの凹凸をならす(左官)などに使うセメント

- 以前築古の戸建てを買ってセルフリフォームをした際に、コンクリートをつくった残りのセメントを、袋に簡単にふたをして、不用意に外の雨のかからない所に置いておいたことがあります。すぐにブツブツと固まってしまいました。セメントは湿気を避ける! と覚えておきましょう。
- セメントは水と反応して固まります。この反応を水和作用、この性質を水硬性といいます。水和作用では熱が発生します。
- セメントは強いアルカリ性ですが、空気中の二酸化炭素と反応して中性化します。

★ R205 セメント その2

Q ポルトランドセメントとは？

A 最も一般的に使われているセメントのことです。

固まったときの色合いが、イギリスのポートランド島の石灰石に似ているのでポルトランドセメントと名づけられました。粘土、石灰石を粉砕、焼成して石膏を加えてつくります。

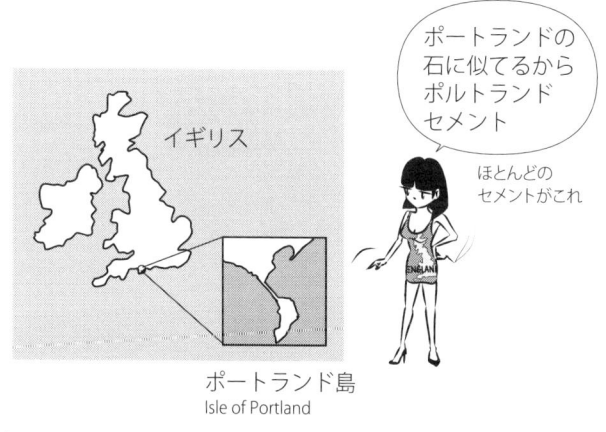

イギリス

ポートランド島
Isle of Portland

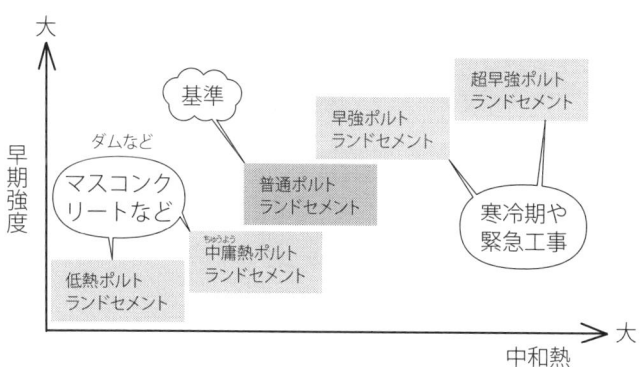

ポートランドの石に似てるからポルトランドセメント

ほとんどのセメントがこれ

早期強度（大）／中和熱（大）

- 超早強ポルトランドセメント
- 早強ポルトランドセメント（寒冷期や緊急工事）
- 普通ポルトランドセメント（基準）
- 中庸熱ポルトランドセメント
- 低熱ポルトランドセメント（マスコンクリートなど、ダムなど）

- 普通ポルトランドセメントのほかに、超早強ポルトランドセメント、早強ポルトランドセメント、中庸熱ポルトランドセメント、低熱ポルトランドセメント、耐硫酸塩ポルトランドセメントなどがあります。

★ R206　　　　　　　　　　セメント　その3

Q 混合セメントとは？

A 混合材を加えた高炉セメント、フライアッシュセメントなどです。

■ 製鉄所の溶鉱炉から出る高炉スラグ（slag：くず）を粉砕したものを混ぜた**高炉セメント**、火力発電所のボイラーから出るフライアッシュ（fly ash：飛ぶ灰）を混ぜた**フライアッシュセメント**など、産業廃棄物を有効に活用しています。

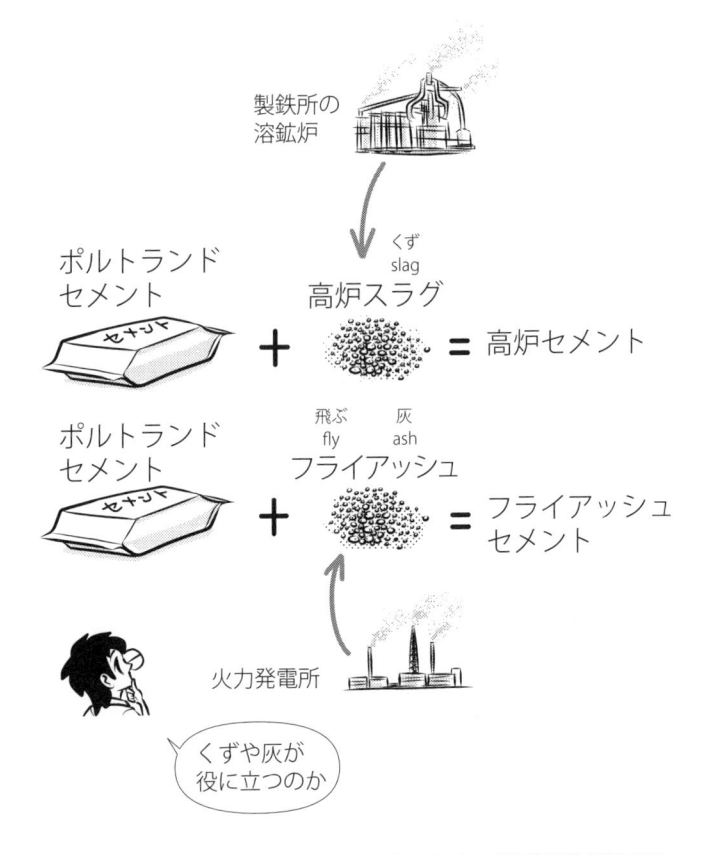

製鉄所の溶鉱炉

ポルトランドセメント ＋ 高炉スラグ（くず／slag） ＝ 高炉セメント

ポルトランドセメント ＋ フライアッシュ（飛ぶ／fly　灰／ash） ＝ フライアッシュセメント

火力発電所

（くずや灰が役に立つのか）

- 混合材の微粒子を混ぜることでセメントを少なくでき、水和熱が低く抑えられ、乾燥収縮が少なくなります。またアルカリ分が減り、アルカリ骨材反応を抑制できます。混合材の量によって、A種＜B種＜C種があります。

★ R207

調合

Q コンクリート中のセメントの容積比は?

A 約10%です。

セメント約10%、水約16%、空気約4～5%で、約30%の容積となります。セメント+水+空気はセメントペーストといい、**のろ**とも呼ばれます。コンクリートは砂と砂利をセメントペースト（のろ）という接着剤で固めて一体とした、人工的な石です。約7割が砂と砂利、約3割が接着剤としてのセメントペーストです。

[スーパー記憶術]
セメントー　水色　ヨーコは空気デブ
　10%　　　16%　　4～5%

コンクリート中の絶対容積比

空気 4%	セメント 10%	水 16%	砂 30%	砂利 40%

セメントペースト 30%
（のろ）

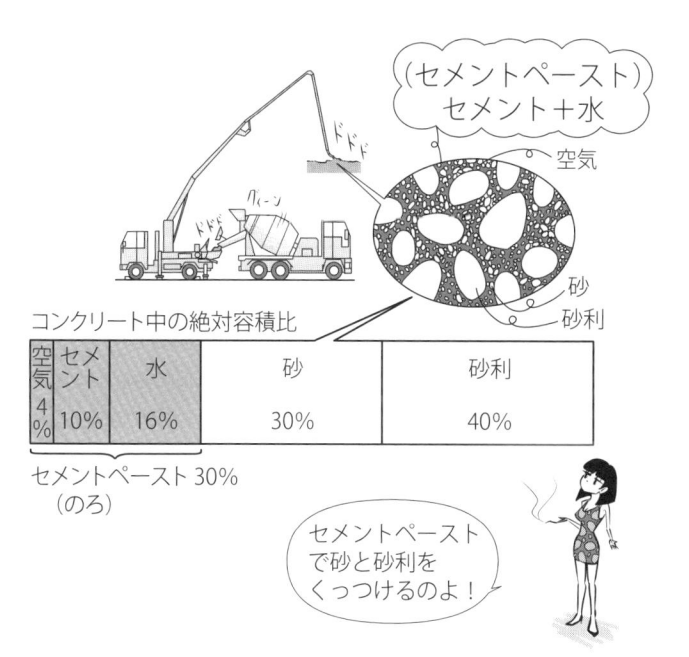

セメントペーストで砂と砂利をくっつけるのよ！

- 絶対容積とは、そのもの以外の空げき（すき間）は入れない容積、体積のことです。
- ペースト（paste）とはのり、セメントペーストはセメントのりです。セメントのりで砂、砂利をくっつけて固めたのがコンクリートです。アスファルトでくっつけたのがアスファルトコンクリートで、道路や駐車場に使われます。

R208 調合 その2

Q 砂（細骨材）、砂利（粗骨材）の容積比は？

A 約30%、約40%です。

コンクリートの骨となる材が骨材ですが、砂は細骨材、砂利は粗骨材といいます。5mmを境に区別しています。

[スーパー記憶術]
<u>再</u> <u>三</u>　<u>粗</u> <u>品</u>をあげる
細　30%　粗　40%

コンクリート中の絶対容積比

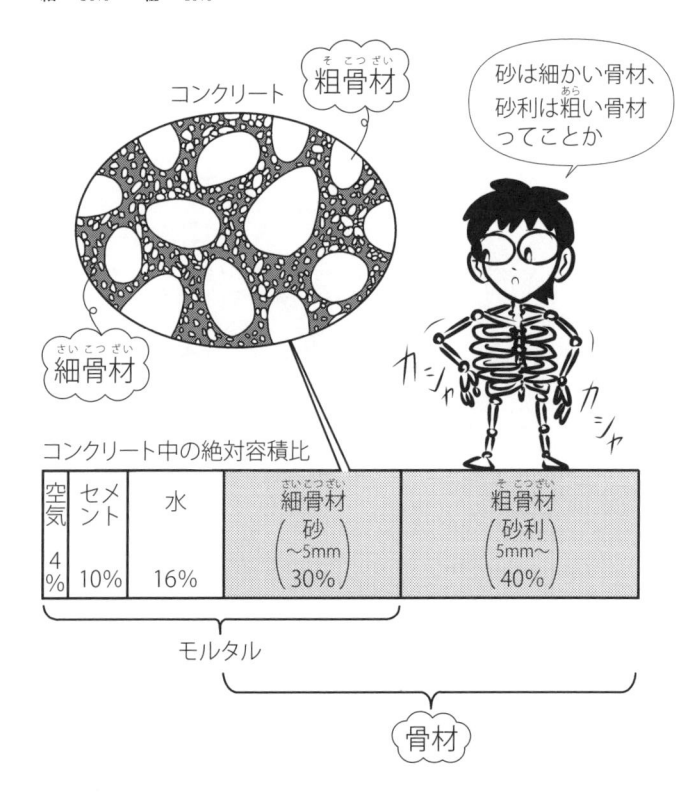

空気	セメント	水	細骨材 砂 (〜5mm)	粗骨材 砂利 (5mm〜)
4%	10%	16%	30%	40%

モルタル（空気〜細骨材）
骨材（細骨材＋粗骨材）

- 粗骨材（砂利）は小指の先くらいの大きさの小石です。砂利を入れずに砂だけにすると、コンクリートのボリュームがつくれません。
- セメントペーストに砂を加えただけのものは、モルタルといいます。接着力、強度、防水性はありますので、さまざまな所に使われます。

★ **R209** 調合　その3

Q 細骨材と粗骨材の違いは？

A 5mmのふるい（網目）を通るのが細骨材、残るのが粗骨材です。

正確には5mmのふるいを85%以上通るのが細骨材、85%以上残るのが粗骨材です。

[スーパー記憶術]
<u>古い</u>　<u>ゴミの</u>　<u>箱</u>
ふるい　5mm　　85%

（5mmで分けるのか）

5mmの目のふるい

85%以上通る → 細骨材（砂）

85%以上残る → 粗骨材（砂利）

- 大まかには、5mm以下が細骨材、砂で、5mm以上が粗骨材、砂利です。コンクリートは粗骨材が大きい方が、砂利そのものが壊れにくくて耐久性もあるので、品質はよくなります。ただし建築工事では狭い型枠の中に多くの鉄筋、セパレータ、CD管、スイッチボックスなどがあるので、砂利は大きすぎると通りにくくなり、最悪、詰まって流れなくなってしまいます。そこで打ち込む部位によって、粗骨材の最大寸法の規定があります。

R210 調合 その4

Q 細骨材率とは？

A 細骨材の骨材全体に占める割合を、絶対容積比で表したものです。

細骨材が骨材全体（細骨材＋粗骨材）の何％を占めるかの割合が、細骨材率です。細骨材率、空気量（空気の容積／コンクリートの容積）は、ともに容積比です。

[スーパー記憶術]
空っぽな　骨　の　容器
空気量　細骨材率　容積比

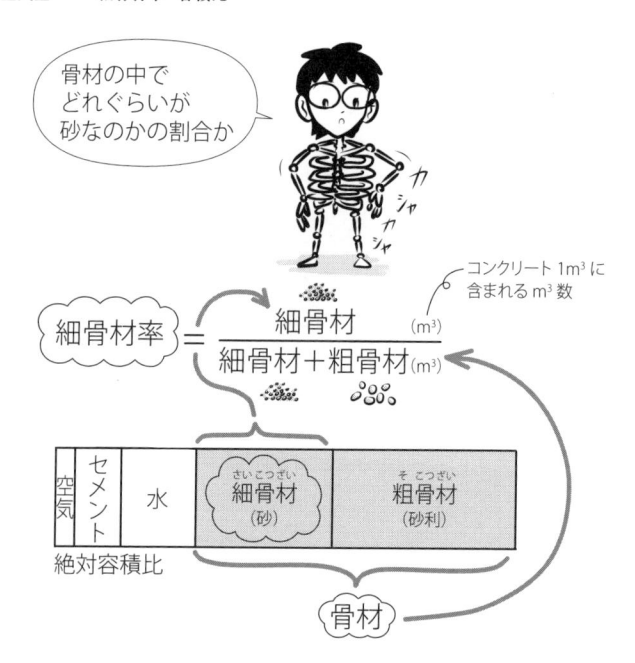

骨材の中でどれぐらいが砂なのかの割合か

コンクリート $1m^3$ に含まれる m^3 数

$$細骨材率 = \frac{細骨材 (m^3)}{細骨材＋粗骨材 (m^3)}$$

| 空気 | セメント | 水 | 細骨材（砂） | 粗骨材（砂利） |

絶対容積比

骨材

- 絶対容積には、そのもの以外の空げきは含まれません。たとえば砂と砂のすき間、砂利と砂利のすき間は、絶対容積には含まれません。砂利の内部の空げきは絶対容積に含まれます。
- 水や空げきを多く含むモルタル（水＋セメント＋細骨材）を減らして、空げきの少ない粗骨材を多くすると、すなわち細骨材率を低くすると、コンクリートの密度が高くなって、耐久性が上がります。
- コンクリートの調合（配合）は質量で行うので、容積比で出した各骨材の容積は、密度（質量／容積）を使って質量に直します。

★ R211　調合　その5

Q 普通コンクリートと軽量コンクリートの違いは？

A 粗骨材（砂利）が違います。

普通コンクリートは通常の構造体に使われるコンクリートで、軽量コンクリートは防水の押さえや鉄骨造のスラブなどに使われる軽いコンクリートです。軽量の砂利は小さくて軽い粒で、内部に空げきが多くあります。普通コンクリートと軽量コンクリートは、骨材による分類というわけです。

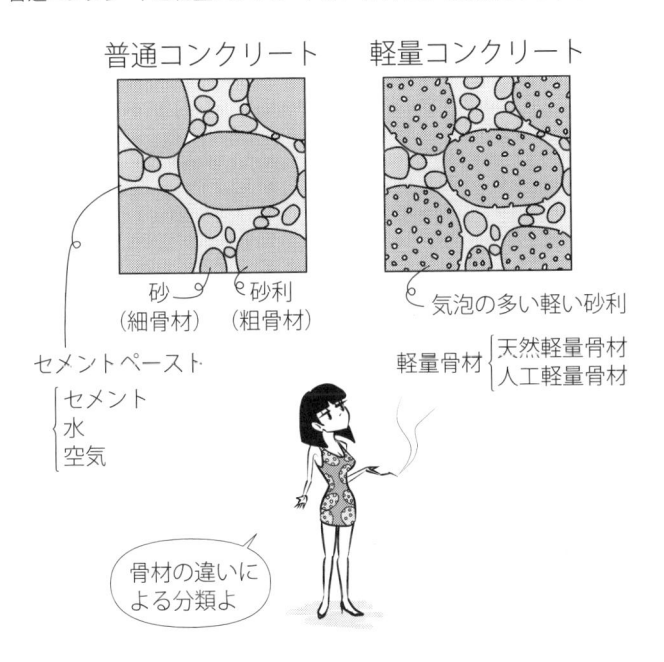

普通コンクリート

砂（細骨材）　砂利（粗骨材）

セメントペースト
- セメント
- 水
- 空気

軽量コンクリート

気泡の多い軽い砂利

軽量骨材 { 天然軽量骨材 / 人工軽量骨材 }

（骨材の違いによる分類よ）

- 軽量骨材には天然軽量骨材と人工軽量骨材がありますが、人工軽量骨材が多く用いられます。人工軽量骨材は、岩石を細かく砕いて、人工的に焼成、発泡して内部に多数の空げきをつくった骨材です。空気の泡のために、軽さのほかに断熱性が高いという長所もあります。JISの規定では粗骨材の最大寸法、スランプ、強度などが定められています。軽量コンクリートを構造材に使うこともありますが、その場合は所定の強度を満たしたものを使います。
- 一般の骨材（砂、砂利）にも天然と人工があり、人工骨材は岩石を砕いて砕砂（さいさ）、砕石（さいせき）にしたものです。
- 軽量気泡コンクリートとはコンクリートに気泡を多く入れた外装などに使う板で、ALC（autoclaved light weight concrete）と呼ばれ、軽量コンクリートとは違うものです。

★ R212

調合 その6

Q 調合は容積でする？ 質量でする？

A 質量でします。

水、セメント、砂、砂利の比率を決めることを調合といいます。砂と砂のすき間、砂利と砂利のすき間を除いた絶対容積を計るのは難しいので、質量で計って調合します。

コンクリートの調合

○容積で計る

水　　　セメント　　　砂　　　　　　砂利
0.5　：　1　：　2　：　4

― この空げきも容積に入っている

砂利のみの絶対容積を計るのは難しい！

○質量で計る

水	セメント	砂	砂利
190kg	380kg	660kg	1060kg ← 1m³ あたりの質量

質量(kg)で計った方が正確よ！

43.00kg

- 水：セメント：砂：砂利＝バケツで0.5杯：1杯：2杯：4杯とざっくりと計って混ぜても固まります。まず砂とセメントをスコップで混ぜ合わせ、様子を見ながら水と砂利を加えていきます。土間コンクリート程度ならこれでOKですが、構造体で使うには正確な調合が必要です。スコップで混ぜる作業は、筆者もやったことがありますが、体力的にかなりしんどいです。
- コンクリートの比率を決めることを建築では調合、土木では配合といいます。

★ R213 レディミクストコンクリート

Q レディミクストコンクリート（ready-mixed concrete：略称レミコン）とは？

A 生コン工場で調合されてミキサー車で運ばれてくる固まる前のコンクリートです。

フレッシュコンクリートともいい、俗に**生コンクリート**、**生コン**と呼ばれるものです。前もって（ready）混ぜられた（mixed）コンクリート、まだ混ぜられたばかり（fresh）のコンクリートです。

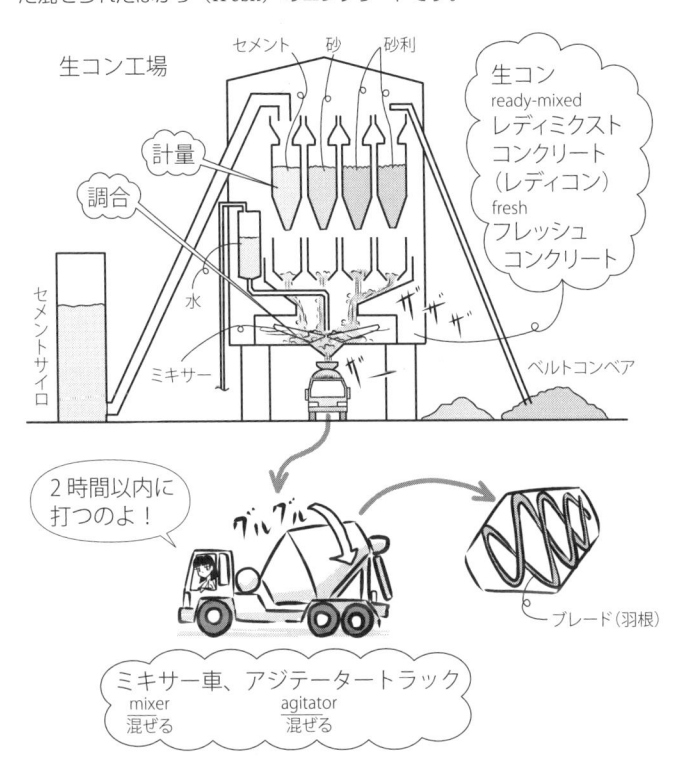

生コン工場 — セメント、砂、砂利／計量／調合／セメントサイロ／水／ミキサー／ベルトコンベア

生コン
ready-mixed
レディミクストコンクリート
（レディコン）
fresh
フレッシュコンクリート

2時間以内に打つのよ！

ミキサー車、アジテータートラック
mixer　agitator
混ぜる　混ぜる

ブレード（羽根）

- 生コンクリートは現場に到着する前に固まらないように、ミキサー車がかき混ぜ（mix）ながら持ってきます。ミキサー車はアジテータートラック（agitator truck）ともいいますが、アジテート（agitate）とはかき混ぜるという意味です。調合から打ち込みまで、気温によって1.5～2時間以内と決められているので、生コン工場はあちこちにあります。
- 生コン工場は、コンクリート工場、バッチャープラント（batcher plant）などともいいます。batchは、ひと束にまとめるという意味です。

R214 水セメント比 その1

Q 単位水量、単位セメント量とは？

A コンクリート$1m^3$中の水のkg数、セメントのkg数です。

コンクリート$1m^3$中にどれくらいの質量の水があるか、セメントがあるかの数値です。単位水量／単位セメント量＝水セメント比となります。

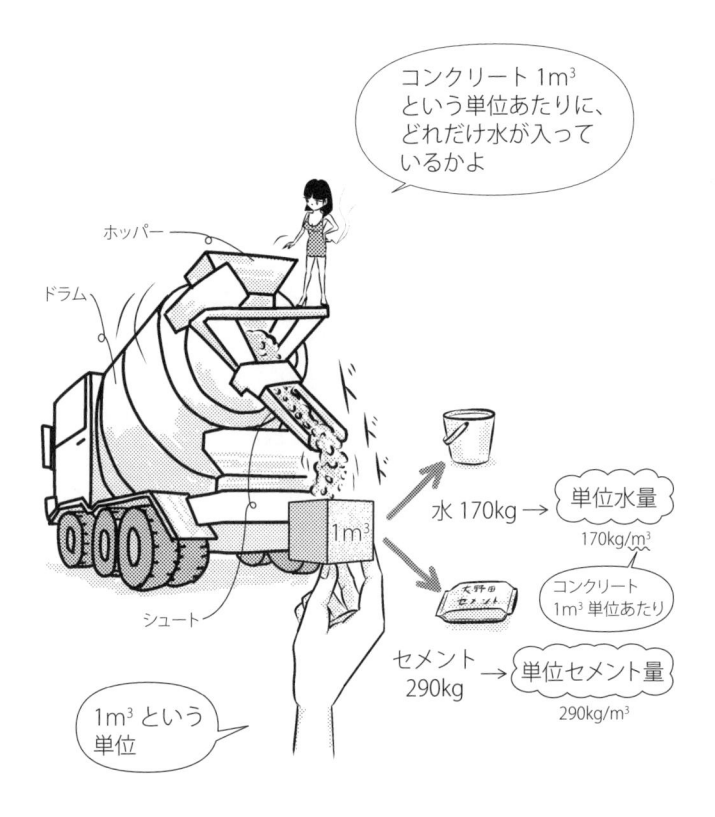

> コンクリート$1m^3$という単位あたりに、どれだけ水が入っているかよ

- ホッパー
- ドラム
- シュート

$1m^3$という単位

水 170kg → **単位水量** $170kg/m^3$

コンクリート$1m^3$単位あたり

セメント 290kg → **単位セメント量** $290kg/m^3$

- JASS 5では単位水量は$185kg/m^3$以下、単位セメント量は$270kg/m^3$以上となっています。
- 水セメント比を57%、単位水量を$170kg/m^3$とすると、単位セメント量 x は$170/x = 0.57$ より $x = 170/0.57 = 298kg/m^3$ となります。

★ R215 水セメント比 その2

Q 水セメント比とは？

A 水（kg）/セメント（kg）で表される水とセメントの比です。

水をW（Water）、セメントをC（Cement）として、水セメント比をW/Cと書くこともあります。セメント100kgに対して水が50kgならば、水セメント比は50%となります。

[スーパー記憶術]
水セメントの順に水÷セメント　W/C→トイレ→水→水セメント比

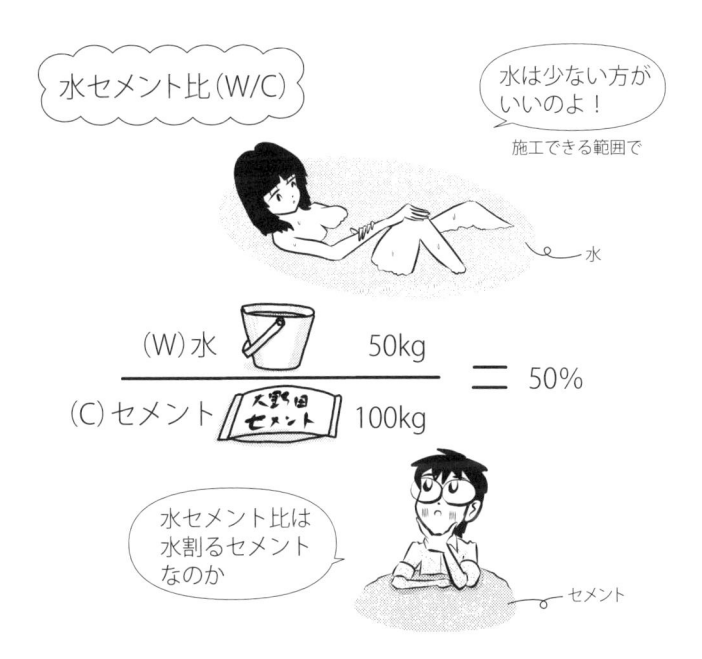

水セメント比（W/C）

水は少ない方がいいのよ！
施工できる範囲で

水

（W）水　　　　　50kg
――――――――――――― ＝ 50%
（C）セメント　　 100kg

水セメント比は水割るセメントなのか

セメント

- JASS 5では、普通コンクリートの水セメント比は65%以下、軽量コンクリートの水セメント比は55%以下と規定されています。
- 生コンに水が多いほど、簡単に流れ、簡単に水平に打てて、工事は楽になります。生コンへの加水は厳禁で、現場でしっかりと管理する必要があります。加水した水の多いコンクリートは、ジャブコンとかシャブコンと呼ばれることもあります。
- 水セメント比が小さいと、コンクリートの組織が緻密になり、炭酸ガスが入りにくくなって、コンクリートのアルカリ性が中性化するスピードが遅くなります。

★ R216　水セメント比　その3

Q 水セメント比が大きいと、
1 強度は（大きい、小さい）？
2 乾燥収縮は（大きい、小さい）？

▼

A 1 小さい
2 大きい

水セメント比は強度の指標で、水セメント比が大きいほど強度は小さくなります。また乾燥収縮も大きくなり、ひび割れが発生しやすくなります。

[スーパー記憶術]
<u>水ぶくれ</u>　　　　は<u>弱い</u>
水セメント比大　→　　強度小

（ビールぶくれ）
（水ぶくれはダメ！）

水が少ないと固まらないし、流れにくいけどね

（水セメント比が大きいと）
　強度は小さい
　乾燥収縮は大きい
　流れやすくて施工は楽だが

- 水が少ないと生コンが流れにくく、施工性（ワーカビリティー）が悪くなります。「水は少ない方がいい」のですが、セメントがしっかりと固まる範囲で、施工できる範囲でという条件がつきます。

★ R217　強度　その1

Q 水セメント比（W/C）の逆数、セメント水比（C/W）と強度はどのような関係？

A 下のグラフのように、右肩上がりの直線的関係となります。

水に対してセメントが多いほど、コンクリートの圧縮強度は増します。まず圧縮強度を決め、次に直線の式からセメント水比（C/W）を求め、その逆数である水セメント比（W/C）を求めることができます。強度を決めれば、水セメント比はそれに対応させて自然に決まるわけです。

圧縮強度→セメント水比（C/W）→水セメント比（W/C）

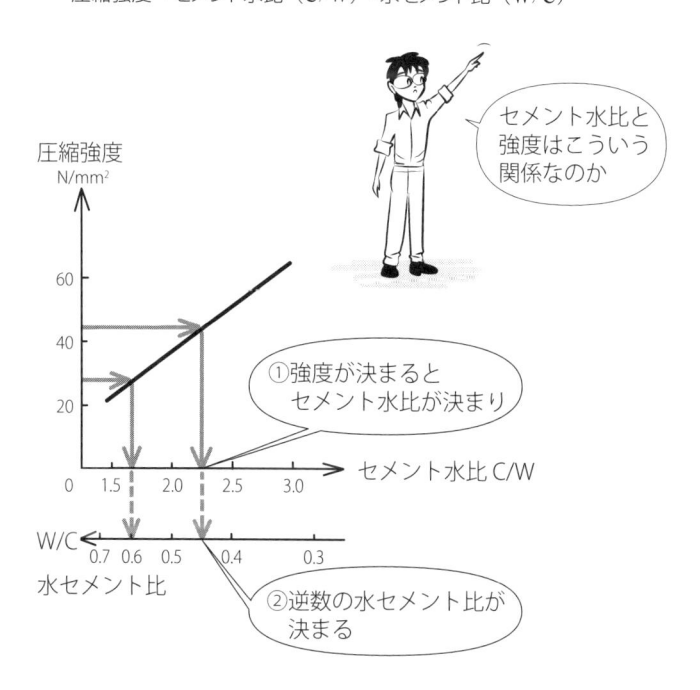

セメント水比と強度はこういう関係なのか

①強度が決まるとセメント水比が決まり

②逆数の水セメント比が決まる

- セメント水比と強度は直線のグラフになりますが、水セメント比と強度は直線になりません。水セメント比の目盛が等間隔でないのを見てください。
- コンクリートは圧縮強度が決まれば、引張り強度、曲げ強度はおおよそ推定できます。
- セメントが多いと強度は増しますが、水和熱が高くなり、亀裂が発生しやすくなる、アルカリ骨材反応が起こりやすくなる、高価になるなどの欠点も伴います。圧縮強度から水セメント比を求め、そこから耐久性を考えて調合設計を進めます。

R218 強度 その2

ンは何日くらいで所定の強度になる？

A 28日（4週）程度です。

材齢28日の強度、4週強度で、「設計基準強度＋安全のための割り増し値」が目指されます。気温が高いと強度は早く出ます。

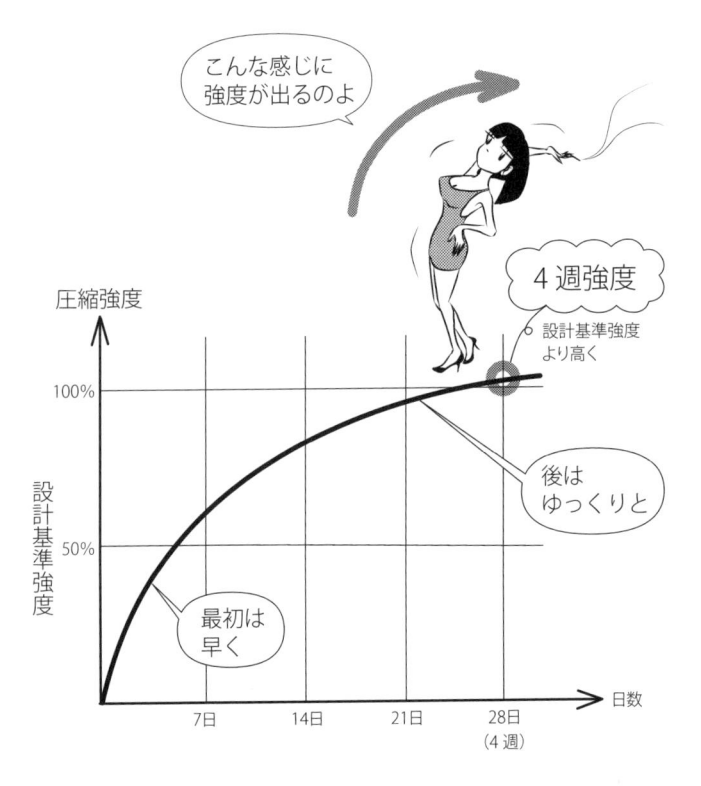

こんな感じに強度が出るのよ

4週強度
設計基準強度より高く

圧縮強度

100%

設計基準強度

50%

後はゆっくりと

最初は早く

7日　14日　21日　28日（4週）

日数

- コンクリート表面の水が蒸発や凍結でなくなると、水和反応をする水が不足して、強度は小さくなります。表面に散水し、ビニールシートをかぶせるなどして湿潤養生（しつじゅんようじょう）します。
- 養生とは保護、保養することですが、コンクリートでは打設後に温度、湿度などを調節して保護することです。塗装での養生とは、塗装面以外に塗料がつかないように、テープなどで保護することです。仕上げ材の養生とは、工事中に仕上げ材が傷つかないように、プラスチックや紙などで覆ったり巻いたりして保護することです。

R219 強度 その3

Q 調合強度を求めるには？

A 下図のように、構造設計による強度と耐久設計による強度の大きい方に、補正値と割り増しを加えて求めます。

構造計算で使う**設計基準強度**と耐久性からの**耐久設計基準強度**を比較して、大きい方を採用します。そして安全を考慮して補正値を足し、強度のばらつきを考慮してさらに割り増しをして、最終的に調合強度を出します。

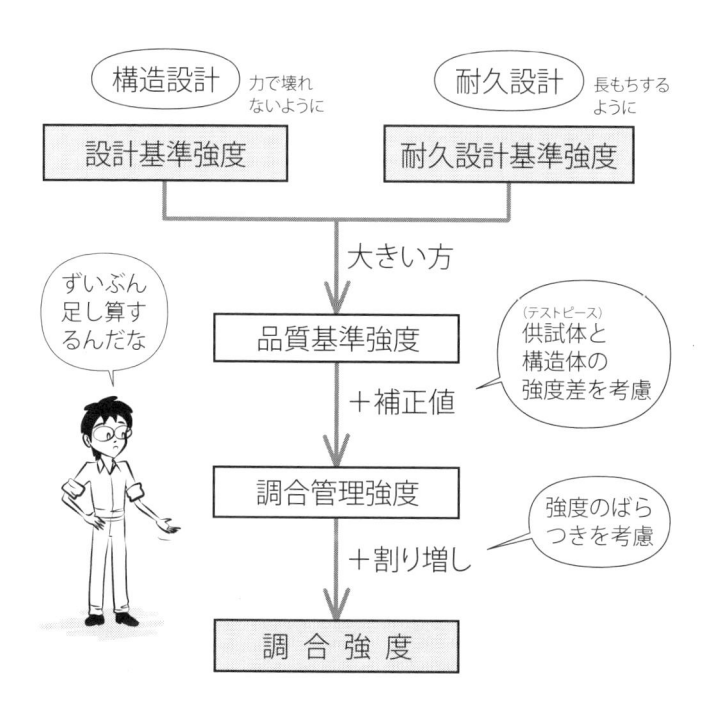

```
 ┌─────────────┐              ┌─────────────┐
 │ 構造設計 │力で壊れ       │ 耐久設計 │長もちする
 │          │ないように     │          │  ように
 └─────────────┘              └─────────────┘
 ┌─────────────┐              ┌─────────────┐
 │ 設計基準強度 │              │ 耐久設計基準強度 │
 └─────────────┘              └─────────────┘
         └──────────┬──────────┘
                大きい方
                    ▼
            ┌─────────────┐      (テストピース)
            │ 品質基準強度 │      供試体と
            └─────────────┘      構造体の
                 +補正値          強度差を考慮
                    ▼
            ┌─────────────┐      強度のばら
            │ 調合管理強度 │      つきを考慮
            └─────────────┘
                 +割り増し
                    ▼
            ┌─────────────┐
            │  調 合 強 度 │
            └─────────────┘
```

ずいぶん足し算するんだな

- 構造体強度とは、実際の建物自体のコンクリートの強度です。建物からくり抜いたコアで試験するのがベストですが、建物と同様の養生をした供試体の試験から推定するのが普通です。

強度　その4

リートの圧縮強度の測定はどうする？

A 円筒形の供試体（テストピース）をつくり、圧縮して破壊し、強度を測ります。

供試体は、直径の2倍の高さの円筒形（$\phi100\times200$mm、$\phi125\times250$mm、$\phi150\times300$m など）です。破壊時の力を供試体の断面積で割って、圧縮強度を求めます。

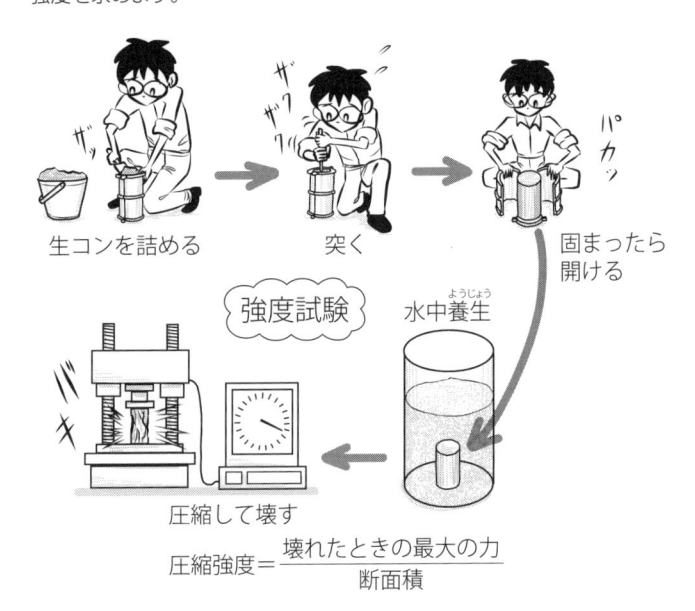

生コンを詰める　→　突く　→　固まったら開ける

強度試験

水中養生

圧縮して壊す

$$\text{圧縮強度} = \frac{\text{壊れたときの最大の力}}{\text{断面積}}$$

- 供試体（きょうたい）とは試験に供する物体という意味です。圧縮強度がわかれば、引張り強度、曲げ強度はおおよそ推定できます。試験では実際に押しつぶすのが一番ですが、シュミットハンマー、超音波、X線などを使う非破壊検査もあります。
- 養生には工場での標準養生（工場の水槽に入れる）、現場水中養生（現場のドラム缶に入れる）、現場封かん養生（現場の水の入っていない缶に入れる）があります。
- 打ち込み工区ごと、打ち込み日ごと、150m³ごと、ミキサー車ごとに、1週強度試験用、4週強度試験用、型枠脱型強度試験用など各3個つくり、16時間以上3日以内に脱型後に養生し、所定の日数後に圧縮試験し、その平均をとるなどとJISやJASSで決められています。生コン工場が行う受け入れ検査と、工事業者のゼネコンが行う構造体コンクリートの圧縮強度試験では、内容に若干の差があります。

R221 水の分量 その1

Q 水の多い軟らかい生コンだと、砂利は分離しやすい？ しにくい？

A 分離して下に沈みやすくなります。

粘りけのある硬い生コンに比べて、さらさらした軟らかい生コンは、砂利が重力で下に沈む傾向があります。セメントと水の水和反応の進行によって流動性が低下し、砂利が分離しにくくなります。

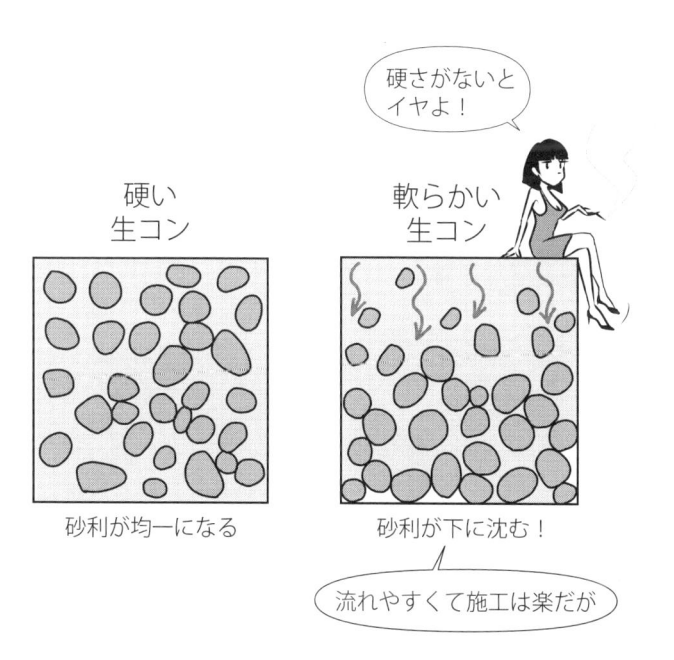

硬い生コン
砂利が均一になる

軟らかい生コン
砂利が下に沈む！

硬さがないとイヤよ！

流れやすくて施工は楽だが

- このような砂利が沈んで水の一部が遊離して上昇する現象をブリーディング (bleeding) といいます。

★ R222　水の分量　その2

Q 水を少なくすると生コンが流れにくくなりますが、その場合はどうする？

A AE剤、減水剤、AE減水剤などの混和剤を入れて、流れをよくします。

AE剤は気泡、減水剤はマイナスイオン（界面活性剤）、AE減水剤は気泡とマイナスイオンによって、生コンの流れをよくします。

AE剤を加えると
流れがよくなる

AE剤
- セメント粒子
- 気泡
- 気泡のボールベアリング効果

水の代わりに流れをよくする薬剤よ

減水剤
- セメント粒子
- マイナスイオン
- マイナスイオンの反発による離散

- AEはAir Entrainingの略で、空気（Air）に載せて運ぶ（Entrain）が原義です。コンクリートの水を多くすると強度や耐久性に問題が出ますが、減らすと流れにくくなります。そこで登場したのが混和剤です。混和「剤」の量は微量なので調合容積では無視できますが、フライアッシュ（Fly ash：石炭の燃えかす。強度を向上させる）などの混和「材」の量は無視できません。薬剤と材料、剤と材の違いです。
- JASS 5では、AE剤、AE減水剤を用いた場合の空気量は4%以上5%以下（「ヨーコは空気デブ」と覚えましょう）とされています。気泡がクッションになり、凍結・融解の影響も少なくすることができます。

★ R223　スランプ　その1

Q スランプ（slump）とは？

A 高さ30cmのスランプコーン（slump cone）に生コンを入れてからコーンを上に持ち上げ、生コンが30cmから何cm下がるかの値です。

スランプコーンに生コンを入れた後、突き棒でよくかき混ぜ、コーンをまっすぐ上に持ち上げます。生コンは横に広がり、軟らかいほど山は低く、スランプ値は大きくなります。

- コーン（cone）とは円錐形のことで、スランプコーンは高さ30cm、底面の直径20cm、上面の直径10cmと決められています。JIS A 1101では生コンはほぼ等しい量を3層に分けて詰め、突き棒で25回突くなどと規定されています。JASS 5では、強度が33N/mm²では18cm以下とされています。
- スランプフロー（slump flow）とは、コーンを引き上げたときの生コンの最大の直径です。スランプ値の1.5～1.8倍がいいとされています。

★ R224　スランプ　その2

Q スランプが大きいと、生コンは流れやすい？　流れにくい？

A 流れやすくなります。

スランプは生コンの軟らかさ、流れやすさを示す指標です。スランプコーンを上げたときに大きく沈む生コンは、水が多いかAE剤などが入れられているかで、軟らかく、流れやすい性質を持ちます。

便秘ぎみ　スランプ小

下痢ぎみ　スランプ大

便通ではなくて

流動性、施工性の指標よ！

- 型枠の隅々まで生コンを流すには、スランプは大きい方が工事がしやすいのですが、そのために水を多くすると、強度や耐久性が劣ることになります。流れやすく工事がしやすいことを、施工性（ワーカビリティー：workability）がよいと表現します。施工できる範囲で、ワーカビリティーを損わない範囲で、水はなるべく少なく、スランプは小さくします。

★ R225 生コンのその他の試験

Q 生コンの試験は、強度、スランプのほかに何がある？

A 温度、空気量、塩化物含有量などです。

強度とスランプのほかに、温度、空気量、塩化物含有量などを、各計測器で測ります。書類では、生コン会社の納入書（出荷伝票）で確認します。

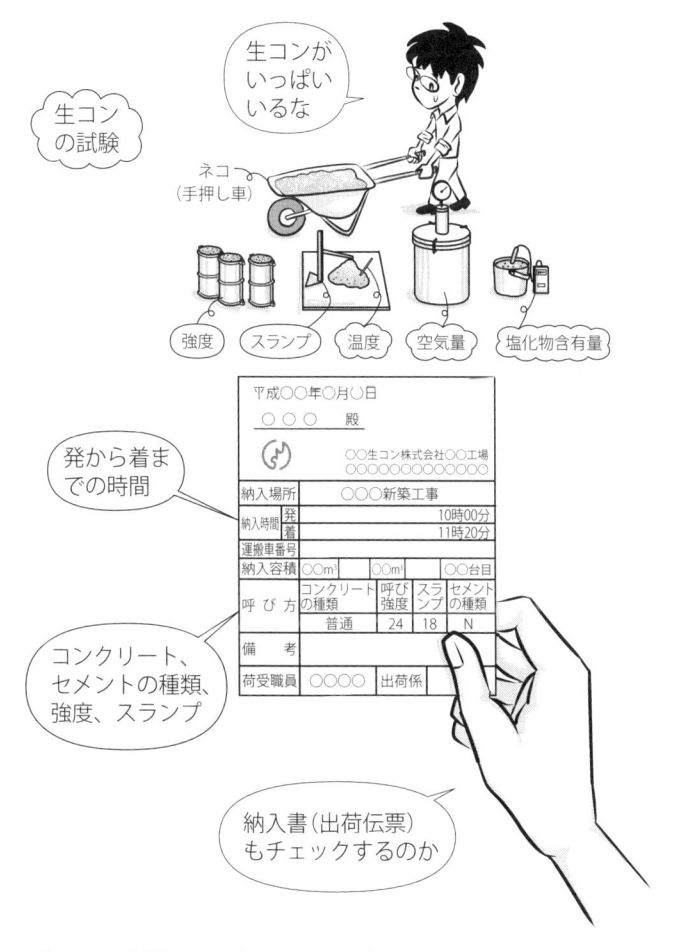

生コンの試験

- 強度
- スランプ
- 温度
- 空気量
- 塩化物含有量

ネコ（手押し車）

生コンがいっぱいいるな

発から着までの時間

コンクリート、セメントの種類、強度、スランプ

納入書（出荷伝票）もチェックするのか

平成○○年○月○日

○○○ 殿

○○生コン株式会社○○工場

納入場所	○○○新築工事			
納入時間 発				10時00分
着				11時20分
運搬車番号				
納入容積	○○m³	○○m³		○○台目
呼び方	コンクリートの種類	呼び強度	スランプ	セメントの種類
	普通	24	18	N
備　考				
荷受職員	○○○○	出荷係		

● 納入書での確認は、ミキサー車1台ごとに行います。

★ R226　　　　　　　　　　　　　　　　　　　　ブリージング

Q 打ち継ぎ面のレイタンスやほこりはどうする？

A ワイヤブラシ、研磨機などでこすり取り、高圧洗浄などで洗い流します。

生コンが固まるとき、部分的に水が浮かび上がるブリージングという現象があります。その水とともに微細な不純物も浮き上がって、鍋料理のアクのように出てくるのが**レイタンス**です。レイタンスを放置してコンクリートを打つと、打ち継ぎ部のコンクリートが欠陥となってしまい、上部のコンクリートと一体化しません。型枠作製前にワイヤブラシ、研磨機でこすり取ってから洗い流します。

[スーパー記憶術]
<u>ブリ</u>　が　<u>水の上</u>に上がってくる
ブリージング　水が上がる

（打ち継ぎ面のレイタンスはしっかり取るのよ！）

高圧洗浄　　　　ワイヤブラシ

（レイタンスが表面に付いている！）

- 杭頭をはつって鉄筋を出す杭頭処理をするのは、レイタンス（R076参照）を含んだコンクリートを除去するためです（R077参照）。泥の中で打つ長い杭では、レイタンスの量も多くなります。

★ R227　打ち込み　その1

Q コンクリートを打つ前に型枠に散水して水湿し（みずしめし）をするのは?

A 乾燥した型枠やコンクリート面にコンクリートを打つと、コンクリート表面の水が吸い取られ、水が不足して硬化不良を起こすからです。

セメントは水和反応で固まります。余計な水はコンクリートの強度や耐久性を下げるので、水和反応するだけの水を混ぜて、水セメント比はなるべく小さくします。一方で生コン表面では、水が吸収されたり乾燥したりして水が不足しがちとなります。水が足りなくて硬化しないことを**ドライアウト**といいます。そこでコンクリートを打つ前には散水して、水湿しを行うわけです。

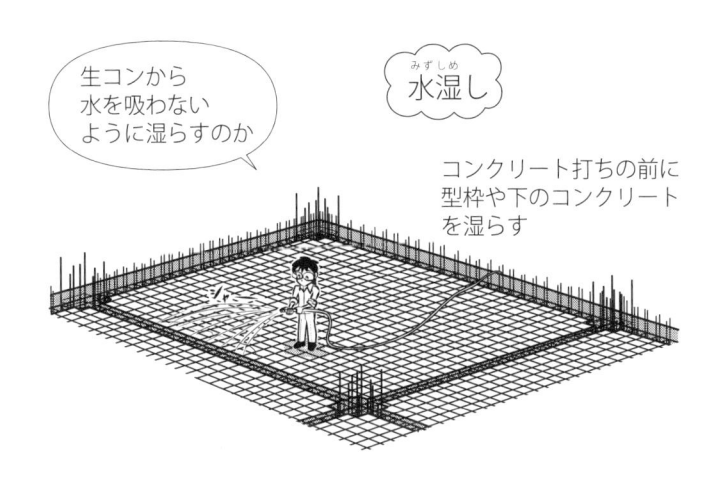

水湿し

生コンから水を吸わないように湿らすのか

コンクリート打ちの前に型枠や下のコンクリートを湿らす

- レンガ、タイル、コンクリートブロックをモルタルで留めようとする場合も、レンガやコンクリートブロック面に水湿しが必要となります。水がレンガやコンクリートブロックに吸い取られて、モルタルが硬化不良を起こさないようにするためです。筆者にも以前、簡単なレンガ積みをしたときに、初歩的な水湿しを忘れて、モルタルが硬化しなかった経験があります。

★ R228 打ち込み その2

Q 生コンを圧送する前にモルタルを圧送するのは？

A 輸送管内面をすべりやすくして、生コンが流れやすくするためです。

生コンを送る前に、砂利の入っていないモルタルを先に圧送します。先送りしたモルタルは、型枠内に分散して打ち込みます。

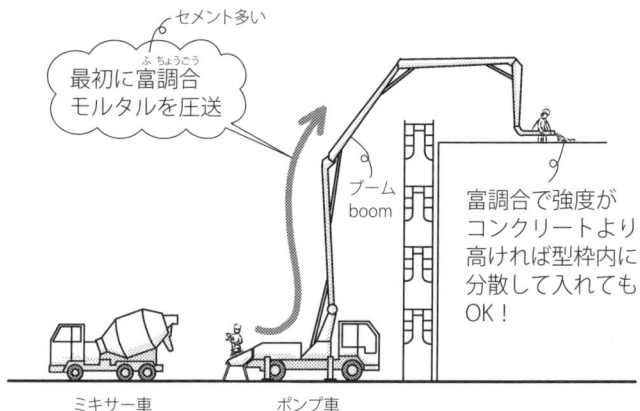

- セメント多い
- 最初に富調合モルタルを圧送
- ブーム boom
- 富調合で強度がコンクリートより高ければ型枠内に分散して入れてもOK！
- ミキサー車
- ポンプ車

あっそう！モルタルを先に圧送するの

すべりをよくするためよ

- 先送りするモルタルは、使用する生コンよりも強度が高く、セメントが多めに入っている(富調合の)モルタルです。圧送後に捨てることもあります。富調合(ふちょうごう)とはセメントを多く調合することをいいます。

★ R229　打ち込み　その3

Q 回し打ちとは？

A ホースを回しながら、下から徐々に生コンを打っていく方法です。

型枠にかかる側圧を小さくできますが、筒先を頻繁に動かすので、作業員の配置替えが多くなります。

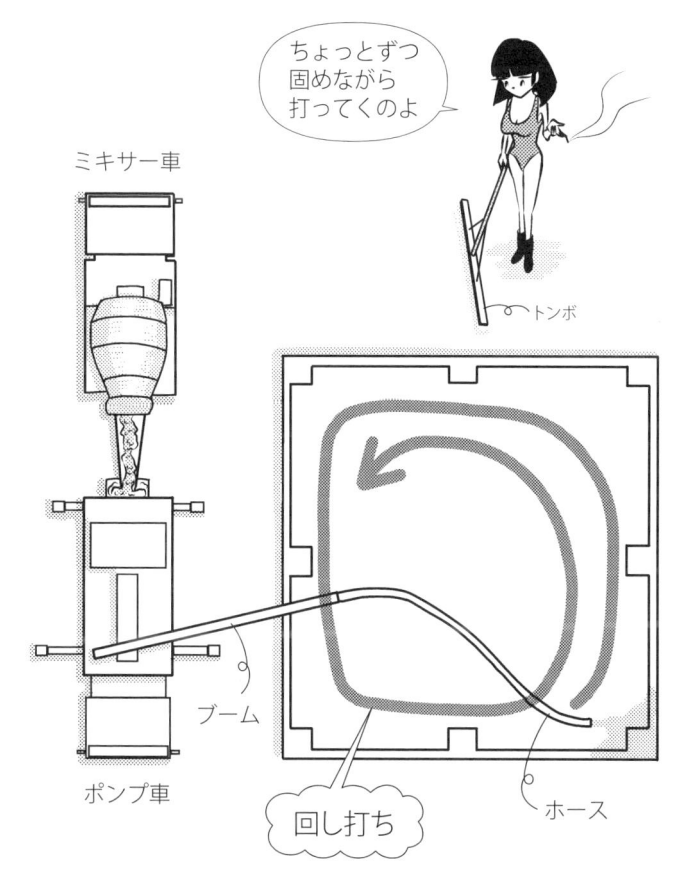

「ちょっとずつ固めながら打ってくのよ」

- トンボ
- ミキサー車
- ブーム
- ポンプ車
- 回し打ち
- ホース

- 端部からスラブ上まで一気に打ってから、横へとずらすのが「片押し打ち」です。下から上まで一気に打つので作業効率はよいですが、分離や沈みによるひび割れが発生しやすくなります。また生コンが固まる前に上へ上へと打つので、型枠にかかる側圧が大きくなってしまいます。一般には回し打ちで行われます。

★ R230 打ち込み その4

Q 梁、床スラブの鉛直（垂直）打ち継ぎ部はどこにする？

A スパン中央部か、端から1/4付近とします。

1層分は1回で1日で打ってしまって、スラブ上（＝梁上）を水平打ち継ぎ部とするのが基本です。ただし平面が大きい建物では、1日で打ちきれないので、どこかで垂直に区切るしかありません。その場合は、せん断力が最小となる位置に打ち継ぎ部分を設けます。

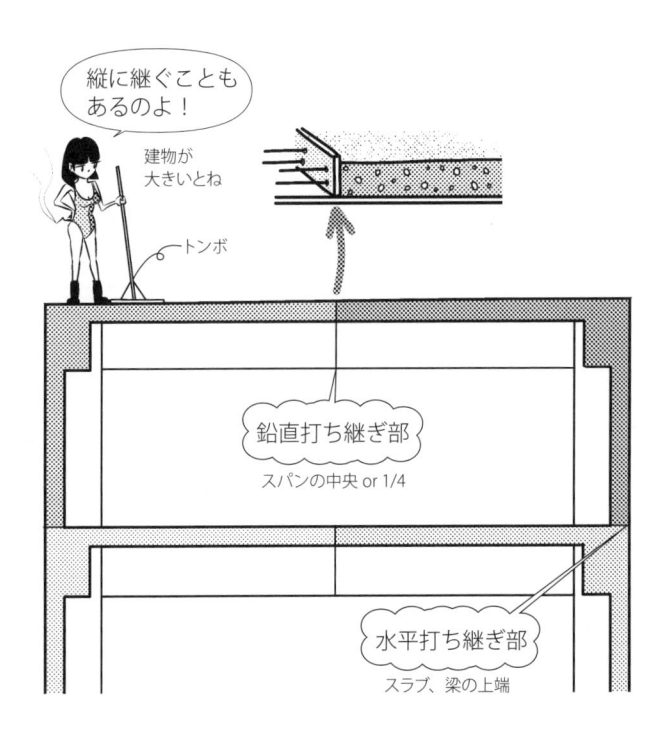

縦に継ぐことも
あるのよ！

建物が
大きいとね

トンボ

鉛直打ち継ぎ部
スパンの中央 or 1/4

水平打ち継ぎ部
スラブ、梁の上端

- 鉛直打ち継ぎ部にはせき板のほかに、表面に凹凸の付いた樹脂のシート、金属の網目、金属のすだれなどを使うことがあります。
- 等分布荷重の場合は、中央部が一番せん断力が小さくなります。中央部に小梁などがあって施工しにくい場合は、スパン1/4の所を打ち継ぎ部とします。
- 水平打ち継ぎ部は、外部に露出する部分に目地をつくって、水が入らないようにシールします（R162参照）。

★ R231　打ち込み　その5

Q 生コンの打設は柱、壁のどちらから行う？

A 柱を先行して打つのが一般的です。

柱を打ち込むときには、生コンの自由落下が大きくなり、落下の衝撃で骨材とセメントペーストが分離する可能性があります。そこでホースとホッパー（hopper：じょうご）による縦型シュート（chute）を使ったり、柱が高い場合は途中に打ち込み口を事前につくっておいて、そこから打ち込みます。

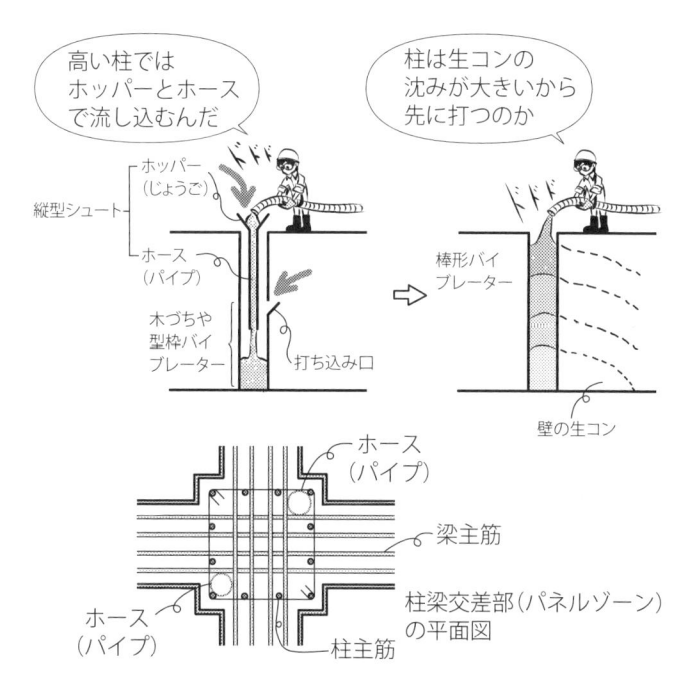

「高い柱ではホッパーとホースで流し込むんだ」

「柱は生コンの沈みが大きいから先に打つのか」

- ホッパー（じょうご）
- 縦型シュート
- ホース（パイプ）
- 木づちや型枠バイブレーター
- 打ち込み口
- 棒形バイブレーター
- 壁の生コン

- ホース（パイプ）
- 梁主筋
- 柱梁交差部（パネルゾーン）の平面図
- ホース（パイプ）
- 柱主筋

- 柱、壁の下の方は、生コンの充てんを確認してから木づちでたたいたり、型枠のパイプに付けたバイブレーターで振動させます。上からは棒形バイブレーターを生コン内に挿入します。振動させるのは、生コンが細かい部分へ回り込むように、空気を除いてしっかりと締め固まるように、少し前に打った生コンと入れたばかりの生コンが一体化するようにしているわけです。

- 学生時代のバイトで、生コンが入る前に型枠を木づちでたたいて怒られたことがあります。生コンが入る前の型枠をたたくと、せき板が食い違ったり（目違い）してしまいます。流れ込む音で判断したり、携帯電話で上で打ち込みを見ている人と連絡をとりながら作業を進めます。

★ R232　打ち込み　その6

Q 壁に打ち込むときは端部から生コンを打ち込んで横流しする？　1～2m間隔で均等に打ち込む？

A 1～2m間隔で均等に打ち込みます。

横流しをすると、セメントペーストと骨材が分離する、**ジャンカ**ができるなどの欠陥が生じやすくなります。生コンを均等に打ち込んで、さらに棒形バイブレーターを60cm以下の間隔で入れます。

- 1カ所から横流しは×
- 均等に打ち込むのが○
- 壁への打ち込み
- 棒形バイブレーターで一体化させるのか
- 60cm以下　打ち重ね位置

● 棒形バイブレーターはコールドジョイント（R237参照）が生じないように、バイブレーターの先端が前に打った生コンの層に入るように垂直に入れます。バイブレーターによる加振は、生コン上面にセメントペーストが浮くまでとします。引き抜くときは、生コンに穴が残らないように、加振しながら徐々に引き抜きます。

★ R233

打ち込み そ〔

Q 梁への生コンの打ち込みは、壁、柱の生コンが沈むのが落ち着く前に〔行〕う？ 落ち着いた後に行う？

A 沈みが落ち着いた後に行います。

📦 沈みきる前に生コンを上に打つと、下の生コンが沈んで、梁との境界にひび割れが出ることがあります。

梁への打ち込み

× ○

沈むのが落ち着いてから梁を打つのか

ドドド

ゲッ

梁の上まで一気に打つと

梁との境界にひびが！

ズーン

沈降

ズ↓ ズ↓ ズ↓

- 同様に、スラブに打つときは、梁の生コンの沈みが落ち着いた後に打ち込みます。

R234 打ち込み その8

Q スラブに打った生コンの上面はどうする?

A タンピングした後に定規やトンボ、木ごてで均し、最後は金ごてで押さえます。

タンピング(tamping)とは衝撃を与えて突き固めることで、専用の機械などで生コン表面を振動させて締め固めます。2人がかりで手動でたたく道具もあります。定規は長い棒状のいわゆる定規、トンボは虫のトンボのような形をした棒と定規をT字に組み合わせたもの。定規、トンボ、木ごてで表面を粗く均した後に、金ごてできれいに押さえます。

床スラブ生コン上面

- 打ち込む際にスラブ上端がわかりづらいので、生コンの中に棒状の定規を立てたり、鉄筋にテープを事前に貼っておいたり、レベルポインターというプラスチック製の器具をスラブのあちこちに事前に付けておいたりします。スラブの打ち込みは、遠くから手前に打ち続けるようにします。

★ R235　打ち込み

Q コンクリート直押さえ（じかおさえ）とは？

A モルタルで床のコンクリート面を均す工程を省略して、直接、仕上げ面として使う構法です。

コンクリートを打った後は表面がデコボコしているので、モルタルで30mm程度均した後に、タイルカーペット、ビニール床タイルなどの仕上げ材を張ります。その「均しモルタル」の工程を省略して、生コンを金ごてできれいに押さえた上に「直（じか）」に仕上げ材を張る「コンクリート金ごて直押さえ」、さらにコンクリート面を「直」に仕上げとしてしまう「コンクリート金ごて直押さえ仕上げ」もよく行われます。

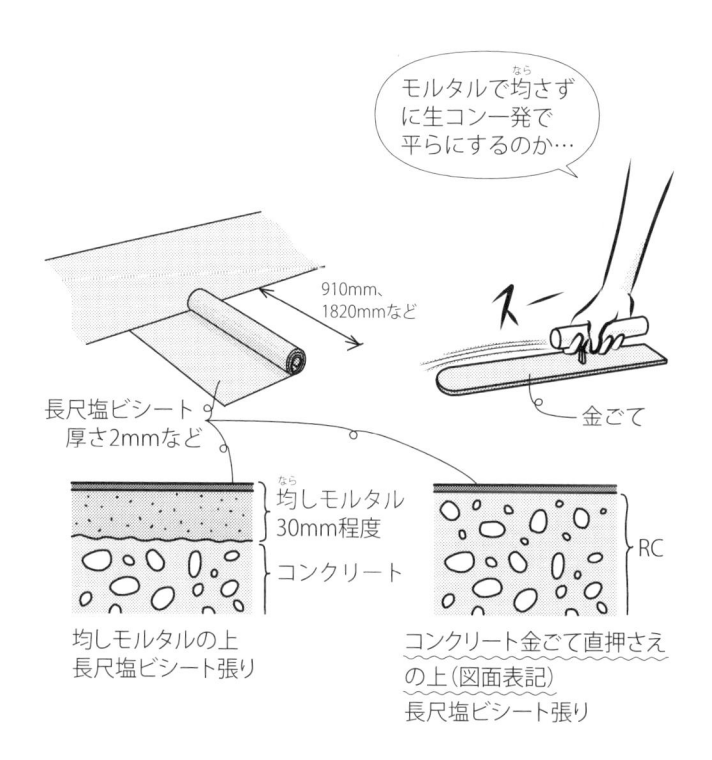

> モルタルで均さずに生コン一発で平らにするのか…

- 長尺塩ビシート 厚さ2mmなど
- 910mm、1820mmなど
- 金ごて
- 均しモルタル 30mm程度
- コンクリート
- RC

均しモルタルの上 長尺塩ビシート張り

コンクリート金ごて直押さえの上（図面表記） 長尺塩ビシート張り

- モルタルで均さずに一発で平らにするので、「コンクリート一発仕上げ」とか「コンクリート一発押さえ」ともいわれます。モルタルの工程を省略できるので、コストダウンができますが、生コンを打つときは神経を使います。

243

R236 打ち込み その10

Q パラペットの立ち上がりへの打ち込みは、スラブ上で打ち継ぐ? スラブと一体で打つ?

A なるべくスラブと一体で打ちます。

スラブと一体としないと、構造的に分離されてしまい、スラブと立ち上がりの部分に亀裂が入りやすくなります。立ち上がり部は防水上非常に重要な部分なので、なるべく一体となるように打ちます。

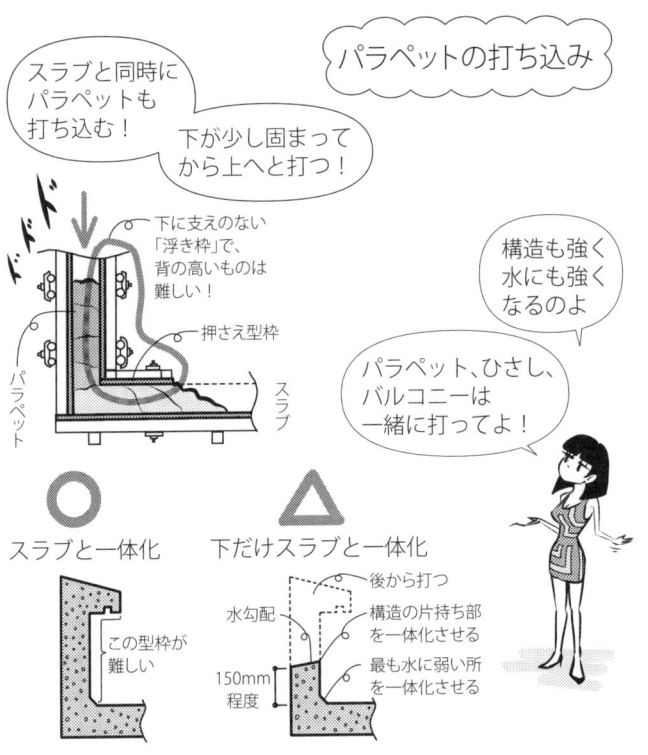

パラペットの打ち込み

- スラブと同時にパラペットも打ち込む!
- 下が少し固まってから上へと打つ!
- 下に支えのない「浮き枠」で、背の高いものは難しい!
- 押さえ型枠
- パラペット
- スラブ
- 構造も強く水にも強くなるのよ
- パラペット、ひさし、バルコニーは一緒に打ってよ!

○ スラブと一体化 — この型枠が難しい

△ 下だけスラブと一体化
- 水勾配
- 後から打つ
- 構造の片持ち部を一体化させる
- 最も水に弱い所を一体化させる
- 150mm程度

- パラペットとスラブを一体として打つ場合、パラペット立ち上がり部の内側の型枠は、スラブに載せられない「浮き枠」となります。背の高いパラペットを浮き枠で支えきれない場合は、15cm程度立ち上げた部分のみ一体で打ち、その上に打ち継ぐやり方をします。打ち継ぎ部は水が入ったときを考えて、外勾配とします。
- ひさし、片持ちのベランダ・バルコニーなどの打ち込みも、それを支える部分と同じ打ち込み区画として、構造を一体化させます。

★ R237　コールドジョイント

Q コールドジョイントはどんな時、どんな所に起こりやすい？

A 早く固まる暑い時期、昼休みなど長い休憩時、高さのある吹き抜けの壁などに起きやすいです。

生コンはすぐに固まってきます。壁の下方を打ち込んで時間が経った後に打ち込むと、境の部分にコールドジョイントが生じる可能性があります。時間をおかずに途切れないように打ち込みます。

コールドジョイント

継目ができちゃったわね！

昼休みなんか入れるから

- 吹き抜けの壁を見ると、斜めにコールドジョイントのすじが見えることがあります。長い休みをとらず、バイブレーターや竹を挿入したり、型枠を木づちでたたいたりして一体化を促進して、コールドジョイントを避ける必要があります。

R238 ジャンカ

Q ジャンカはどのような所にできやすい？

A 窓の下、階段の鼻先（段鼻：だんばな）、柱や壁の角などの、生コンが回りにくいところにできやすいです。

ジャンカとはセメントペーストが回りきらずに、生コンが分離して砂や砂利のザラザラ、ゴツゴツが見えてしまう状態のことで、「豆板」「あばた」「す」ともいいます。

> ジャンカじゃんか！

> セメントペーストが回らずに骨材が出ちゃうのよ

- バイブレーターをしっかりかけて、隅々まで生コンが回るようにして、ジャンカを防ぎます。窓の下、階段の段鼻（だんばな）は生コンが回りにくいので、その上のせき板をはずしておいて、上から打設し、打設後にせき板でふたをするなどの工夫もされています。階段のある打ち込み区画では、階段から打ち込みます。段鼻まで生コンをしっかりと回して、次に周囲の壁などに打ち込みます。
- 設計段階から、生コンが回りやすい窓とする工夫も必要です。縦長の窓にして床まで開ければ、生コンの回り込みの心配はいりません。
- ジャンカは、水の少ない硬いモルタルを塗って補修します。水の多いモルタルだと、流れてしまってうまく形がつくれません。

★ R239　養生　その1

Q コンクリートを打った後に湿潤養生するのは？

A 蒸発によって生コン表面の水が不足して、硬化不良を起こさないようにするためです。

コンクリート打設後1日おいて、ある程度生コンが固まった後にホースで散水や噴霧して、ビニールシートやむしろをかぶせて水分が蒸発しないようにします。固まる前に散水すると、水が生コンに混じってしまいます。

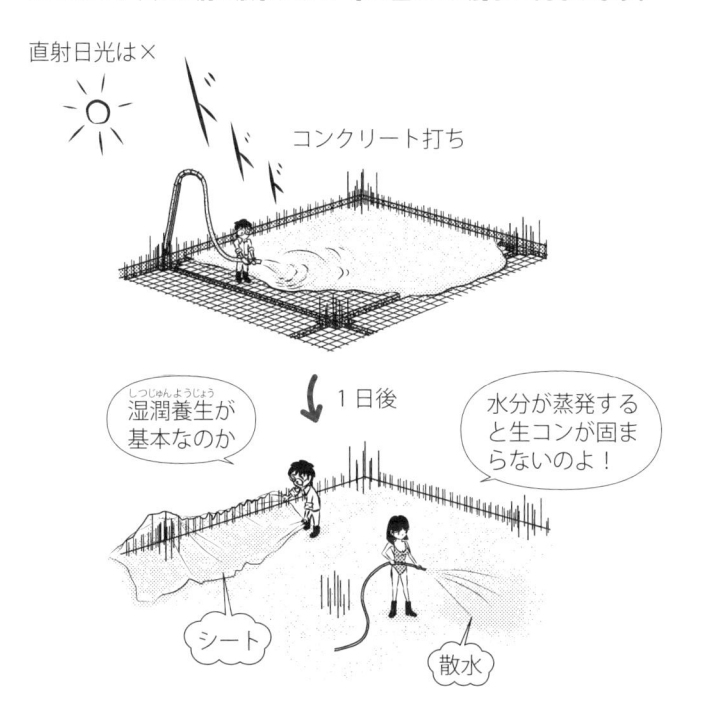

直射日光は×

コンクリート打ち

1日後

湿潤養生が基本なのか

水分が蒸発すると生コンが固まらないのよ！

シート

散水

- コンクリート打設時の天気は重要で、晴天では乾燥してしまうし、大雨では水が多く混ざってしまいます。曇り、小雨、雨上がりの空の方が、生コンには好都合です。直射日光を当てるのはなるべく避けます。学生時代にある建築家の現場で、後輩を何人も連れて、コンクリート打ちの際に木づちで型枠をたたくバイトをしたことがあります。青空が広がっていましたが、現場監督が「コンクリート打ち日和だ！」と言ったのに対して「そうですね」と返した記憶があります。その現場監督と私は、コンクリートの性質を知らなかったことになります。
- 生コン打ち込み後、少なくとも1日（24時間）は、その上を歩いたり墨出しなどの作業をしてはいけません。

★ R240　　養生　その２

Q 気温が4℃以下など、寒中にコンクリートを打つときはどうする？

A 凍結によって水和反応が阻害されないように、凍結を防ぐさまざまな処置が必要となります。

🔲 打設後は、建物全体をシートで囲ってジェットヒーターで保温したり、保温用電気マットで保温したりして養生します。

寒中で打つコンクリート

建物全体を仮囲いする

ジェットヒーター

生コンの水が凍結しないようによ

ずいぶん大げさだな

- AE剤かAE減水剤を使って、水を減らし、気泡による断熱性を上げ、凍害を防ぎます。セメントは水和反応で水和熱を出すので、断熱性のあるシートなどでくるんで水和熱が外へもれないようにします。骨材に付着した水が凍結していると、生コンの温度を下げる、生コン中の水が増えるなどの不具合が生じるので、骨材は加熱してから使用します。JASS 5では寒中コンクリートとしての仕様が規定されています。
- 筆者は真冬の山の上で、雪の中でコンクリート打ちの経験をしたことがあります。できれば冬が過ぎるのを待ってから打つべきですが、工事を急ぐ事情があったので仕方ありません。建物全体を仮囲いして、大型のジェットヒーターを24時間焚いて気温を上げ、その中でのコンクリート打ちでした。

★ R241　構造体のつくり方　その1

Q 鉄骨工事でミル、ファブとは？

A ミル（mill）は製鉄所のこと、ファブ（fabricator：ファブリケーター）は鉄工所のことです。

鉄鉱石などから鋼をつくり、それを圧延（圧力をかけて延ばす）してH形鋼、角形鋼管などの鋼材をつくるのが製鉄所、ミルです。鋼材を仕入れて加工し、柱、梁などの建築部材をつくるのが鉄工所、ファブです。

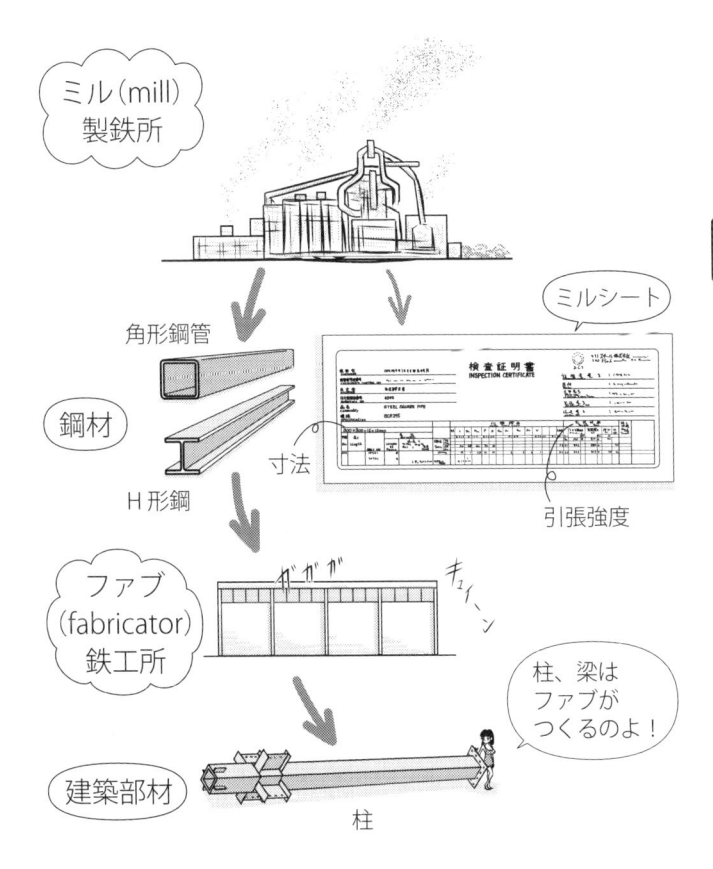

ミル（mill）
製鉄所

↓　↓

角形鋼管

鋼材

H形鋼

ミルシート

寸法

引張強度

↓

ファブ（fabricator）
鉄工所

柱、梁は
ファブが
つくるのよ！

↓

建築部材

柱

- ミルシート（mill sheet）とは、鉄工所に納品された鋼材の性能を証明する検査証明書（inspection certificate）です。設計監理者は、使われる鋼材のミルシートもチェックします。

★ R242 構造体のつくり方 その2

Q 鉄骨造の構造体はどのようにつくる?

A 工場(鉄工所、ファブ)で柱、梁を製作し、現場でボルトで組み立てるのが一般的です。

● 足場の悪い現場での上向き溶接、横向き溶接は難しいので、なるべく工場で行います。柱梁をボルトで接合して組み立てれば、後はデッキプレートを梁に載せてコンクリートを打つなどして構造体は終了です。

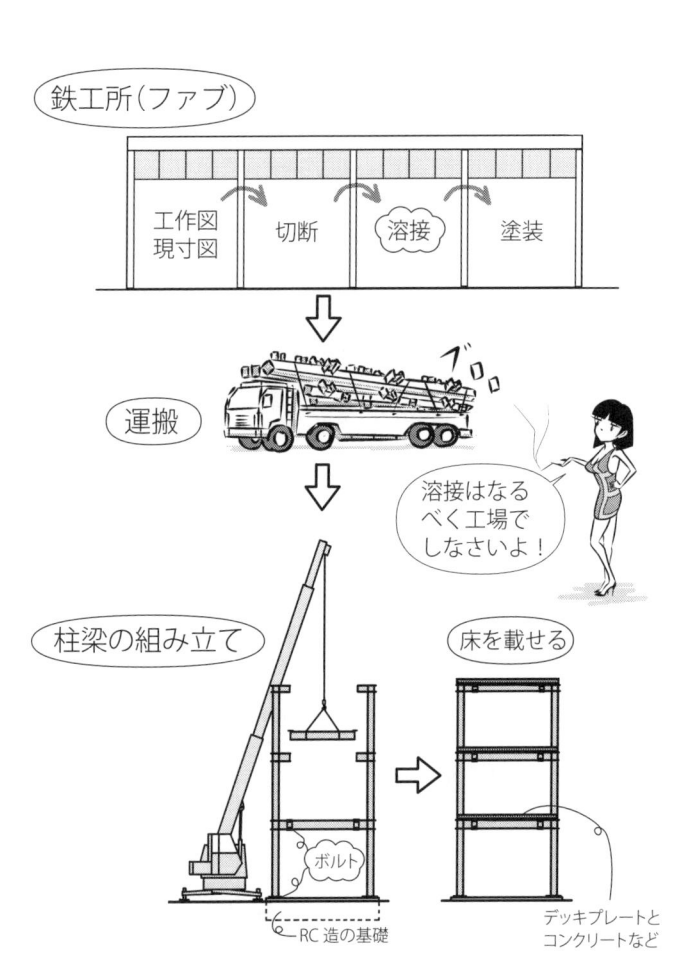

鉄工所(ファブ)

| 工作図 現寸図 | 切断 | 溶接 | 塗装 |

⇩

運搬

「溶接はなるべく工場でしなさいよ!」

⇩

柱梁の組み立て → 床を載せる

ボルト
RC造の基礎
デッキプレートとコンクリートなど

250

★ R243 工作図と現寸図

Q 工作図、現寸図とは？

A 工作図は設計図から鉄骨部材を製作、工作するために起こす図面、現寸図は工作図ではわかりにくい納まりや代表的な柱などを実物と同じ寸法で描いた図面のことです。

どちらも製作者、鉄工所（ファブ）が起こします。現寸図は、**現寸場**という広い床にチョークで描いて、全体の寸法、細部の納まりなどをチェックします。

（工作図、現寸図は鉄工所が描くのよ！）

工作図
鉄骨を工作するための図面
設計者が描いた意匠図、構造図を見ながら

（現寸場で現寸図をチェックするのか）

現寸図
寸法、納まりなどをチェック

- 設計監理者は、鉄工所から出された工作図を確認し、現寸場に出向いて柱、梁とその仕口の寸法、納まりなどをチェックをします。また現場で使う鋼製巻尺（スチールテープ）と工場で使用している鋼製巻尺の差異を確認します。現寸図は、工作図をつくることで省略することもできます。
- 設計者も、納まりの難しいところを現寸図に描いて考えることがあります。

★ R244 鋼材の加工 その1

Q けがきとは？

A けがき針、タガネ、ポンチなどで切断位置、孔あけ位置を鋼材上にとることです。

硬い材でできたけがき針やタガネで鋼材に傷を付けて、線を引きます。またポンチをハンマーでたたいて、孔の位置に小さなへこみをつくります。

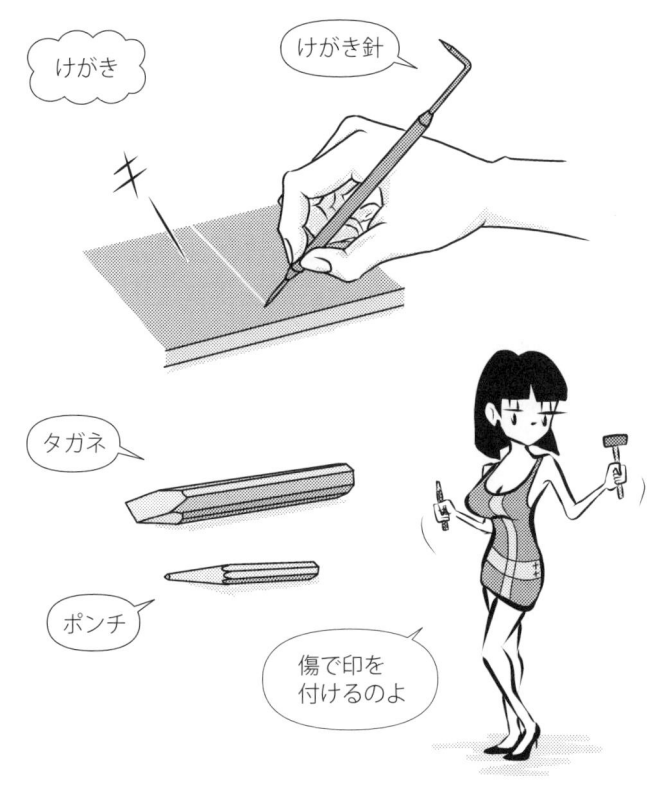

（けがき）
（けがき針）
（タガネ）
（ポンチ）
（傷で印を付けるのよ）

- タガネは六角形、丸形、長方形断面の鋼の先をとがらせて先端を刃にしたもので、鋼材を削ったりはつったりする道具です。石を削るタガネもあります。
- けがき寸法には、製作中の収縮、変形、仕上げ代（切断の際の幅）などを考慮に入れます。
- 高張力鋼、軟鋼には、ポンチ、タガネなどによる打痕（だこん）を残してはいけません。大きな傷を付けると、強度に影響してしまうからです。

★ R245 — 鋼材の加工 その2

Q 鉄骨の切断はどうする？

A 大型の鋼材は帯のこ盤（バンドソー）などで、小型の鋼材はメタルソー（高速カッター、丸のこ）などで、鋼板はせん断切断機（シャーリングマシン）などで切断します。

バンド（band）は帯、ソー（saw）はのこ、バンドソーは帯のこで、帯状ののこを一方向や左右方向に動かして切断します。メタルソーは金属用のこで、円形状の丸のこが回転して切断します。シャー（shear）とはせん断のことで、シャーリングマシンはせん断で鋼板を切断する機械です。

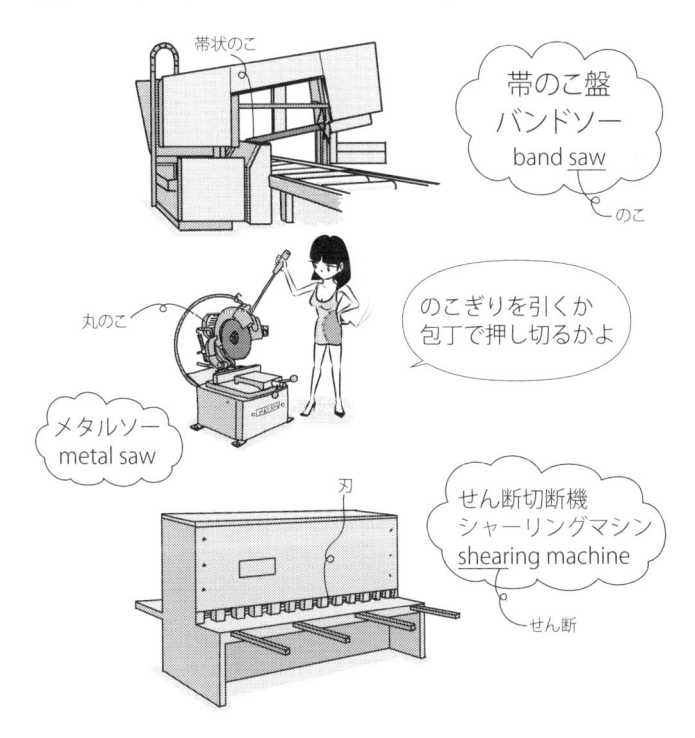

帯状のこ

帯のこ盤
バンドソー
band saw
のこ

丸のこ

のこぎりを引くか
包丁で押し切るかよ

メタルソー
metal saw

刃

せん断切断機
シャーリングマシン
shearing machine
せん断

- 高速カッターは、メタルソーのうち小型で持ち歩きできるものを指すことが多いです。ディスクグラインダー（R249参照）で手持ちで切ることもできます。ほかにレーザー切断機、プラズマ切断機、ガス切断機などもあります。
- ガス溶断は手持ちのガスバーナーの熱で焼き切る切断法で、切断面はきれいにならず、熱の影響も鉄骨内部に残ります。エレクションピース（R265参照）の切断、解体時の切断などに用いられます。

★ **R246** 鋼材の加工 その3

Q 鋼材の孔あけはどうする？

A ドリルが普通ですが、薄い板はせん断孔あけとすることもできます。

普通ボルト、アンカーボルトの孔で板厚が13mm以下の場合は、例外的にせん断孔あけとすることができます。鋼板のせん断切断も13mm以下の場合に限られます。

[スーパー記憶術]
<u>13日</u> の <u>金曜</u>に<u>首を切られる</u>
13mm以下　鋼板　せん断切断、孔あけ

（ドリル孔あけ）キュイーン

（せん断孔あけ）バス　板厚13mm以下のみ

ドリルであけるのが普通よ

- 13mm以下の規定は、JASS 6によるものです。高力ボルト用の孔は、必ずドリルあけとします。
- 台付きのドリルは、ボール盤ということもあります。丸のこによる切断とドリルによる孔あけが複合された機械もあります。

★ R247　鋼材の加工　その4

Q 鋼材を曲げるにはどうする？

A ベンディングローラーの、複数のローラーの中に通すことにより、常温で曲げます。

ベンド（bend）とは曲げることで、**ベンディングローラー**は曲げるためのローラーです。H形鋼、角形鋼管、円形鋼管、鋼板などを曲げることができます。

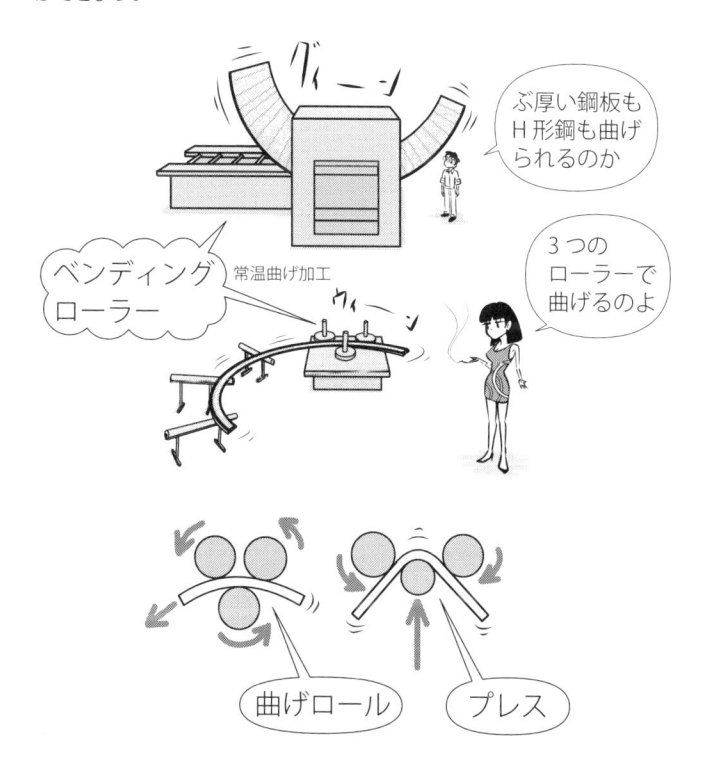

（ぶ厚い鋼板もH形鋼も曲げられるのか）

ベンディングローラー　常温曲げ加工

（3つのローラーで曲げるのよ）

曲げロール　　プレス

- アングル（山形鋼、L形鋼）やフラットバー（平鋼）などを曲げる小型の機械は、アングルベンダーと呼ばれます。常温で鉄筋を曲げるのはバーベンダーです（R173参照）。
- 常温加工での内側曲げ半径は柱材、梁材などの塑性変形能力を要求される部材で、厚さの4倍以上、それ以外では厚さの2倍以上とJASSで規定されています。塑性変形能力とは、力と変形が比例しなくなった後（弾性限界を超えた後）でも、耐力が急激に減少せずに変形を続ける能力のことです。

R248 鋼材の加工 その5

Q 加熱して曲げ加工する場合は、どういう状態でする？

A 赤熱（せきねつ）状態（850〜900℃）で行います。

鋼を加熱すると変形抵抗が減少し、曲げやすくなります。しかし鋼は**青熱脆性域**（せいねつぜいせいいき：200〜400℃）で強度が増すとともに変形抵抗が増加し、硬くなって割れて壊れやすくなります。青熱脆性域では曲げ加工はできません。

[スーパー記憶術]
<u>ゼイゼイ</u>いってすぐに壊れる
　脆性

<u>人生</u>には　　<u>粘り</u>が必要
靱性（じんせい）

<u>青春</u>　の　<u>蹉</u>　<u>跌</u>（さてつ）
青熱　　　　300℃　鉄

<u>急に</u>　<u>赤くなって</u>　<u>デレデレ</u>する
900℃　　赤熱　　　　変形しやすい

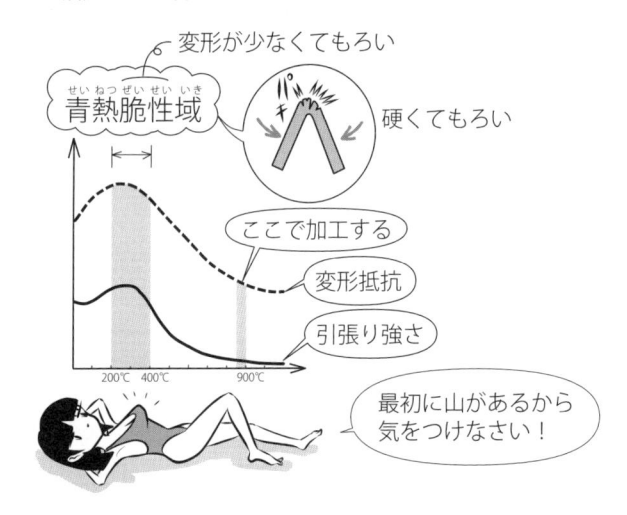

（図：青熱脆性域の説明図）
- 変形が少なくてもろい
- 青熱脆性域
- 硬くてもろい
- ここで加工する
- 変形抵抗
- 引張り強さ
- 200℃ 400℃　900℃
- 最初に山があるから気をつけなさい！

- 脆性とは、破壊するまでの変形が少ないこと。反意語は靱性（じんせい）で、粘り強く、弾性（力と変形が比例し、力を除くと元に戻る）限界を超えても、破壊するまでに大きく変形することを指します。
- 『青春の蹉跌』は石川達三の小説で、司法試験をパスした前途有望な青年が女性でつまずくさま（蹉跌）を描いたもので、筆者自身、印象に残る小説でした。特にラストは秀逸です。

★ R249　鋼材の加工　その6

Q ディスクグラインダー（disk grinder）とは？

A 円盤を高速で回して、やすりをかけたり切断したりする手持ちの機械です。

ディスク（disk）は円盤、グラインド（grind）はこすって研ぐ（とぐ）、磨く、削る、グラインダーは研磨機、研削機という意味です。円盤を替えることにより、鋼材を削る、磨くのほかに切断することもできます。床に設置する大きめのグラインダーもあります。

「デコボコ、ギザギザがとれるのか」

「しっかり持っていないとはじかれるな」

キューイーン
削り取る

ギギギ
切断する
すぐダメになる

ディスクグラインダー
disk　grinder
円盤　研磨機（けんまき）

- 鋼材のまくれ、たれ、ひずみ、バリ、ミルスケール（黒皮、黒い酸化皮膜）などは、ディスクグラインダーで削って取り除き、平滑にします。バリとは材料を切断した際に角にできるギザギザしたでっぱりのことです。
- ミル（mill）は製鉄所、スケール（scale）は酸化物の薄い層のことで、ミルスケールは製鉄所の製鋼時に付いた黒さびの薄い層です。
- 筆者はディスクグラインダーでCチャン（C形鋼、リップ溝形鋼）を切断したことがあります。角度が少しずれるとはじかれるし、暑いときの屋根の上だったので、火花が木くずに落ちて煙が出たりと、意外と大変でした。

★ R250 溶接 その1

Q 完全溶け込み溶接とは？

A 溝（開先：かいさき）をつくって、溶着金属を断面全体に完全に溶け込ませた溶接のことです。

溶接では、**母材**（建築部材）と**溶着金属**（溶接棒や溶接ワイヤが溶けたもの）が溶け合って、一体となります。完全溶け込み溶接は、部材どうしを突き合わせるので、**突き合わせ溶接**ともいいます。板が厚い場合、溝をつくらないと下まで溶着金属が届きにくくなり、部分溶け込み溶接となってしまう可能性があります。

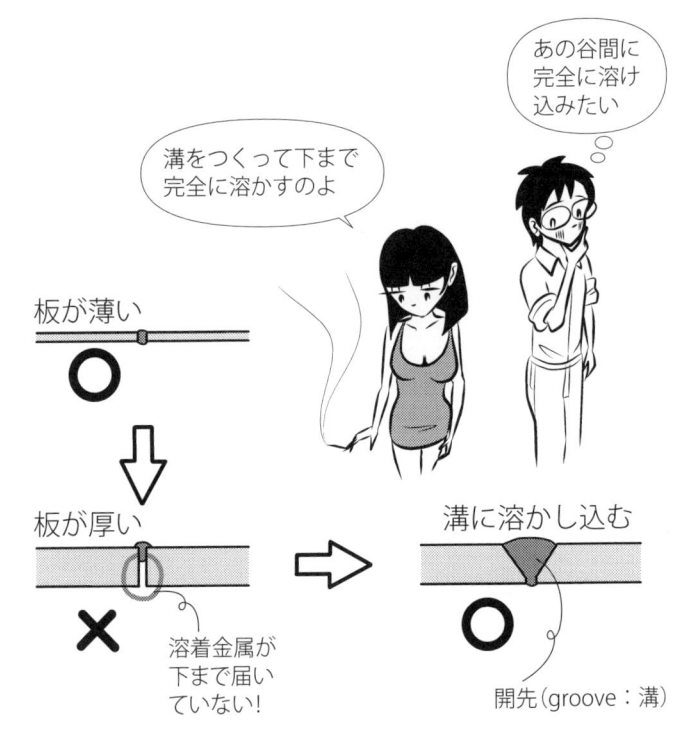

板が薄い ○

板が厚い ×
溶着金属が下まで届いていない！

溝に溶かし込む ○
開先（groove：溝）

あの谷間に完全に溶け込みたい

溝をつくって下まで完全に溶かすのよ

- 溝をグルーブ（groove）というので、グルーブ溶接とも呼ばれます。
- 溝をつくるために板の小口（切断面）を斜めにカットすることを、開先加工といいます。開先とは溶接をするための溝を指しますが、斜めにカットされた先端部分を開先と呼ぶこともあります。部材の先が斜めに開いているから、その名がついたものと思われます。

★ R251　　　溶接　その2

Q 隅肉溶接とは？

A 直交する2つの面の角に、溶着金属を三角形断面に付けて溶接することです。

板の隅、角に肉付けするように溶接するので、隅肉溶接と呼ばれます。引く力に対しては隅の溶接部だけで力が伝わるなど、構造的には不完全なつながりとなります。簡易な接合部に使われます。

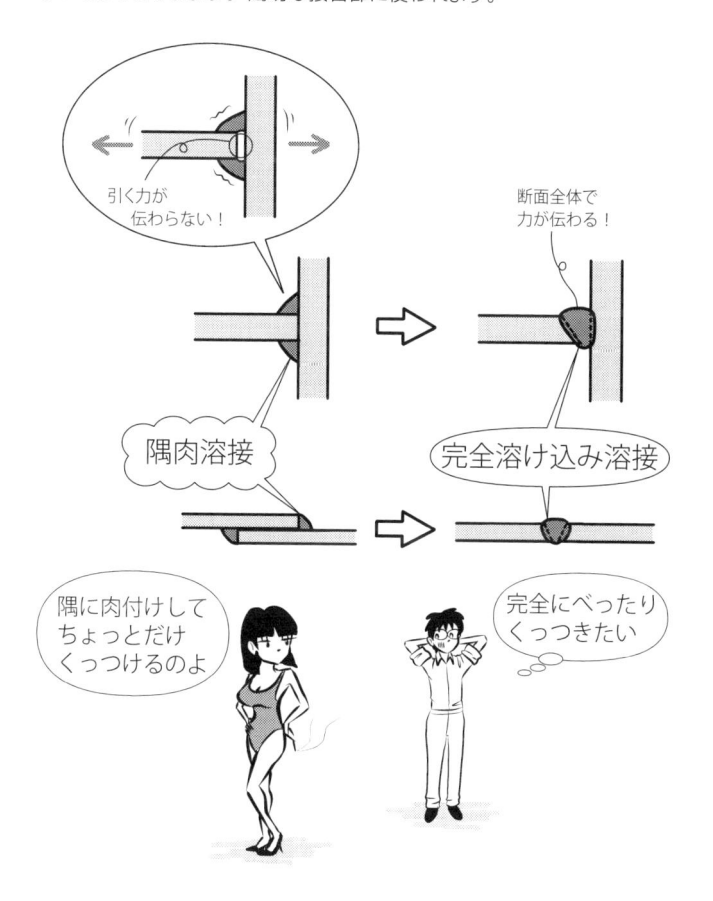

引く力が伝わらない！

断面全体で力が伝わる！

隅肉溶接

完全溶け込み溶接

隅に肉付けしてちょっとだけくっつけるのよ

完全にべったりくっつきたい

- 構造的に重要な接合部は、接合面全体を溶け込ませる完全溶け込み溶接（突き合わせ溶接）とします。

★ R252 溶接 その3

Q 余盛り（よもり）とは？

A 必要な寸法以上に表面から盛り上がった溶着金属部分のことです。

余分な盛り上がりだから余盛りです。余盛りが大きすぎると、応力（部材内部に発生する力）がその部分に集中してしまいます。余盛りは最小限として、母材表面から滑らかに連続する形とします。

完全溶け込み溶接の幅 B

隅肉溶接のサイズ S

（余盛り）

（それが好きなんだなー…）

（余分な盛り上がりはなくすのよ！）

- JASSの表に、溶接の種別、完全溶け込み溶接の幅Bや隅肉溶接のサイズSなどによって、余盛りは3mm以下、4mm以下などと規定されています。

★ R253 溶接

Q 裏当て金（うらあてがね）、エンドタブとは？

A 裏当て金は溶着金属が下に流れ出ないように当てる鋼板、エンドタブは溶接端部に付ける小さな材です。

下図は柱梁の仕口部の溶接です。エンドとは端部、タブ（tab）とは小さなつまみなどのことです。溶接端部を母材端部で垂直にピッタリと留めて溶着させることはできません。溶接端部をエンドタブまで延ばすことで、端部の溶着不良を避けます。

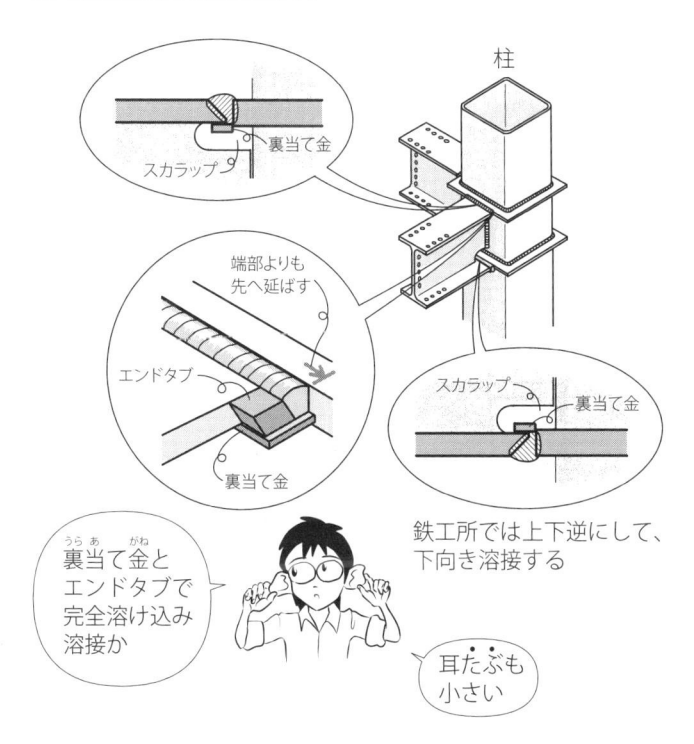

（図：柱梁仕口部の溶接詳細。裏当て金、スカラップ、エンドタブを示す。鉄工所では上下逆にして、下向き溶接する）

裏当て金とエンドタブで完全溶け込み溶接か

耳たぶも小さい

- 鋼製の裏当て金、エンドタブともに溶接後も付けたままですが、セラミック製のエンドタブは溶接後に取りはずします。
- H形鋼のウェブ（中央にある縦の板）を切り欠いて、裏当て金を通して、完全溶け込み溶接がウェブで途切れずに、フランジ（上下の板）が全長にしっかりとつながるようにします。その切り欠いた孔を、スカラップ（scallap）といいます。スカラップはホタテ貝が原義で、円弧状の形のことをいいます。

溶接 その5

Q 治具（じぐ）とは？

A 部材を固定したり回転させたりする道具のことです。

工場での溶接は、大型の**回転治具**や小型の**ポジショナー**などの治具を使って、なるべく下向きで安定した姿勢で行うようにします。ポジショナーは鋼材の位置（ポジション）を固定して、適切な姿勢で溶接できるようにする治具で、回転治具は回転ポジショナーと呼ぶこともあります。

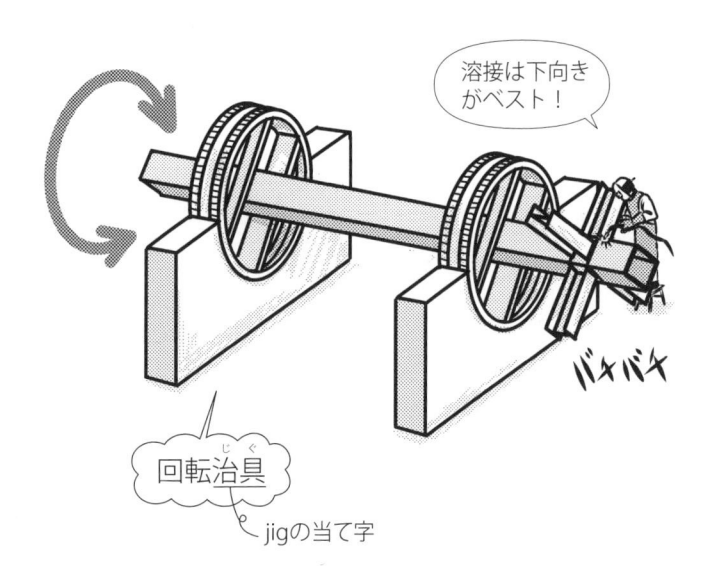

溶接は下向きがベスト！

バチバチ

回転治具
jigの当て字

- 下向き溶接が一番安定して、信頼性の高い溶接が行えます。現場溶接では、足場の上での上向き、横向きの作業となることがあり、姿勢が安定せず、信頼性も能率も低くなります。溶接はなるべく工場（鉄工所、ファブ）で済ませるのが基本です。
- 治具は英語のjigに当て字をしたものです。

R255 溶接 その6

Q 5℃以下の寒中では溶接はどうする？

A 溶接をやめるか、母材を加熱してから溶接します。

母材も溶けて、溶着金属と一体となって、溶接が完成されます。母材が冷えていると、一体化しない危険もあります。

> やめるか加熱するかなさい！

- JASSでは、−5℃未満は溶接をやめる、−5℃以上5℃以下では接合部より100mmの範囲の母材を適切に加熱すれば溶接できるとあります。
- 溶接の仕組みや分類、種別や柱梁の仕口部分の納まりなどは、拙著『ゼロからはじめるS造建築入門』をご参照ください。

★ R256　　　　　　　　　　　　　　　　　　　　　溶接　その7

Q 溶接内部の欠陥を検査するには？

A 超音波探傷試験を行います。

超音波を当てると、表面、裏面などの鋼の均質でないところで反射（エコー）があります。表面と裏面以外で反射があると、欠陥があるとわかります。

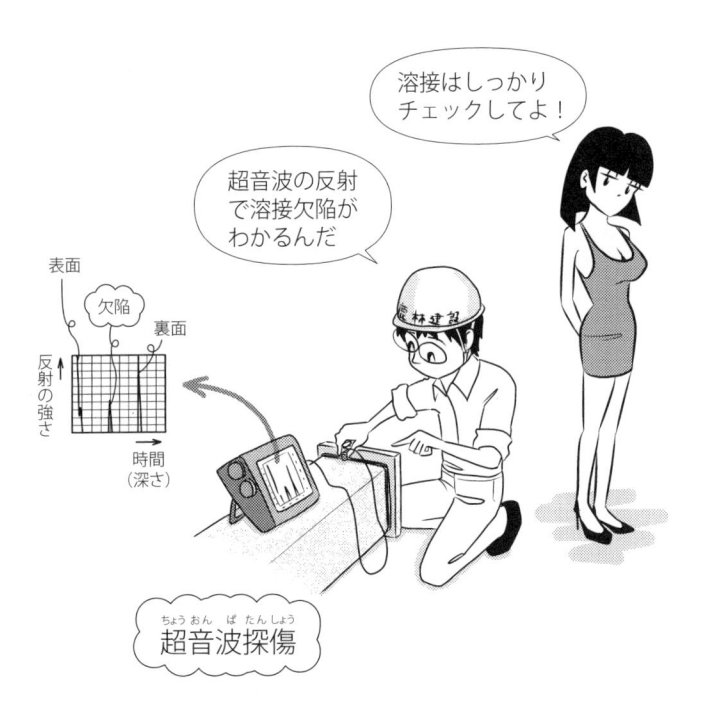

＞溶接はしっかりチェックしてよ！

＞超音波の反射で溶接欠陥がわかるんだ

表面／欠陥／裏面
反射の強さ
時間（深さ）

超音波探傷(ちょうおんぱたんしょう)

- 反射までの時間で、表面から欠陥までの距離（深さ）がわかります。
- 超音波とは、人間の耳には聞こえない、高い振動数（周波数）をもつ音波のことです。

★ R257 溶接 その8

Q 柱梁の仕口はどのように組み立てる？

A 下図のように、短い柱（サイコロ）、ダイアフラム、ブラケット、長い柱の順に工場で溶接して組み立てます。

厚い鋼板の**ダイアフラム**がないと、柱の薄い鋼板に直角に梁のH形鋼を接合することになり、力がかかったら柱がすぐにへこんでしまいます。

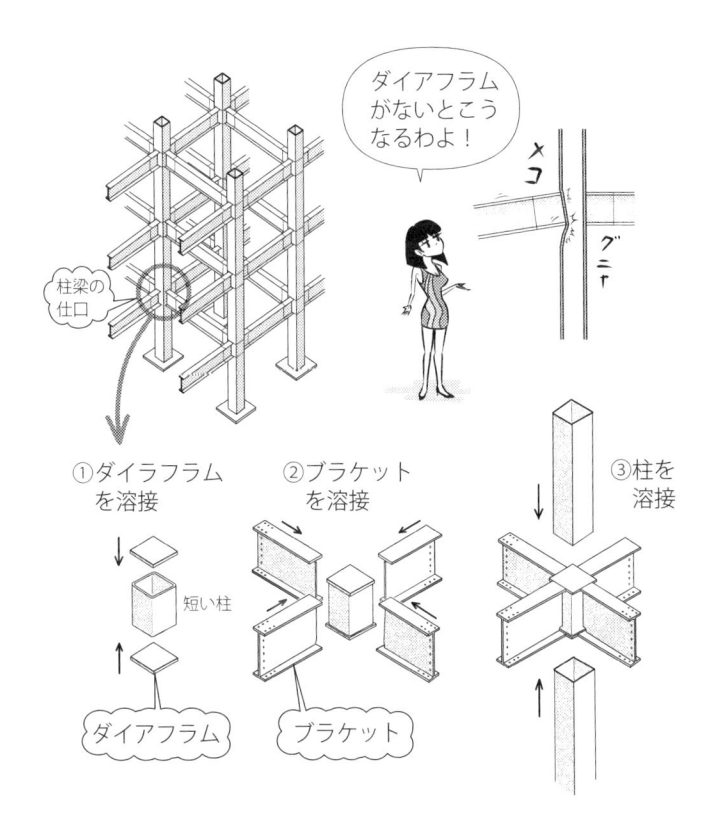

（ダイアフラムがないとこうなるわよ！）

①ダイアフラムを溶接　　②ブラケットを溶接　　③柱を溶接

短い柱
ダイアフラム
ブラケット

- 仕口の主要な部分の溶接は、開先をつくって、完全溶け込み溶接とします。ブラケットを溶接するときなど、完全溶け込み溶接（フランジ部分）と隅肉溶接（ウェブ部分）の両方を行う場合、完全溶け込み溶接を先に行います。完全溶け込み溶接の方が、収縮量が大きいからです。

★ R258 さび止め塗装

Q さび止め塗装をするべきでない部分とは？

A 溶接の部分、高力ボルト摩擦接合の部分、コンクリート埋め込み部分、耐火被覆の部分です。

鋼材はさびやすいので、工場でさび止め塗装をしてから現場に運び込みます。しかし塗装剤が溶着金属と混ざってしまう、塗装面がすべりやすく摩擦が得られない、コンクリートとの付着力が弱くなる、耐火被覆との付着力が弱くなるなどの理由から、上記の4つの部分では例外的にさび止め塗装はしません。

[スーパー記憶術]
養	母	の	梅	干し、	着色しない
溶接	ボルト		埋め込み	耐火	塗装しない

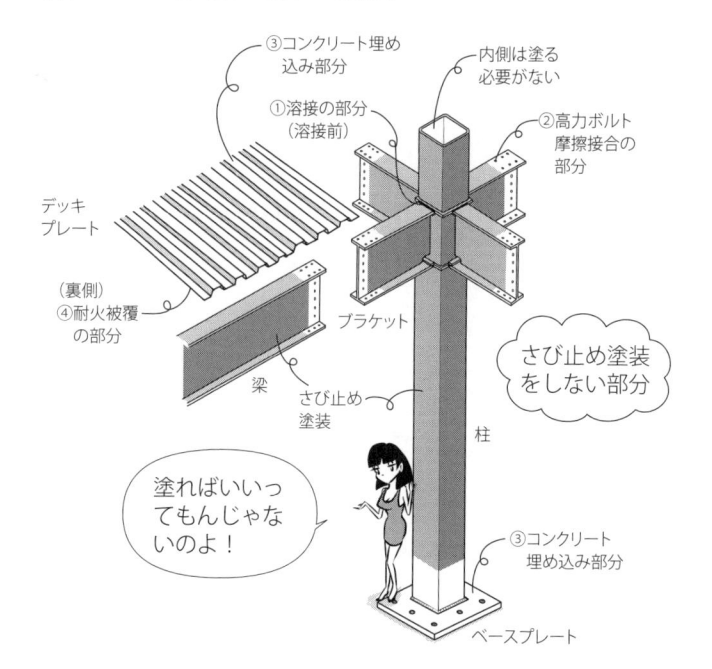

- ③コンクリート埋め込み部分
- 内側は塗る必要がない
- ①溶接の部分（溶接前）
- ②高力ボルト摩擦接合の部分
- デッキプレート
- （裏側）④耐火被覆の部分
- ブラケット
- 梁
- さび止め塗装
- 柱
- ③コンクリート埋め込み部分
- ベースプレート

さび止め塗装をしない部分

塗ればいいってもんじゃないのよ！

- 現場で鉄骨を組み立てた後、部分的なさび止め塗装を行うこともあります。
- 高力ボルト接合の摩擦面は、自然発錆（屋外に放置して赤さびを付ける）またはブラスト加工（研磨材を吹き付ける）によって、すべり係数 0.45 以上を確保するとJASSにあります。

★ R259　組み立て　その1

Q 鉄骨の柱はどうやって基礎に留める？

A ベースプレートの孔にアンカーボルトを通し、二重ナットで締め付けて留めます。

柱下端に溶接されたベースプレートと、基礎に埋め込まれたアンカーボルトを緊結します。ナットを二重にすると、相互に締め合って、ゆるみにくくなります。

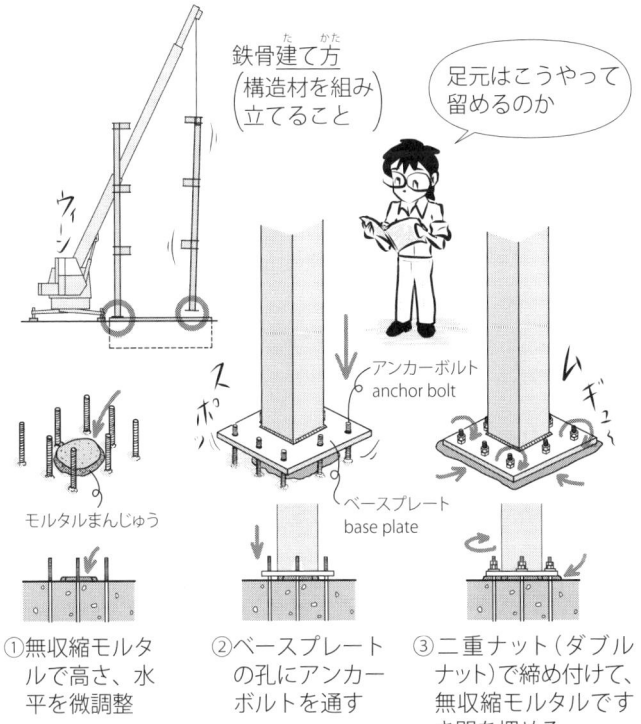

鉄骨建て方
（構造材を組み立てること）

足元はこうやって留めるのか

アンカーボルト
anchor bolt

ベースプレート
base plate

モルタルまんじゅう

①無収縮モルタルで高さ、水平を微調整

②ベースプレートの孔にアンカーボルトを通す

③二重ナット（ダブルナット）で締め付けて、無収縮モルタルですき間を埋める

- ベースプレート（base plate）とは基礎（base）の板（plate）のことで、柱に完全溶け込み溶接で接合します。基礎に事前に埋め込んでおいて、その上の柱などを錨（いかり：anchor）を下ろしたように動かなくさせるボルト（bolt）がアンカーボルトです。
- JASSの規定では、アンカーボルトは二重ナットの外側に、3山以上ネジ山が出るようにします。

★ R260 組み立て その2

Q 鉄骨の梁はどうやって柱に留める？

A 柱に付けたブラケットに高力ボルトで摩擦接合します。

下図のように**スプライスプレート**でフランジやウェブを挟んで、高力ボルトで留めます。

[スーパー記憶術]
<u>スープ</u>と<u>ライス</u>でおかずを挟む
　スプライス

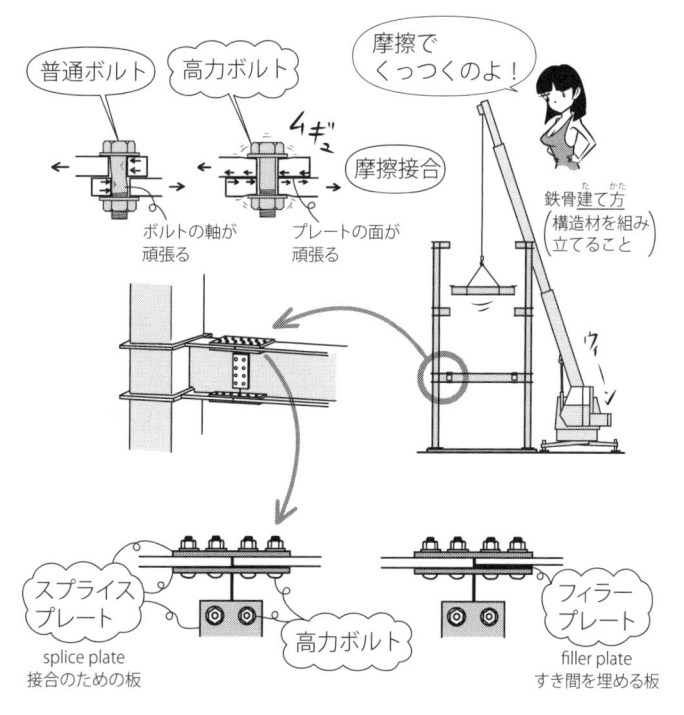

（図中の文字）
- 普通ボルト
- 高力ボルト
- 摩擦でくっつくのよ！
- 4ギュ
- 摩擦接合
- ボルトの軸が頑張る
- プレートの面が頑張る
- 鉄骨建て方（構造材を組み立てること）
- スプライスプレート　splice plate　接合のための板
- 高力ボルト
- フィラープレート　filler plate　すき間を埋める板

- 普通ボルトはボルトの軸で力を伝えますが、高力ボルトは強い張力で挟むことによって摩擦面どうしで力を伝えます。スプライス（splice）とは接合、プレート（plate）は板で、スプライスプレートは接合するための板が原義です。フランジの厚みが違う場合は、フィラープレートを使います。フィラー（filler）とは埋める、詰めるものという意味で、フィラープレートはすき間（はだすき）を埋める板です。JASSには、はだすきは1mm以下は処理不要、1mmを超えるものにはフィラーを入れるとあります。

★ R261　組み立て　その3

Q 仮ボルト、高力ボルトは、どういう順序で締め付ける？

A 組み立て時に普通ボルトで仮締めし、建て入れ直しをした後に、すべてのボルトを高力ボルトで締めます。

仮締めの後、高力ボルトを中央から外側へ、上から下へと順々に本締めを行います。

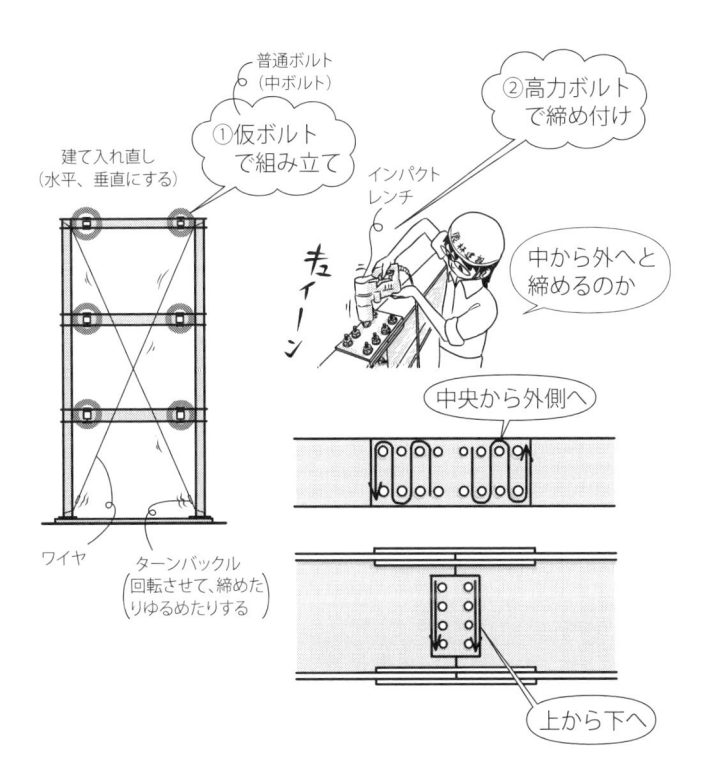

- 普通ボルト（中ボルト）
- ①仮ボルトで組み立て
- ②高力ボルトで締め付け
- 建て入れ直し（水平、垂直にする）
- インパクトレンチ
- キューン
- 中から外へと締めるのか
- 中央から外側へ
- 上から下へ
- ワイヤ
- ターンバックル（回転させて、締めたりゆるめたりする）

- 仮締めのボルト（仮ボルト）は、本締めボルトと同軸径の普通ボルト（中ボルト）を使います。普通ボルトは、「上、中、並」の等級の「中」がほとんどなので、中ボルトと呼ばれることもあります。JASSでは仮ボルトの本数は、ボルト数の1/3以上、かつ2本以上とされています。
- 軽量形鋼のボルト接合は、普通ボルトでも可能です。

★ R262 組み立て その4

Q トルシア形高力ボルトの本締め完了はどうやってわかる？

A ピンテールの破断でわかります。

🟦 **ピンテール**（pintale）とは、ボルト端部の細長い（pin）しっぽ（tale）のことで、所定の力で破断するようにつくられています。

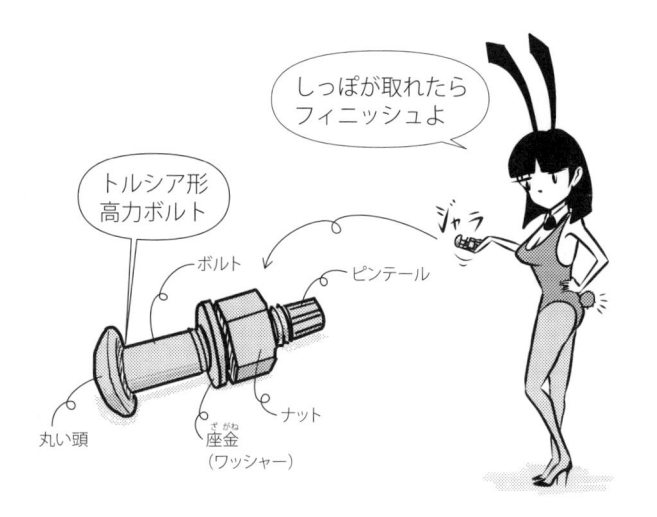

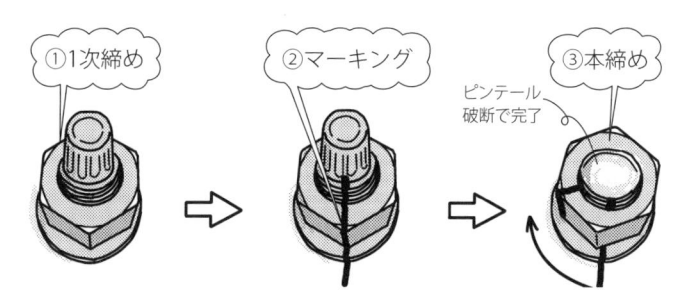

しっぽが取れたらフィニッシュよ

トルシア形高力ボルト

- ボルト
- ピンテール
- ナット
- 座金（ワッシャー）
- 丸い頭

①1次締め ➡ ②マーキング ➡ ③本締め（ピンテール破断で完了）

- マーキングは、ボルトと座金（ざがね：ワッシャー）が共回りしていないか、ナットの回転量にバラツキがないかを見ます。ボルトの余長は、ナット面からネジ山が1～6山を合格とします。
- H形鋼の内側にはインパクトレンチは入れづらく、H形鋼の上と下からインパクトレンチで回すので、丸いボルトの頭が内側になるのが普通です。
- 高力ボルトには、トルシア形のほかに高力六角ボルトもあります。

★ R263　組み立て　その5

Q 建て方時にボルト孔が食い違った場合はどうする？

A 小さな食い違いはリーマ（reamer）がけして修正します。

リーマとは孔の内面を仕上げる錐（きり）のことです。

[スーパー記憶術]
(サラリーマン)
リーマンは胃がキリキリする
　リーマ　　　　　錐

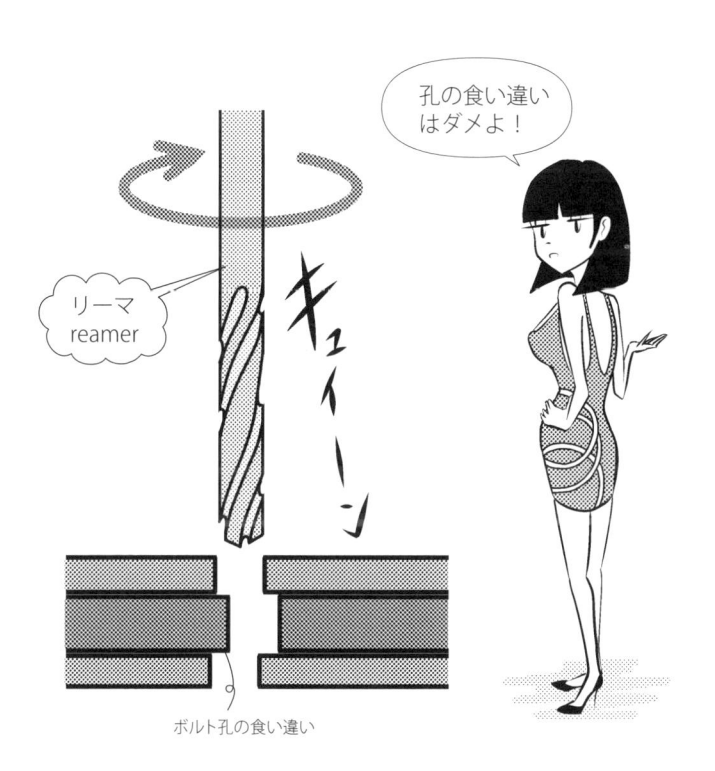

孔の食い違いはダメよ！

リーマ
reamer

キューーン

ボルト孔の食い違い

- JASSには、2mm以下の食い違いはリーマがけして修正、2mmを超える場合は接合部の安全性の検討を含め工事管理者と協議して定めるとあります。

★ R264 組み立て その6

Q 梁を柱にピン接合するにはどうする?

A 柱に溶接されたガセットプレート（gusset plate）に高力ボルトで梁のウェブを留めます。

梁のH形鋼のウェブで接合して、フランジは柱から離しておきます。フランジを付けると、曲げの力が伝わってしまいます。

[スーパー記憶術]
<u>ガ</u>しっと留める
ガセット

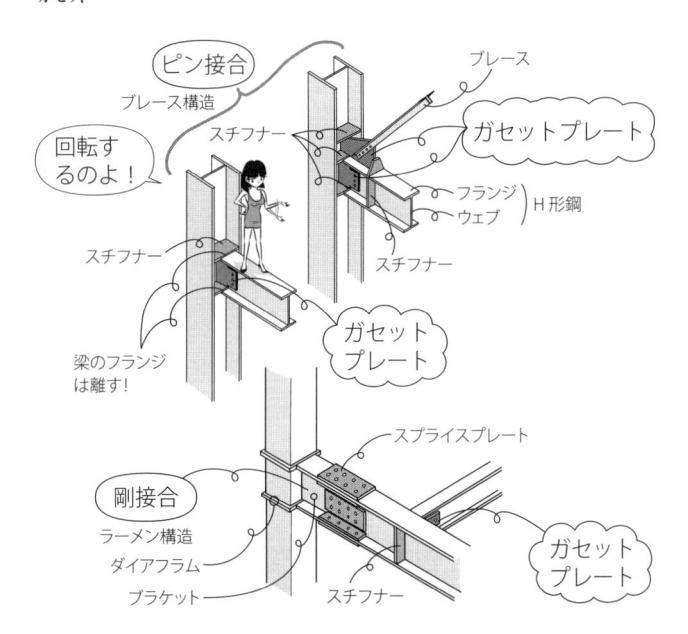

（図：ピン接合（ブレース構造）と剛接合（ラーメン構造）のガセットプレート、スチフナー、ダイアフラム、ブラケット、スプライスプレート、H形鋼のフランジ・ウェブ等の説明図）

- ガセット（gusset）は衣服の補強のためのまちなどの意がありますが、建築では梁やブレース（筋かい）を受ける板をいいます。スティフン（stiffen）は強化する、スチフナー（stiffener）は強化するものの意で、補強するために入れられる板です。
- 小梁を大梁に留めたり、ブレースを柱に留めるときにも、ガセットプレートを使います。
- 曲げる力を伝えないのがピン接合でガセットプレートでつくり、曲げる力を伝えるのが剛接合で、ダイアフラムとブラケットでつくります。ラーメン構造の仕口部分は必ず剛接合です。

★ R265 組み立て そ

Q 建て方時に柱を継ぎ足すにはどうする？

A 柱に溶接されたエレクションピースをスプライスプレートで挟んで、高力ボルトで締め、柱どうしを完全溶け込み溶接で接合した後に、エレクションピースを溶断します。

柱の端部には開先をつくっておき、現場で完全溶け込み溶接をして一体化させます。溶接する際に柱を垂直に仮止めしておくのが、**エレクションピース**、スプライスプレート、高力ボルトの役目です。溶接が終わったら、ガスバーナーで焼き切って取り除きます。

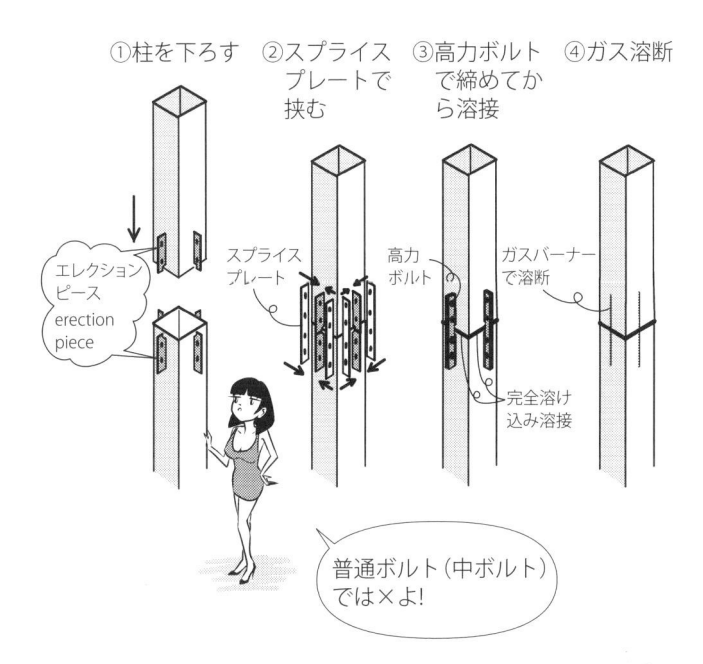

①柱を下ろす ②スプライスプレートで挟む ③高力ボルトで締めてから溶接 ④ガス溶断

- エレクションピース erection piece
- スプライスプレート
- 高力ボルト
- ガスバーナーで溶断
- 完全溶け込み溶接

普通ボルト（中ボルト）では×よ！

- エレクト（erect）とは直立させること、エレクションピースは直立させるための部品です。トラックに載せられる長さは限られているので、長い柱は現場で溶接してつなぎます。
- 工場で柱にブラケットを付ける作業に時間がかかるので、現場で短い柱を基礎に先に留めておいて、後から上の柱を継ぎ足すこともあります。柱を1節、2節と継ぐので、基礎のすぐ上で切れている短い柱を0節からゼロ柱（ちゅう）と呼ぶことがあります。

R266 組み立て その8

Q 鉄骨で床の構造はどうつくる？

A デッキプレートを梁に溶接して、その上にコンクリートを打つのが一般的です。

鋼板をギザギザにして、床の構造用に強度を出したのが**デッキプレート**です。梁から梁へとデッキプレートを架け、焼き抜き栓溶接で梁に留めます。そして溶接金網か鉄筋を縦横に組んで、コンクリートを打ちます。

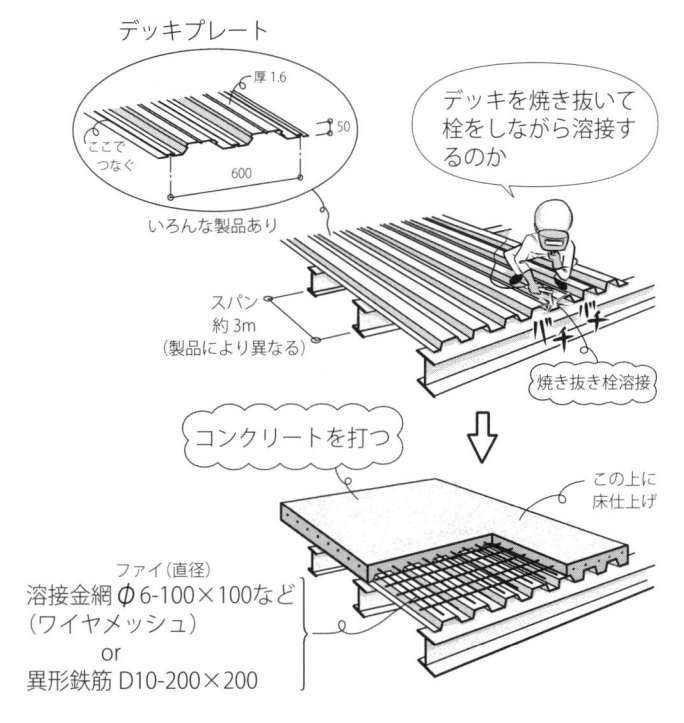

デッキプレート
厚 1.6
50
600
ここでつなぐ
いろんな製品あり

デッキを焼き抜いて栓をしながら溶接するのか

スパン約3m（製品により異なる）

焼き抜き栓溶接

コンクリートを打つ

この上に床仕上げ

ファイ（直径）
溶接金網 φ6-100×100など
（ワイヤメッシュ）
or
異形鉄筋 D10-200×200

- 焼き抜き栓溶接とは、デッキプレートの上から鋼板を焼き抜いて孔をあけ、「の」の字に溶着金属を付けながら孔をふさいで（栓をして）溶接します。
- 溶接金網（ワイヤメッシュ）とはφ6の丸鋼を100mm×100mm程度に組んだ金網で、コンクリートのひび割れを防止します。D10（異形鉄筋の直径約10mm）を200mm×200mm程度に組むと、デッキプレートとRC造の床スラブが合わさった構造となります。
- 小さなスパンなら、ALC（軽量気泡コンクリート）の版を載せて床の構造とするなどの方法もあります。

★ **R267**　　　　　　　　　　　　　　　　　　　組み立て　その9

Q スタッドボルト（頭付きスタッド）を梁にどうやって付ける？
　▼
A スタッド溶接機などを使って梁に溶接します。

　スタッド（stud）は鋲（びょう）、スタッドボルトは円筒の軸の上に広がった円筒の頭が付いた鋲です。梁とコンクリートスラブを一体化して、合成梁、合成スラブとするためです。

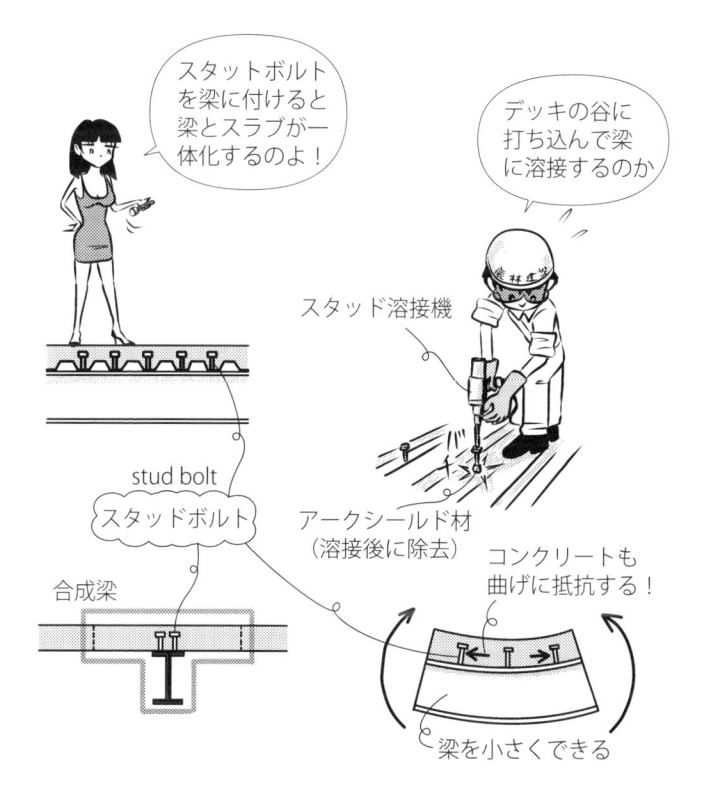

「スタッドボルトを梁に付けると梁とスラブが一体化するのよ！」

「デッキの谷に打ち込んで梁に溶接するのか」

スタッド溶接機

stud bolt
スタッドボルト

アークシールド材
（溶接後に除去）

合成梁

コンクリートも曲げに抵抗する！

梁を小さくできる

- デッキ（デッキプレート）とデッキのつなぎ目で梁が露出している所では、梁に直接スタッドボルトを溶接します。梁にデッキがかぶっている所では、デッキを貫通させて梁に溶接することで、デッキと梁が一体化されます。デッキの板厚が大きい場合は、あらかじめデッキに孔をあけておきます。
- スタッドの周囲に空気を遮断する（シールドする）シールド材が付けられていて、溶接後に除去します。溶接は空気から遮断（シールド、サブマージ）しないと、溶けた金属中に酸化鉄や気孔（ブローホール）ができてしまうからです。

★ R268 アスファルト防水 その1

Q アスファルトプライマーとは？

A アスファルト防水をする際に、防水層の下地としてコンクリートの上に塗るアスファルトが溶けた液体です。

アスファルトを溶剤で溶かした液体で、コンクリートとアスファルトの密着をよくするために塗ります。

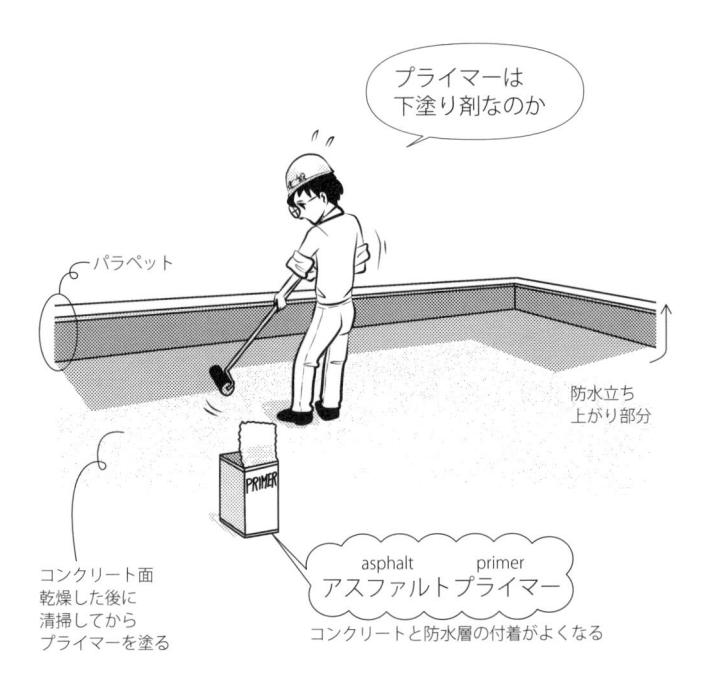

プライマーは下塗り剤なのか

パラペット

防水立ち上がり部分

コンクリート面
乾燥した後に
清掃してから
プライマーを塗る

asphalt primer
アスファルトプライマー

コンクリートと防水層の付着がよくなる

- プライム (prime) とは「最初の」などの意味があり、プライマー (primer) は最初に塗るものです。
- 原油精製の残りかすがストレートアスファルト (straight asphalt) です。それを加熱して空気を吹き込む (blown) と、軟化温度が高く、弾性や衝撃抵抗の大きいブローンアスファルト (blown asphalt) となり、防水に使われます。

★ R269　アスファルト防水　その2

Q アスファルトルーフィング（フェルト）とは？

A フェルトにアスファルトを染み込ませたものです。

コンクリートにアスファルトプライマーを塗り、翌日、アスファルトルーフィングを熱で溶かしたアスファルトで張り付けます。

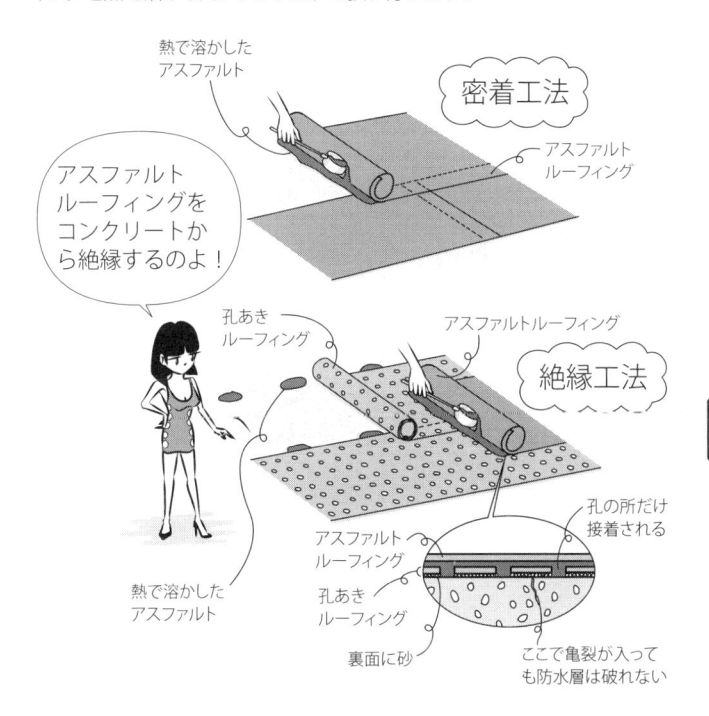

密着工法
- 熱で溶かしたアスファルト
- アスファルトルーフィング

「アスファルトルーフィングをコンクリートから絶縁するのよ！」

絶縁工法
- 孔あきルーフィング
- アスファルトルーフィング
- 熱で溶かしたアスファルト
- 裏面に砂
- 孔の所だけ接着される
- ここで亀裂が入っても防水層は破れない

- 全面接着する方法を密着工法、裏面に砂が付いている孔あきルーフィングを下に敷いて、その孔の部分だけで点張りする方法を絶縁工法といいます。絶縁するのは、下地コンクリートに亀裂が入っても、防水層が破れないようにするためです。
- ルーフィングは水下（みずしも）から水上（みずかみ）へと重ねて張り、重ね幅を100mm以上とります。水上へと重ねて張るのは、屋根の瓦やスレートと同じで、水が流れやすく、すき間から漏れにくくするためです。逆に水上から水下へ重ねる場合は、重ね幅が150mm以上必要です。
- アスファルトの溶融は小塊にして溶融釜に入れ、温度は軟化点（95℃、100℃など）に170℃を加えた温度以下とします。その温度を超えると、アスファルトの品質が低下します。また200℃程度以下では、接着力が低下します。

16 防水工事

★ R270　アスファルト防水　その3

Q 改質アスファルトルーフィング（シート）とは？

A 合成ゴムやプラスチックを加えて改良したアスファルトが、裏側に付けられた防水シートです。

トーチ（ガスバーナー）の炎で裏面の改質アスファルトを溶かして、コンクリート面に接着します。

（ひとりで張れるのか）

改質アスファルトルーフィング

トーチ（ガスバーナー）で改質アスファルトを溶かして接着する

裏側に改質アスファルト

```
密着工法…コンクリートに全面接着
絶縁工法…下に孔あきルーフィングを
　　　　　敷いて点付け接着
```

- 溶融金でアスファルトを溶かす手間が省けます。また上図のように、ひとりでトーチを持ちながらルーフィングを金具で引っ張って張ることができます。トーチ（torch）とは松明（たいまつ）が原義で、ガスバーナーのほかに、溶接の際にワイヤ（溶融金属）を送り出して溶接する器具を指すこともあります。
- アスファルトルーフィングと同様に、全面で接着する密着工法と、孔あきルーフィングの上から点付け接着する絶縁工法があります。絶縁工法の方が、コンクリートの亀裂に追従して破れる危険が少ないです。

278

★ **R271** アスファルト防水 その4

Q ストレッチアスファルトルーフィング（シート）とは？

A 合成繊維にアスファルトを染み込ませた、伸縮性のあるシートです。

出隅、入り隅部、ドレーン（排水口）の周囲などにルーフィングの下に増し張りして、防水が切れにくいようにします。

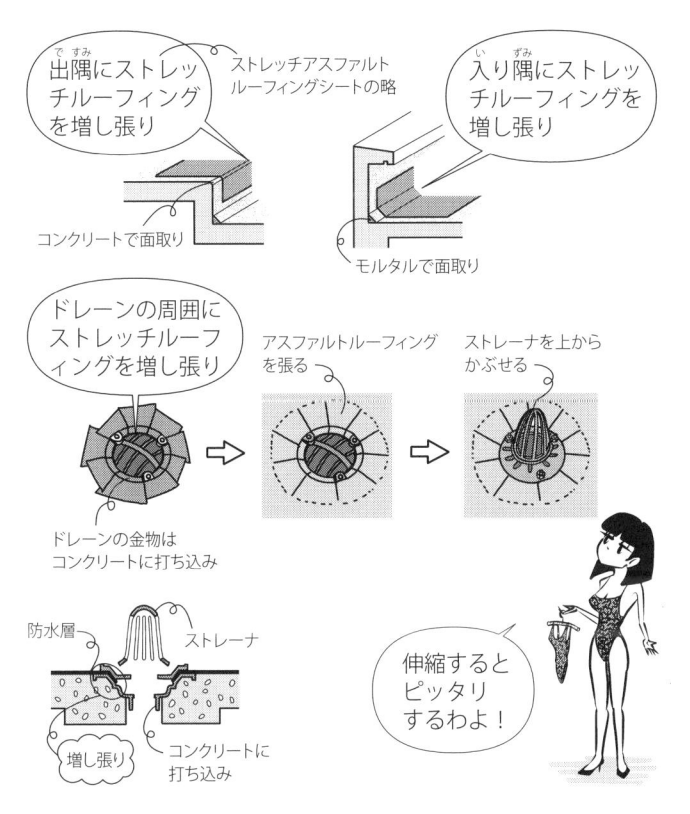

- 出隅にストレッチルーフィングを増し張り
- ストレッチアスファルトルーフィングシートの略
- 入り隅にストレッチルーフィングを増し張り
- コンクリートで面取り
- モルタルで面取り

- ドレーンの周囲にストレッチルーフィングを増し張り
- アスファルトルーフィングを張る
- ストレーナを上からかぶせる
- ドレーンの金物はコンクリートに打ち込み

- 防水層
- ストレーナ
- 増し張り
- コンクリートに打ち込み

伸縮するとピッタリするわよ！

- ストレッチ（stretch）は伸ばすことを意味します。伸縮することで、凹凸に対応できます。通常のアスファルトルーフィングのほかに、ストレッチアスファルトルーフィングを追加して張るので増し張りといわれます。網状の繊維にアスファルトを染み込ませた網状アスファルトルーフィングも、増し張りに使われます。
- ドレーンの金物はコンクリートに打ち込み、防水層を周囲からドレーンの孔にのみ込ませた上に、ストレーナというゴミをよける金網や格子の付いた金具をはめ込みます。ドレーンは水が集まる所で、凹凸も多いので、防水の要所となります。

★ R272　押さえコンクリート　その1

Q 押さえコンクリートがある場合、断熱材は防水層の下に張る？　上に張る？

A 防水層の上に断熱材を張るのが一般的です。

断熱材の上に押さえコンクリートを打つことが多く、断熱材はコンクリートの重みでへこみます。防水層が断熱材の上にある場合、へこむと立ち上がり部で防水層が下に引っ張られて破れる危険があります。防水層を露出させる場合は、防水層の下に断熱材を張っても問題ありません。

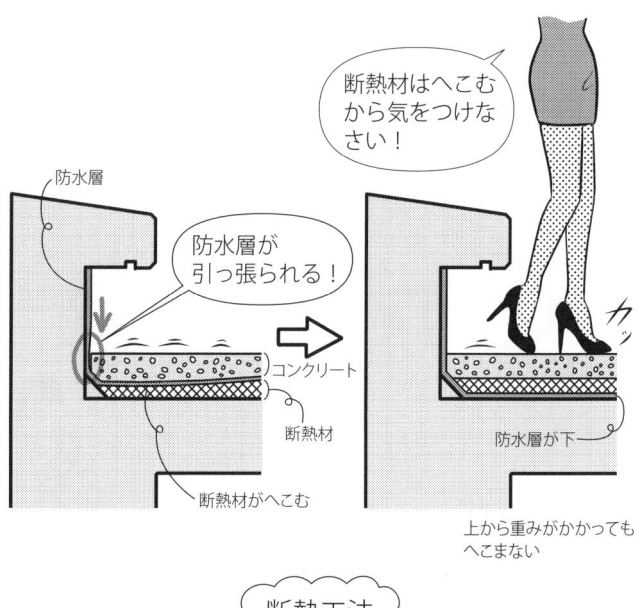

断熱工法

- 断熱材を防水層とともに敷く方法は、断熱工法といいます。コンクリートく体の外側に断熱材がくるので、外断熱となって断熱効果が上がります。
- 押さえコンクリートを打つ場合と打たない場合があります。屋上を歩行するときは、防水層を保護するために、防水層や断熱材の上に押さえコンクリートを打つのが一般的です。

★ R273　押さえコンクリート　そ

Q 押さえコンクリート（保護コンクリート）に伸縮調整目地を入れるのは

A コンクリートの熱による伸縮、乾燥収縮などから防水層を守るためです。

防水層の上に絶縁シートを張って、コンクリートと縁を切ります。さらに伸縮目地をつくって、コンクリートの伸縮から防水層が影響を受けないようにします。目地は防水層まで達するように設けます。

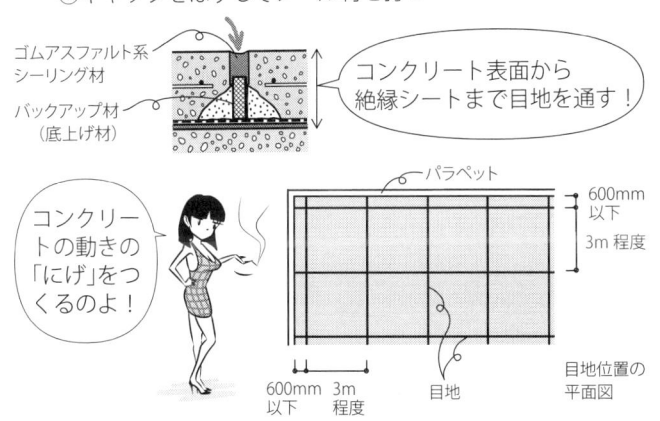

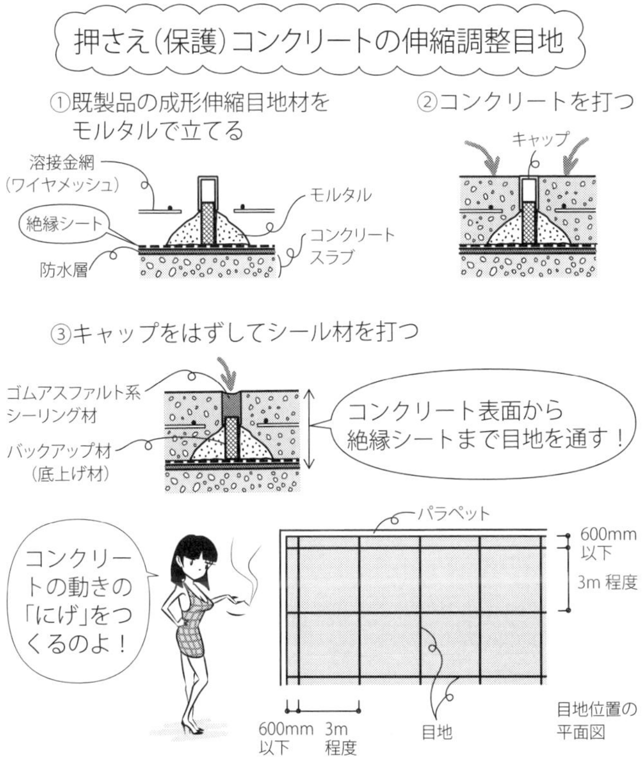

押さえ（保護）コンクリートの伸縮調整目地

①既製品の成形伸縮目地材をモルタルで立てる

- 溶接金網（ワイヤメッシュ）
- モルタル
- 絶縁シート
- コンクリートスラブ
- 防水層

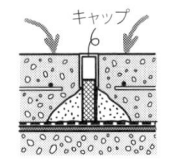

②コンクリートを打つ

- キャップ

③キャップをはずしてシール材を打つ

- ゴムアスファルト系シーリング材
- バックアップ材（底上げ材）

コンクリート表面から絶縁シートまで目地を通す！

コンクリートの動きの「にげ」をつくるのよ！

- パラペット
- 600mm以下
- 3m程度
- 600mm以下　3m程度
- 目地
- 目地位置の平面図

- 目地幅の板や発泡材（成形された目地材）を縦にしてモルタルで固定し、それからコンクリートを打ちます。伸縮目地の平面的な位置は、立ち上がりから600mm以内、縦横3m程度の間隔で、目地幅は20〜30mmで設けます。目地にはゴムアスファルト系シーリング材などを充てんします。既製品の成形伸縮目地材では、上部のキャップを取るだけで、その下の部分がバックアップ材となります。

R274 立ち上がり末端部

Q アスファルト防水層の立ち上がり末端部の処理はどうする？

A 押さえ金物で固定して、ゴムアスファルト系シーリング材でシールします。

パラペットやドア、窓下の立ち上がり部は、防水層がはずれると、雨漏りの原因となります。金物で押さえたり、レンガなどで重みをかけて、はがれないようにします。

- ゴムアスファルト系シーリング材
- アルミ押さえ金物
- セメント板

金物で押さえるか、レンガで押さえるかよ

- ゴムアスファルト系シーリング材
- レンガ：重みで立ち上がり部を押さえる
- モルタル

★ R275　脱気装置

Q 脱気装置はなぜ付ける？

A コンクリートと防水層の間に溜まった湿気を出して、防水層のふくれを防止するためです。

絶縁工法や改修防水工事の場合は湿気が溜まりやすいので、脱気装置を付けます。

（図：脱気装置／湿気／防水層／「この筒で湿気を抜くのか」）

- コンクリートに脱気装置の脱気筒をビス留めし、その上に防水層をかぶせ、シーリング材で防水層と脱気筒の間をふさぎ、最後に脱気筒にキャップを付けます。
- 湿気が防水層の下に溜まらないように、屋根スラブのコンクリートを打って、6週間程度は乾燥させて、雨後は数日経ってから防水の工事をはじめます。屋根スラブ下がデッキプレートの場合は、デッキプレートのある下側からは湿気が抜けにくいので、さらに乾燥の時間をとります。

★ **R276**　　　　　　　　　　　　　　　　　　　　　　シート防水

Q シート防水の立ち上がり入り隅部は面取りする？

A 面取りしないで直角にします。

シート防水の立ち上がり入り隅部は直角にして、シート端部は金物で留めます。

（シートを接着するのがシート防水）

パラペット

「あご」がひさしになる
シーリング材
アルミ押さえ金物
シート端部

面取りしないで直角に！

アルミ笠木
シーリング材
アルミ押さえ金物
直角
シート

- 塩化ビニール製や加硫ゴム系の1〜2mm厚のシートなどを、接着剤などで下地に固定し、シート相互間を貼り合わせるのがシート防水です。加硫ゴムとは、天然のゴムに硫黄を加えて弾性、強度を持たせたものです。改質アスファルトルーフィングシート（R270参照）も、シート防水の一種です。
- シート防水は露出させるのが原則で、コンクリートやモルタルの保護層はつくりません。シート表面は塗料で保護しますが、最初から塗装がされているシートもあります。
- パラペットにはあごを付けて、防水層立ち上がり部をひさし状に雨から保護する方が、トラブルが少なくなります。あごがないパラペットでは、アルミ笠木（上にかぶせる金物や木のこと）の下に末端部を入れるなど工夫すると、シート端部を雨から保護できます。

★ R277 塗膜防水

Q 塗膜防水はどういう順で工事する？

A プライマー塗り、補強布（補強クロス）張り、ウレタンなどを塗装、最上面を仕上げ塗装という順で行います。

ウレタン、アクリル、FRP（繊維強化プラスチック）などの塗料を刷毛、ローラーなどで「塗」って、固めて「膜」をつくるのが塗膜防水です。ひび割れないように、補強のためのクロスを下地として張ります。最上面は塗装して、保護、仕上げとします。

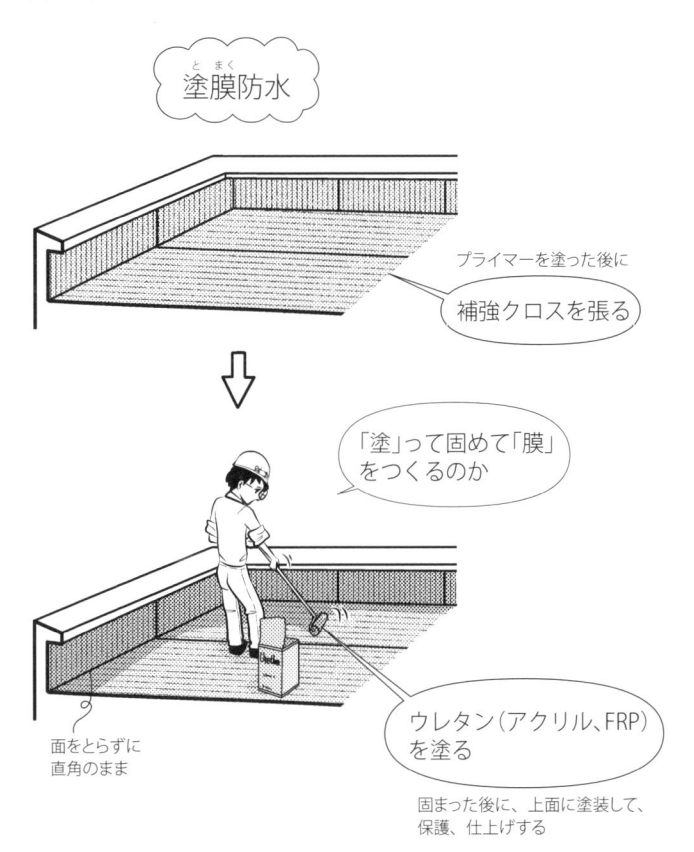

塗膜防水

プライマーを塗った後に
補強クロスを張る

「塗」って固めて「膜」をつくるのか

ウレタン（アクリル、FRP）を塗る

面をとらずに直角のまま

固まった後に、上面に塗装して、保護、仕上げする

- バルコニー、ひさしなどの小さくて凹凸の多い所でも、施工が楽にできます。出隅、入り隅は面をとらずに直角のままとします。

★ / R278 / 乾式工法

Q 外装で、石をモルタルを使わずに張るにはどうする？

A 金物で留めて目地をシールします。

ファスナー（fastener）だけで石を支える工法で、水を使わないので乾式工法と呼ばれます。

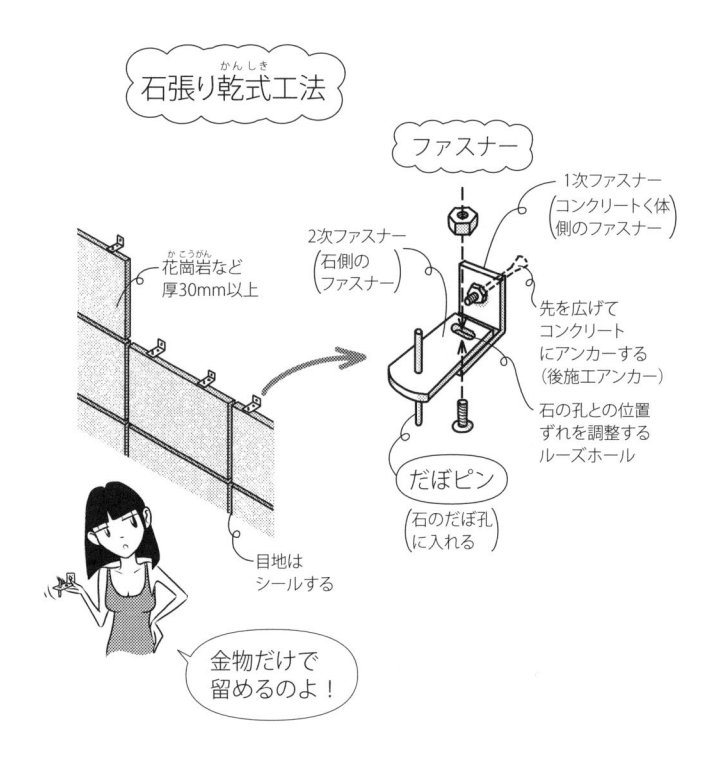

石張り乾式工法

ファスナー

- 1次ファスナー（コンクリートく体側のファスナー）
- 2次ファスナー（石側のファスナー）
- 先を広げてコンクリートにアンカーする（後施工アンカー）
- 石の孔との位置ずれを調整するルーズホール
- だぼピン（石のだぼ孔に入れる）
- 花崗岩など厚30mm以上
- 目地はシールする

金物だけで留めるのよ！

- ファスン（fasten）とはしっかりと固定すること、ファスナー（fastener）は固定するものの意です。1次ファスナーをコンクリートにアンカーボルトで留め、それにだぼピンの付いた2次ファスナーを留めます。
- アンカーボルトはコンクリートの施工後に、後から孔に入れて先端を押し広げて留めるものを使います。石の小口(切断面)にあいただぼ孔にだぼピンを差して、石を固定します。だぼとは、孔に差す丸い棒のことです。

R279 湿式工法

Q 外装で、石をモルタルを使って張るにはどうする？

A コンクリートに鉄筋を付け、それに金物で引っ掛け、裏込めモルタルを充てんして留めます。

金物で仮止めして、裏側に軟らかいモルタルを1/3程度ずつ充てんして、積み重ねます。モルタルに水を使うので、湿式工法と呼ばれます。

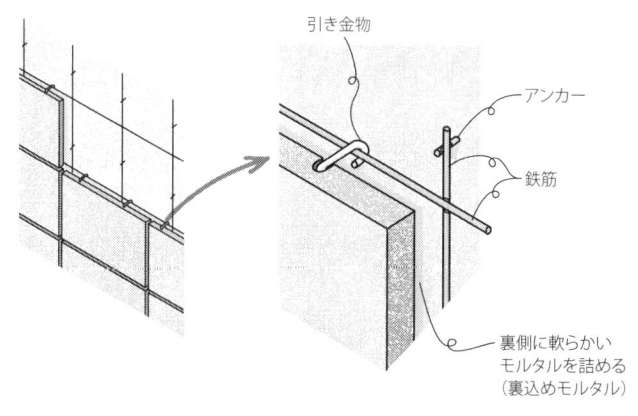

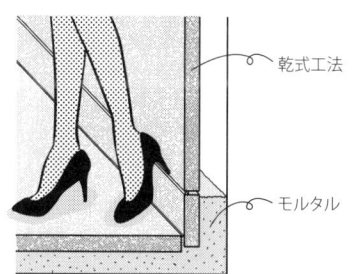

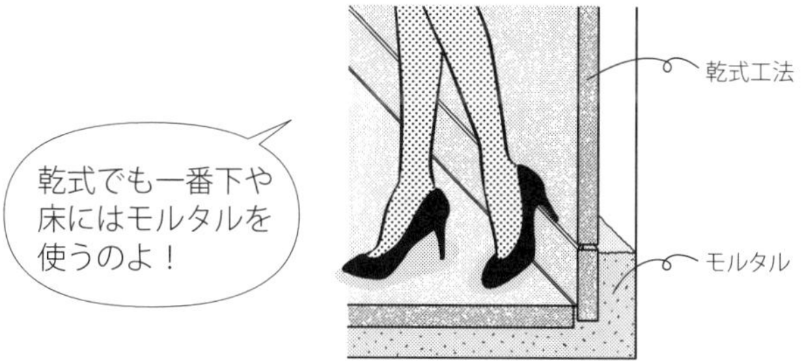

石張り湿式工法

- 引き金物
- アンカー
- 鉄筋
- 裏側に軟らかいモルタルを詰める（裏込めモルタル）
- 乾式工法
- モルタル

乾式でも一番下や床にはモルタルを使うのよ！

- 湿式工法はモルタルの接着力でコンクリート面に留めるので、厚い石で裏側が割り肌（くさびなどで割ったままのザラザラ、デコボコの肌）の場合に使われます。厚さが30mm程度の薄い石だと、乾式工法の方が安全なので、今では乾式工法が一般的です。
- 壁が乾式工法でも、床に接する部分、床の部分にはモルタルが使われます。

17 外装工事

★ R280 タイルの張り方 その1

Q タイルの圧着張りとは？

A 下地に張り付けモルタルを塗って、タイルを圧して張る方法です。

「圧」して接「着」するから圧着張りです。張り付けモルタルを5～6mmほど塗った後に、すぐにタイルを張り、木づちでたたきます。
下地とタイルの両面に張り付けモルタルを塗るのが、**改良圧着張り**です。
圧着張りのほかに、振動機を使う**密着張り**、タイル裏面に張り付けモルタルをだんご状にして載せて、下から上へ積み上げるように張る**積み上げ張り**（だんご張り）、台紙に小さめのタイルを複数枚付けたユニットを圧して張る**ユニットタイル圧着張り**（モザイクタイル張り）などがあります。

[スーパー記憶術]
あん	みつ	あげる、	一緒に食べよう
圧着	密着	積み上げ	ユニット

タイルの圧着張り

張り付けモルタルを塗った後

すぐにタイルを「圧」して木づちでたたいて接「着」するのか

★ R281　タイルの張り方　その2

Q タイルの密着張りとは？
▼
A 下地に張り付けモルタルを塗って、振動機（ヴィブラート）を使ってタイルを張る方法です。

張り付けモルタルを5〜8mm厚に塗った後、振動機を使ってタイルを張ります。

[スーパー記憶術]
密着取材で動揺する
密着張り　　振動機

（吹き出し）
落ちないようにしっかり張りなさい！
振動機を使うのが密着工法か
ヴィブラート　振動機
圧着と密着ってまぎらわしいな…

- 張り付けモルタルの塗り厚が5〜8mmと他の工法に比べてやや厚いので、2度に分けて塗ります。

★ R282　タイルの張り方　その3

Q タイルの積み上げ張りとは？

A タイルの裏面に張り付けモルタルを載せてから張る方法です。

下から上へ積み上げるように張るので、積み上げ張りと呼びます。モルタルをだんご状にして載せるので、だんご張りともいいます。

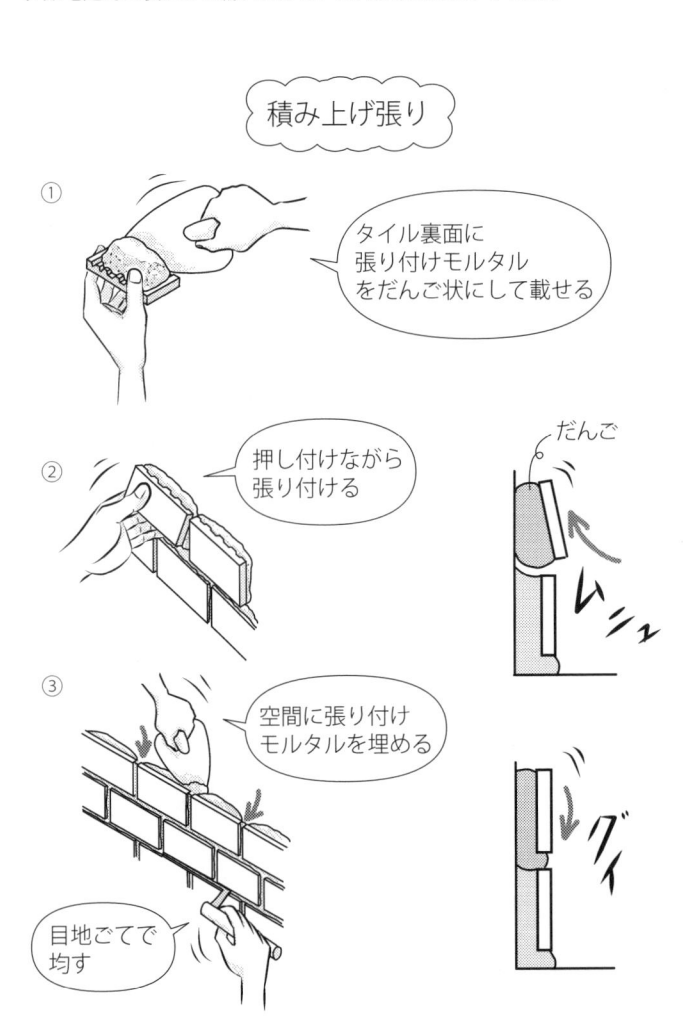

積み上げ張り

① タイル裏面に張り付けモルタルをだんご状にして載せる

② 押し付けながら張り付ける

だんご

ムニ

③ 空間に張り付けモルタルを埋める

グイ

目地ごてで均す

★ R283　タイルの張り方　その4

Q ユニットタイル圧着張りとは？

A 台紙に張られた複数のタイルを圧着して張る方法です。

複数のタイルをひとつのユニット（単位）として、そのユニットごとにいっぺんに張る方法なので、ユニットタイル圧着張りといいます。

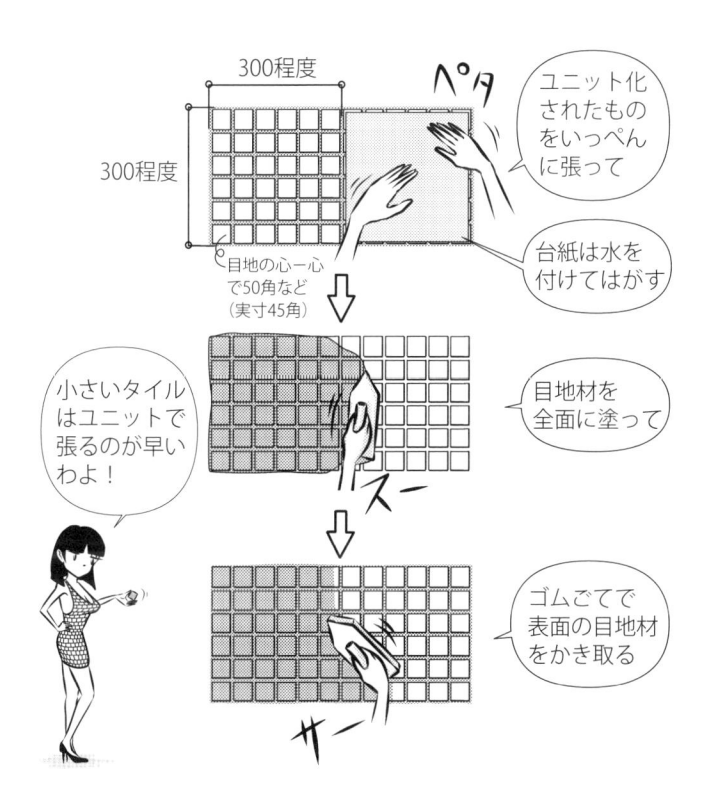

- 300程度
- 300程度
- 目地の心―心で50角など（実寸45角）

「ペタ」
ユニット化されたものをいっぺんに張って

台紙は水を付けてはがす

小さいタイルはユニットで張るのが早いわよ！

目地材を全面に塗って

「スー」

ゴムごてで表面の目地材をかき取る

「サー」

- 50mm角程度以下の小さなタイルはモザイクタイルとも呼ぶので、モザイクタイル張りともいいます。
- 台紙は水を含んだブラシで湿らして、角から斜め下方向へとはがします。目地材を全面に塗り込み、ある程度乾いたらゴムごてなどで、タイル表面の目地材をかき取ります。

★ R284 役物タイル

Q 役物タイルとは?

A 角に張るL字形のような特殊な形をしたタイルのことです。

平らなタイルは**平物**(ひらもの)です。出隅のコーナーを平物で張ると、小口(厚みの部分)が見えて、格好が悪くなります。タイル張りは、役物から先に張るのが一般的です。

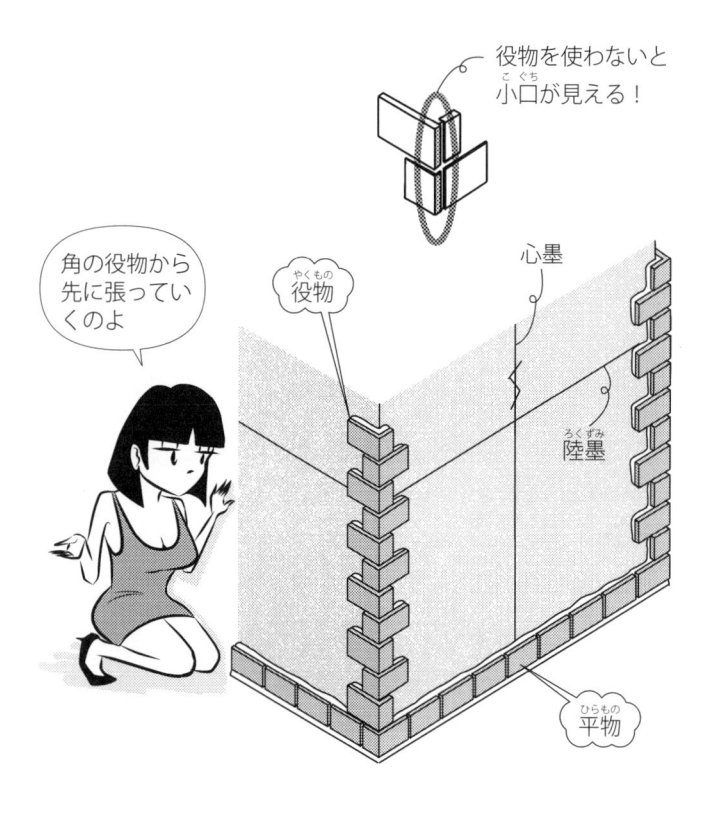

- 役物を使わないと小口(こぐち)が見える!
- 角の役物から先に張っていくのよ
- 役物(やくもの)
- 心墨
- 陸墨(ろくずみ)
- 平物(ひらもの)

- タイルばかりでなく、一般に特別な位置だけに使われる特異な形の部材を役物と呼びます。ALC(軽量気泡コンクリート)、PC(プレキャストコンクリート:事前に工場で打たれたコンクリート)などにも、役物があります。
- タイルの割り付けは目地幅で調整しますが、目地幅で調整しきれない場合はタイルを切断します。タイルの切断は、電動タイルカッター、手動タイルカッターのほか、ディスクグラインダーでも切断できます。

★ R285　モルタルの調合

Q RC壁などにモルタルを塗って仕上げる場合、下塗り、中塗り、上塗りの調合比はどうする？

▼

A セメント：砂の容積比が、下塗り1：2.5〜1：3、中塗り1：3、上塗り1：3とします。

■ 下塗りはセメントの多い、**富調合**（ふちょうごう）とします。下の層は接着性、強度を確保する必要があるからです。

[スーパー記憶術]
<u>下積みのある</u>ヤツが<u>富む</u>
　下塗り　　　　　　　富調合

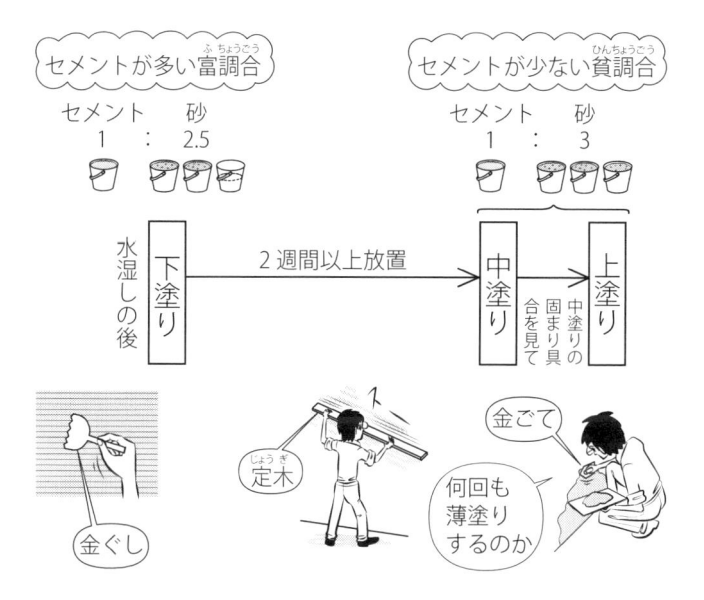

セメントが多い富調合（ふちょうごう）
セメント　砂
　1　：　2.5

セメントが少ない貧調合（ひんちょうごう）
セメント　砂
　1　：　3

水湿しの後 → 下塗り → 2週間以上放置 → 中塗り（中塗りの固まり具合を見て）→ 上塗り（中塗りの固まり具合を見て）

金ぐし

定木（じょうぎ）

金ごて
何回も薄塗りするのか

- 吸水が多い下地では水湿しをして、厚さ6mm程度ずつ塗り重ねます。下塗りはこてで押さえた後に金ぐしなどでくし目を付けます。下塗り後、2週間以上放置してから中塗りし、塗った後に定木ずりして平らにします。中塗りの固まり具合を見て、こてで上塗りします。
- 筆者はモルタル塗りを、職人さんに教わりながらラス（金網）の上に金ごてでやったことがあります。押し付ける力や角度、調合を間違えると、簡単に落ちてしまいます。接着性を強める薬剤を建築材料の先生からいただいてモルタルに入れたり、下地に染み込ませたりしましたが、なかなかうまくいきません。熟練が必要で、職人さんの技術に感心させられた次第です。

★ R286 カーテンウォール　その1

Q メタルカーテンウォールのマリオンをコンクリートく体に留めるには？

A コンクリート側にファスナーを付けて、それにボルトで留めます。

コンクリートにアンカーボルトを埋め込んでおいて、それにファスナーを付け、ファスナーにカーテンウォールの**マリオン**（縦枠材、方立て（ほうだて）のこと）などを留めます。

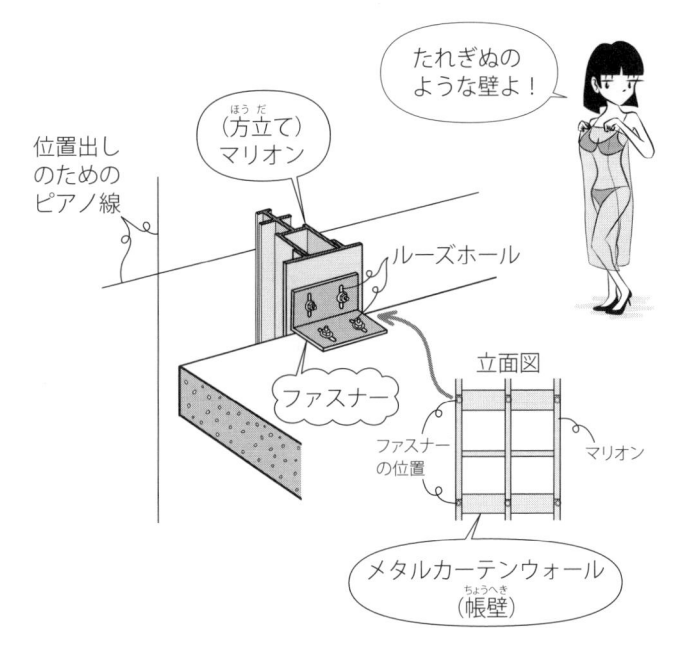

図中ラベル：
- 位置出しのためのピアノ線
- (方立て)マリオン
- ルーズホール
- ファスナー
- 立面図
- ファスナーの位置
- マリオン
- メタルカーテンウォール（帳壁 ちょうへき）
- たれぎぬのような壁よ！

- カーテンウォールとはカーテンのように軽く、吊すだけで壁になるような、工場で規格生産された外装の壁です。帳壁（ちょうへき）ともいいます。帳には室内や外部との境などに垂らすたれぬ、とばりという意味があります。
- コンクリートのアンカーは、先付けアンカーと後付けアンカーがあります。先付けはコンクリートに埋め込んでしまうので強度は安心ですが、型枠や配筋の工事の合間に正確な位置を出して設置しなければなりません。一方後付けアンカーは、位置を決めるのは簡単ですが、強度が心配です。コンクリートにドリルで孔をあけ、ホールインアンカー（先が広がって固定されるアンカー）などを埋め込みます。
- ファスナーやカーテンウォールの位置を出すのに、ピアノ線を縦に張って、次にそれを目安に横に張ります。多少のずれが吸収できるように、ファスナーの孔はルーズホールとなっています。

★ R287　カーテンウォール　その2

Q PCカーテンウォールを鉄骨の梁に留めるには？

A 梁側にファスナーを付けて、PC版をボルトで留めます。

■ く体側にファスナーを付けて、それにボルトで留めるのはメタルカーテンウォール、乾式石張りなどで共通です。PC版どうしの継目の目地には、中間に空間をとって、シール材、ガスケット（パッキン）などでふさぎます。

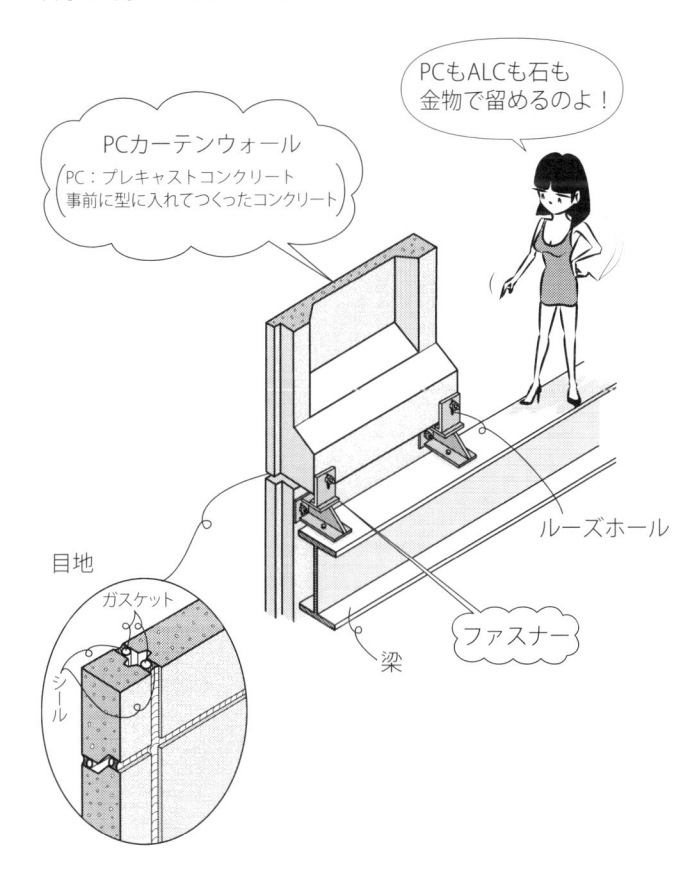

PCもALCも石も金物で留めるのよ！

PCカーテンウォール
（PC：プレキャストコンクリート　事前に型に入れてつくったコンクリート）

ルーズホール

目地
ガスケット
シール

ファスナー

梁

- PCは建築ではプレストレスド（事前に引張り力を与えた）などいろんな意味に使われますが、ここではプレキャストコンクリートのことです。工場で事前に(pre)型に入れてつくった(cast)コンクリートがPCです。工場で平置きしてつくるので、品質のよいコンクリート仕上げが得られます。

★ R288　ALC版　その1

Q ALC（軽量気泡コンクリート）版はどうやって鉄骨に留める？

A 梁のH形鋼にアングル（山形鋼）を溶接して、それに金具を使って留めます。

◼ ALC版を縦に使って上下の梁に金具で留めるのが、最も一般的な方法です。

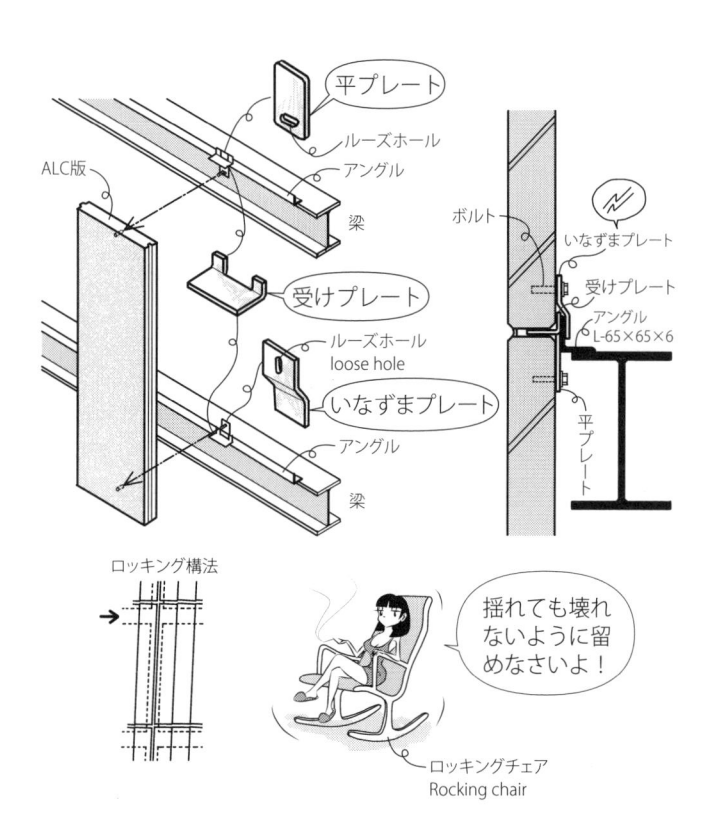

- 平プレート
- ルーズホール
- ALC版
- アングル
- 梁
- ボルト
- いなずまプレート
- 受けプレート
- アングル L-65×65×6
- ルーズホール loose hole
- いなずまプレート
- アングル
- 梁
- 平プレート

ロッキング構法

揺れても壊れないように留めなさいよ！

ロッキングチェア　Rocking chair

- 上下の金物の孔には余裕があり（ルーズホール：loose hole）、地震で動いても壊れないようになっています。揺れに追従できる張り方を、ロッキング構法といいます。

★ R289　ALC版　その2

Q 開口部上下の壁、ベランダや外廊下の腰壁をALC版でつくるにはどうする?

A アングルなどで補強して梁から上下に張り出させます。

小さなパラペットでは、補強なしに梁からそのまま上へ伸ばせます。手すりに使うような腰壁の場合は、1枚ずつアングルで両側を補強しなければなりません。

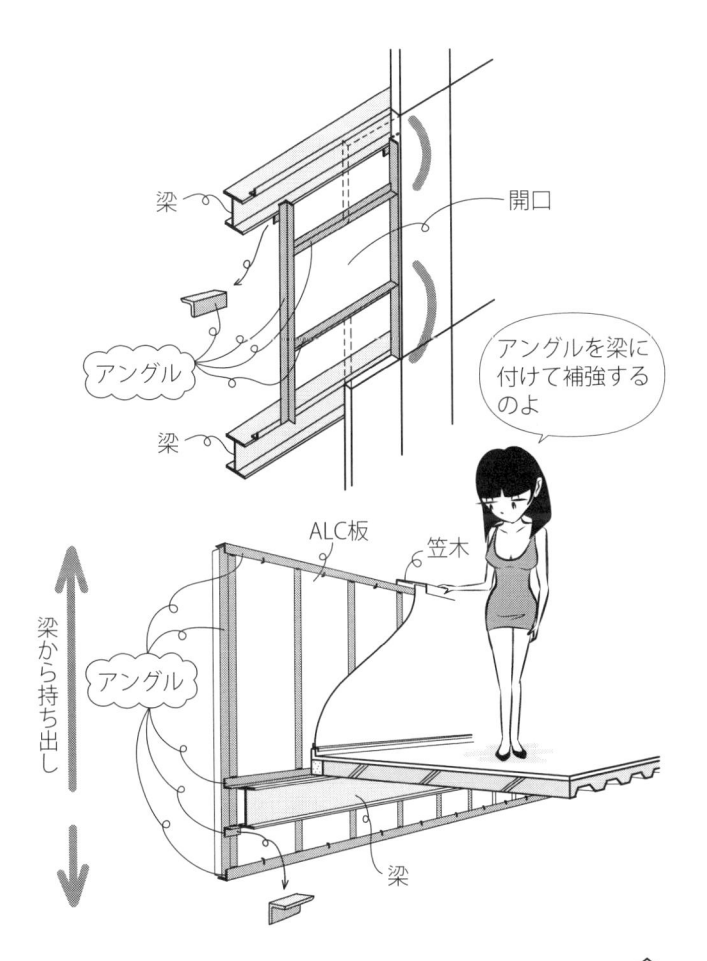

梁／開口／アングル／梁

「アングルを梁に付けて補強するのよ」

ALC板／笠木／アングル／梁／梁から持ち出し

★ R290 サッシ・ドアの留め方 その1

Q RCく体にアルミサッシを留めるには？

A 埋め込みアンカーにサッシ側の金物を溶接して、く体とのすき間にモルタルを詰めます。

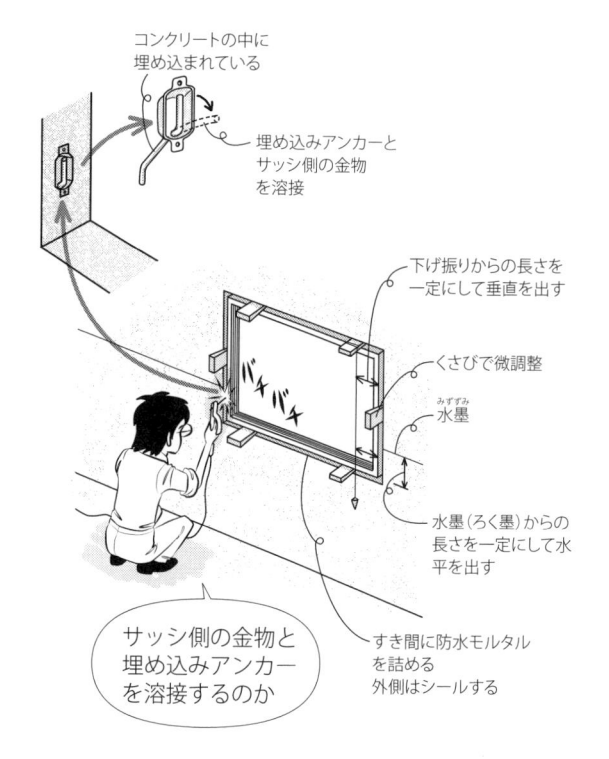

くさびを使ってく体との間隔を微調整して、水糸や下げ振りなどで垂直、水平を合わせた後に、サッシとく体のすき間に溶接棒を入れて溶接します。

- コンクリートの中に埋め込まれている
- 埋め込みアンカーとサッシ側の金物を溶接
- 下げ振りからの長さを一定にして垂直を出す
- くさびで微調整
- 水墨（みずすみ）
- 水墨（ろく墨）からの長さを一定にして水平を出す
- すき間に防水モルタルを詰める 外側はシールする

「サッシ側の金物と埋め込みアンカーを溶接するのか」

- せき板を付けてからモルタルを注ぐと、きれいに詰めることができます。角の部分はモルタルが詰まりにくいので、注意して詰めます。詰めるモルタルには防水剤を入れて、防水性の高い防水モルタルとします。
- 外側の仕上げ材とアルミサッシが接する部分は、シーリング材でシールします。
- アルミは軽く、強度がないので、簡単に曲がってしまいます。筆者がアルミサッシの取り付けを自分で行ったとき、水平が狂ってクレセント錠が締まらずに、苦労して調整し直したことがあります。

★ R291　サッシ・ドアの留め方　その2

Q 鉄骨の骨組みにアルミサッシを留めるには？

A 開口補強のアングルなどにサッシ側の金物を溶接して、すき間にはモルタルを詰めます。

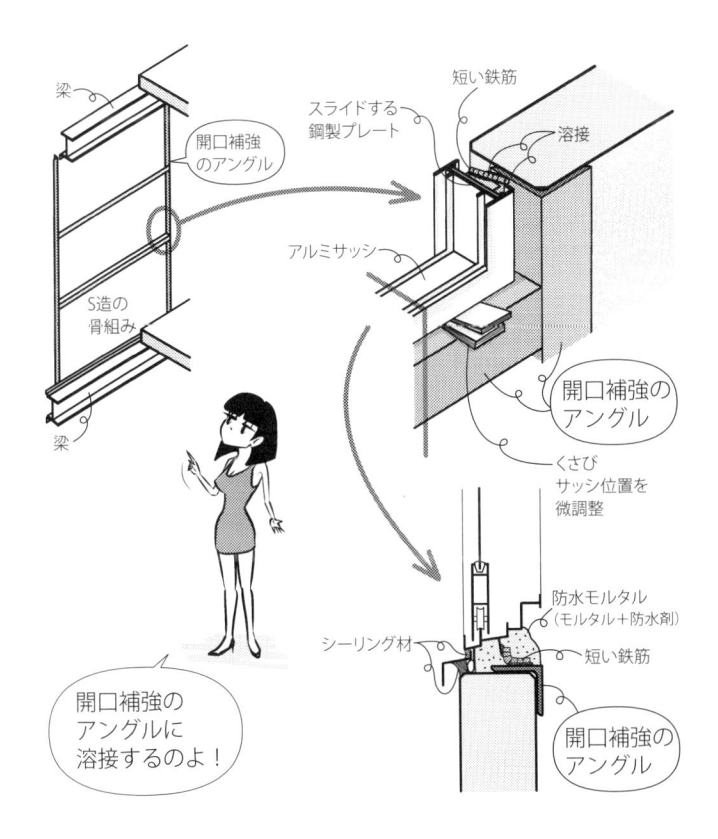

🔲 鉄骨の梁から梁に、開口補強のためのアングルなどを縦に通し、横方向のアングルは縦のアングルに付けるのが一般的です。そのアングルとサッシ側の金物の間に短い鉄筋などを架け渡し、各々溶接することで留めます。

図中ラベル：梁／開口補強のアングル／S造の骨組み／梁／短い鉄筋／スライドする鋼製プレート／溶接／アルミサッシ／開口補強のアングル／くさび　サッシ位置を微調整／シーリング材／防水モルタル（モルタル＋防水剤）／短い鉄筋／開口補強のアングル

（吹き出し）開口補強のアングルに溶接するのよ！

- ALC版などとサッシのすき間には、RCく体のときと同様に、防水モルタルを詰めます。外装材とサッシのすき間は、バックアップ材（スポンジ状の底上げ材）を入れた後にシーリング材でシールします。

★ R292 サッシ・ドアの留め方 その3

Q 外装の鋼製ドア、アルミ製ドアをRCく体、鉄骨の骨組みに留めるには？

A 窓サッシのときと同様に、埋め込みアンカーや開口補強材とドア枠側の金物を溶接して、すき間にはモルタルを詰めます。

🔲 鉄骨造でも床スラブはコンクリートを打つことが多いので、RC造と同様にアンカーを型枠の段階で埋め込んでおきます。

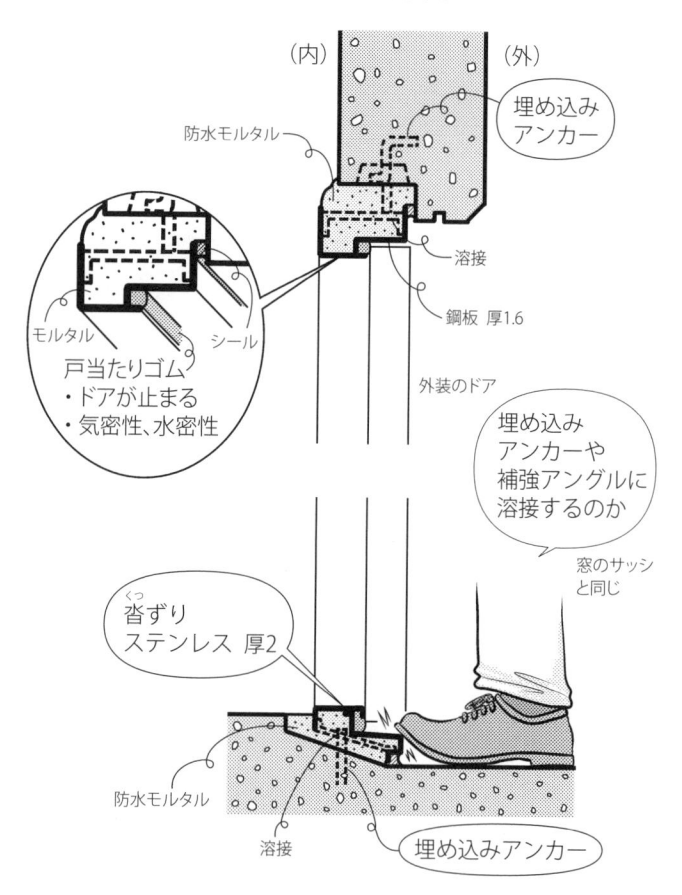

（内）（外）

- 防水モルタル
- 埋め込みアンカー
- 溶接
- 鋼板 厚1.6
- モルタル
- シール
- 戸当たりゴム
  ・ドアが止まる
  ・気密性、水密性
- 外装のドア
- 埋め込みアンカーや補強アングルに溶接するのか
- 窓のサッシと同じ
- 沓ずり（くつずり）ステンレス 厚2
- 防水モルタル
- 溶接
- 埋め込みアンカー

- ドア下枠の沓ずりと呼ばれる材は、鋼製ではなくステンレス製にすることが多いです。鋼製で塗装しただけでは、靴が当たるところなので、すぐに塗装がはげてしまうからです。

R293 シーリング工事

Q シーリング工事で、
1 コンクリート打ち継ぎ目地は 2面接着？ 3面接着？
2 PC版、ALC版の目地は 2面接着？ 3面接着？

A 1 **3面接着**です。
2 **2面接着**です。

シールの両側が動く場合は、3面接着すると目地底の動きにシールが従って、シールが切れる可能性があります。コンクリート打ち継ぎ目地のように動かない場合は、3面接着が可能です。

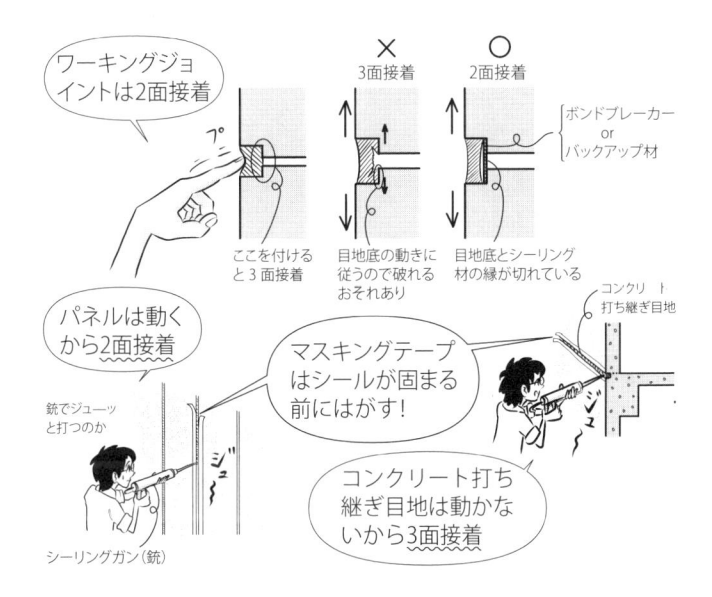

- ワーキングジョイントは2面接着
- ここを付けると3面接着
- ×3面接着：目地底の動きに従うので破れるおそれあり
- ○2面接着：目地底とシーリング材の縁が切れている
- ボンドブレーカー or バックアップ材
- パネルは動くから2面接着
- 銃でジューッと打つのか
- シーリングガン（銃）
- マスキングテープはシールが固まる前にはがす！
- コンクリート打ち継ぎ目地は動かないから3面接着

- 両側が動く継目はワーキングジョイント、動かない継目はノンワーキングジョイントと呼びます。
- 2面接着とする場合は、シールの裏側にボンドブレーカーかバックアップ材を入れます。表面がツルツルして接着（bond）を壊すもの（breaker）、フカフカして後ろ（back）をかさ上げする（up）ものという意味です。厚みのないものがボンドブレーカー、厚みのあるものがバックアップ材と、区別することがあります。
- ボンドブレーカーやバックアップ材のすき間に水が染み込むことがあるので、3面接着の方が防水性能は高いです。
- マスキングテープは、シールしてへら仕上げをした後すぐに取り除きます。シーリング材が固まって、テープがはがれにくくなったり、シーリング材がテープと一緒にはがれてしまうからです。

★ R294　ガラスの留め方　その1

Q ガラスのかかり代（しろ）とは？

A ガラスが溝に埋め込まれている深さです。

ガラスが溝に「かかる」寸法、のみ込まれる寸法のことです。かかり代をとることにより、ガラスの脱落を防止します。

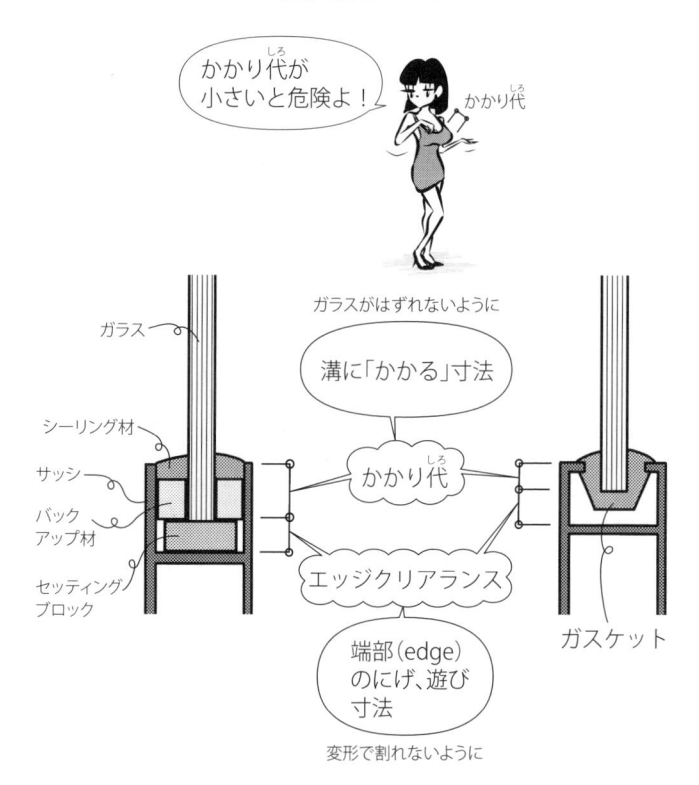

「かかり代が小さいと危険よ！」

かかり代

ガラスがはずれないように → 溝に「かかる」寸法 → かかり代

端部（edge）のにげ、遊び寸法 → エッジクリアランス

変形で割れないように

図中ラベル：ガラス／シーリング材／サッシ／バックアップ材／セッティングブロック／ガスケット

- ガラスのエッジ（edge：端部）から溝の底までの距離はエッジクリアランスといい、地震などの揺れでガラスが底に当たって割れないようにするための遊び、ゆとり（clearance：クリアランス）です。
- ガラスの切断面はクリーンカット（クリアカット）とします。クリーンカットとは、ガラスを切断した断面に、傷、欠け、傾斜などの欠点がないことです。
- 網入りガラスは火事の際にガラスが簡単に落ちないようにしたものですが、切断面の網がさびて膨張して、ガラスが割れることがあります。そこで網入りガラスの切断面にさび止め塗装をするか、さび止め用テープを張る必要があります。

★ R295　ガラスの留め方　その2

Q 構造ガスケット構法とは？

A 金属の溝によらずにガスケットだけでガラスを留める構法です。

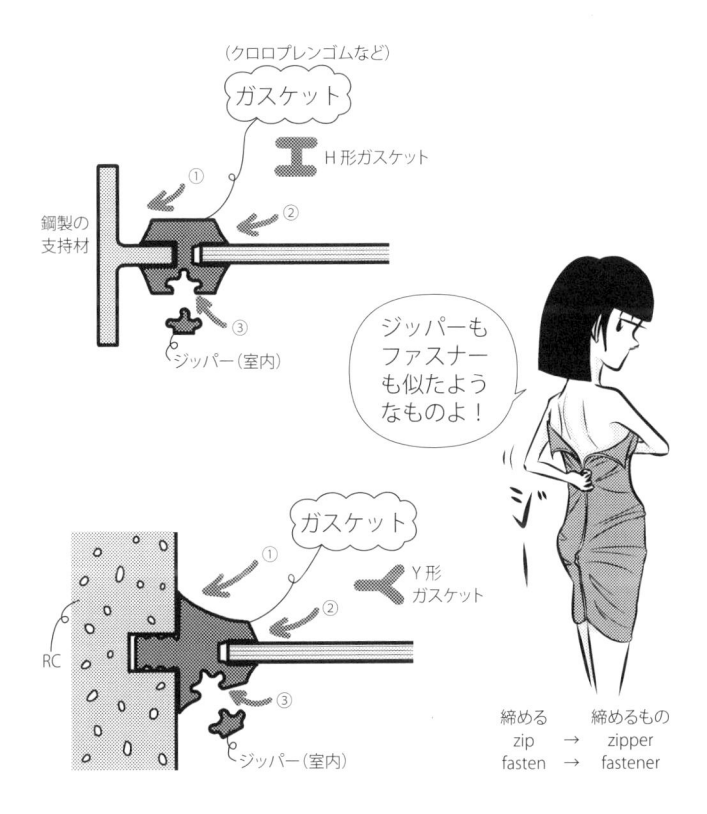

クロロプレンゴムなどによるガスケットを鋼やコンクリートにはめて、ガラスをガスケットの溝に入れ、ジッパーをガスケットに押し込んで留めます。ジッパーのあるガスケットなので、ジッパーガスケットと呼ばれます。

(クロロプレンゴムなど)
ガスケット
H形ガスケット
鋼製の支持材
①　②　③
ジッパー(室内)

ジッパーもファスナーも似たようなものよ！

ガスケット
Y形ガスケット
RC
①　②　③
ジッパー(室内)

締める	締めるもの
zip	→ zipper
fasten	→ fastener

- ジップ (zip) とは締めるという意味で、ジッパー (zipper) はファスナーとほぼ同義です。

原口秀昭（はらぐち　ひであき）

1959年東京都生まれ。1982年東京大学建築学科卒業、86年同大学修士課程修了。大学院では鈴木博之研究室にてラッチェンス、ミース、カーンらの研究を行う。現在、東京家政学院大学生活デザイン学科教授。
著書に『20世紀の住宅−空間構成の比較分析』（鹿島出版会）、『ルイス・カーンの空間構成　アクソメで読む20世紀の建築家たち』『1級建築士受験スーパー記憶術』『2級建築士受験スーパー記憶術』『構造力学スーパー解法術』『建築士受験　建築法規スーパー解読術』『マンガでわかる構造力学』『マンガでわかる環境工学』『ゼロからはじめる建築の［数学・物理］教室』『ゼロからはじめる［RC造建築］入門』『ゼロからはじめる［木造建築］入門』『ゼロからはじめる建築の［設備］教室』『ゼロからはじめる［S造建築］入門』『ゼロからはじめる建築の［法規］入門』『ゼロからはじめる建築の［インテリア］入門』『ゼロからはじめる建築の［構造］入門』『ゼロからはじめる［構造力学］演習』（以上、彰国社）など多数。

ゼロからはじめる 建築の［施工］入門

2013年 3月10日　第1版発　行
2014年10月10日　第1版第3刷

著　者	原　口　　秀　　昭
発行者	下　出　　雅　　徳
発行所	株式会社　彰　国　社

著作権者との協定により検印省略

自然科学書協会会員
工学書協会会員

Printed in Japan

©原口秀昭　2013年

162-0067 東京都新宿区富久町8-21
電　話　03-3359-3231（大代表）
振替口座　　　00160-2-173401

印刷：三美印刷　製本：中尾製本

ISBN978-4-395-01040-0　C3052　　http://www.shokokusha.co.jp

本書の内容の一部あるいは全部を、無断で複写（コピー）、複製、および磁気または光記録媒体等への入力を禁止します。許諾については小社あてにご照会ください。